# 体育专业导论

TIYU ZHUANYE DAOLUN

刘　胜　朱欣华　贾　鹏　编著

中国地质大学出版社有限责任公司
ZHONGGUO DIZHI DAXUE CHUBANSHE YOUXIAN ZEREN GONGSI

图书在版编目(CIP)数据

体育专业导论/刘胜,朱欣华,贾鹏编著. —武汉:中国地质大学出版社有限责任公司,2013.11(2023.8 重印)

ISBN 978-7-5625-3274-3

Ⅰ.①体…
Ⅱ.①刘…②朱…③贾…
Ⅲ.①体育教育-高等学校-教材
Ⅳ.①G807

中国版本图书馆 CIP 数据核字(2013)第 246778 号

| 体育专业导论 | | 刘 胜 朱欣华 贾 鹏 编著 |
|---|---|---|
| 选题策划:郭金楠 | 责任编辑:胡珞兰 | 责任校对:戴 莹 |
| 出版发行:中国地质大学出版社有限责任公司(武汉市洪山区鲁磨路 388 号) | | 邮政编码:430074 |
| 电 话:(027)67883511 | 传 真:67883580 | E-mail:cbb @ cug.edu.cn |
| 经 销:全国新华书店 | | http://www.cugp.cug.edu.cn |
| 开本:787 毫米×1 092 毫米 1/16 | | 字数:292 千字 印张:11.375 |
| 版次:2013 年 11 月第 1 版 | | 印次:2023 年 8 月第 5 次印刷 |
| 印刷:武汉市天星美润设计印务有限公司 | | 印数:5001— 6500 册 |
| ISBN 978-7-5625-3274-3 | | 定价:26.80 元 |

如有印装质量问题请与印刷厂联系调换

# 前　言

初入大学校门，大学生都会经历与以往中学时期截然不同的生活和学习方式。大部分的学生和学生家长由于对大学的专业设置不太清楚，许多学生对自己的专业认识处在懵懵懂懂状态，他们对自己将要学习的专业及今后从事的工作岗位知之甚少，甚至是一无所知。他们对大学生活和学习既充满了好奇又感到迷茫，因此，有不少学生在四年的大学生活中学习目标不明确，甚至个别同学直到临近毕业才幡然悔悟，但悔之晚矣。据专业机构对在校大学生进行调研发现，很大比重的学生对他自己所就读的专业表示不满意。他们在高考填报志愿的时候是一知半解、望文生义，或者是听了别人的建议来选择专业，这些都会影响到学生专业学习的兴趣和积极性。

现阶段国内部分院校实行大类招生的改革，学生进校时是不分专业的，通过一定时间的大类基础培养，然后再让学生选择感兴趣的专业学习。在这种培养方式中，学生通过在大类基础学习阶段中，对即将要学习的专业作进一步的了解，同时对自身进一步再认识，然后再作出一个比较理性的专业选择。这种人才培养和专业学习方式看起来更能满足学生的需求，但如果没有专门的专业引导和教育，学生要作出人生中合理的选择实际上也是很困难的。

早在20世纪90年代，国内的清华大学、中国农业大学等高校，就在其校内部分专业开设过专业导论课程。在当今高等教育大众化的背景下，大学生的差异性越来越大，其个性化培养需求也显得更为突出，如何帮助大学生尽快地适应大学学习与生活，是高校必须担当的重要职责。许多大学新生在进入大学后表现出对学习不适应、学习动力不足等现象，作为大学新生入学教育方法，开设专业导论课，对培养学生的专业兴趣、激发学习动力、引导学习方法、规划学习计划和未来就业是十分重要的手段和有效方式，成功的专业导论课将会影响学生的一生。专业教育的目的不仅仅是知识传授、能力培养、品德养成，更重要的还是要培养、训练学生的思维方式与思维能力。

体育专业导论是学分制下体育专业应该开设的一门必修课程。目前，国内专业导论类教材不多，而体育专业导论教材处于空白，只有一些专业学习与职业指导类的书籍，这些著作或教材对指导学分制下的专业学习和能力培养针对性不强，特别是对专业人才培养的模式和过程解读不够，对课程的能力培养和职业指向不够明晰，对学生适应学分制下自主选课缺乏指导。本书结合体育学科和专业教育在我国的发展，站在社会发展的高度，以独特的思维和前瞻性的视角，针对大学生在专业认识和学习中遇到的问题，力图让学生认识体育专业发展的最新动态和发展趋势，了解体育专业人才培养的特点，明确体育专业人才应具备的能力结构和就业机遇，为自己的职业生涯做好充分准备，其主要内容如下：体育专业概述；体育专业在社会发展中的地位和作用；体育专业人才培养内容和方法；体育专业发展现状与趋势；体育专业人才培养面临的机遇与挑战；体育专业学生成才路径；体育行业职业资格认证。

本书为高等院校体育专业教材，也可作为体育专业教师及其他研究人员参考用书。本书由江汉大学的刘胜、朱欣华、贾鹏共同完成。具体分工为：绪论、第一章、第二章由刘胜编写；第三章、第四章、第六章由朱欣华编写；第五章、第七章由贾鹏编写。

本书为湖北省教育厅教学研究项目成果。囿于水平所限，难免存在错误或理论上的疏漏，敬请同仁批评指正。

刘　胜

2013 年 9 月 10 日

# 目　　录

# 绪 论

## 一、高等教育的社会职能

教育的基本功能是促进人的发展和社会发展,通过培养人的教育活动来对社会的发展发挥其作用(潘懋元,1995)。高等学校作为知识密集和学者集中的地方,其社会职能主要有以下3个方面。

**1. 培养专门人才**

高等学校的起源可以追溯到古希腊的“学园”。在我国,则可追溯至“稷下学宫”或西汉的“太学”。最早建立并一直延续的有意大利的波隆那大学、法国的巴黎大学、英国的牛津大学和剑桥大学等。中世纪大学的办学模式,一开始就带有一定的专业性,培养社会所需要的官吏、法官、牧师、医生等专门人才。从中世纪大学到现代大学,培养专门人才一直是大学的主要职能。随着社会进步和科技的发展,大学培养人才从目标、规格到内容、质量,都在不断地变化中。为了适应社会变革和科学发展的需要,我国的高等教育也在寻求教育改革,培养社会主义现代化建设的专门人才。

**2. 发展科学**

高等学校职能的变化与科学的发展存在着密切的联系。15世纪以后,工业革命为科学发展奠定了技术基础,科学研究开始受到社会的重视,社会需要一批专门从事科学研究的人才,这样,高等学校就理所当然地成为了培养科学研究人才最理想的场所。19世纪初,大学教育的任务主要是引导学生从事研究,大学生在独立研究中学习,科学研究正式进入大学课堂。后来,许多大学将教学与科研结合起来,充分利用学科门类齐全、拥有先进仪器设备和丰富的文献资料及广泛的信息资源等优势,将发展科学作为高校的重要社会职能。

**3. 为社会服务**

从广义上讲,培养人才、发展科学都是为社会服务。现代高等学校还可以通过更多的形式为社会提供直接的服务。直接为社会服务最早始于美国高校,美国历史上的“增地学院”,以威斯康星大学为代表的高校,积极为地方工农业发展培养人才。高校不仅为社区普及农业科学知识,也为许多有关卫生、经济、管理与教育等方面提供咨询,开创了高等学校与社会各个领域合作的先例。近年来,高校为社会服务的内容与形式也越来越丰富,高校作为社会文化科学的中心,在社会文化、科学技术、卫生保健中与社会保持着广泛的联系,帮助解决社会在发展过程中遇到的种种理论和实际问题。如与生产单位开展联合科研、进行技术指导、担任企业发展顾问,举办培训班或业余学校,承担继续教育任务等,且不同学科和不同专业各有所长。高校直接为社会服务,不仅是满足社会的需要,也是高校自身发展的需要。通过广泛的社会服务工作,有利于高等教育理论联系实际,教师和学生充分了解社会,改进教学和科研工作,提高培养人才的社会适应性。

## 二、高等学校专业与专业教育

### (一)专业的涵义

按专业设置组织教学，进行专业训练是现代高等教育的特点之一。作为一个科学术语，专业(major/speciality/profession)被看成是一个富有历史、文化含义而又变化的概念(赵康，2000)，专业有广义和狭义两种理解。从广义角度看，专业即某种职业不同于其他职业的一些特定的劳动特点和职业特征。狭义的专业是指高等学校或中等专业学校根据社会分工需要所分成的学业门类。它是根据社会职业分工、学科分类、科学技术和文化发展状况及经济建设与社会发展需要来划分。目前我国普通高等学校本科专业共249种。我们是从狭义的角度来理解专业。

专业概念的内涵：

第一，是高等学校的教育基本单位或组织形式。高等学校开展教学活动最基本的单位就是专业，目前各高校学生的招生培养都是按专业进行的，也有部分高校在教学改革中按照大类专业招生，前两年不分专业，共同学习通识教育课程，后两年再根据个人情况选择学习专业基础课和专业方向课。

第二，是以学科分类为基础。学科是一种学术分类，是专门的系统化的知识体系。法国波库大学黑克森教授认为，学科是指对同类问题进行的专门科学研究。科学是不断发展的，学科划分也是不断变化的。随着科学的发展，学科种类越来越多，学科要分出层次，排出序列，就出现了一级、二级、三级学科的划分。专业的设置就是以学科分类为基础，既不能太宽泛，也不能太狭窄，而应根据社会需要、人才成长规律和客观条件综合考虑。这也是专业定期调整的缘由之一。

第三，是与社会职业分工相适应。职业是劳动者稳定从事的、能给劳动者带来经济收入的、专门性的工作。职业分工是社会分工的结果。随着社会分工越来越细，新的产业不断产生，社会职业就会越来越多。在高等教育中，专业和职业的关系十分密切。当社会有某种职业需要时，就在一定的学科基础上设置专业，然后再做课程设计。美国高校专业形成的路线是“职业—课程—专业”，而我国高校专业形成的思路是“职业—专业—课程”。当社会上出现新的职业需求时，学校可以开设能够满足职业需求的选修课，等到新的职业发展到相对稳定，社会具有一定的人才需求，并且高校具备专业的办学条件时，就可以正式设置专业。

专业的设置是以学科分类和社会职业分工需要为依据，把培养高级专门人才的活动分成不同类型，并形成不同的教育基本单位。由于学科发展和社会职业分工是随时代发展而不断变化的，专业划分也具有时代性。无论是中国还是外国，专业的划分和设置都是一个历史演进的过程。1998年，教育部根据我国高等教育发展与改革现状，在广泛调查研究高等教育资源供需情况及征求各方面建议及意见的基础上，进行了学科专业的调整，调整后的普通高等学校本科专业划分为11个大类、71个二级类、249种专业。至2007年5月，我国普通高等学校、独立学院本科专业布点33 000多个，基本形成了适应社会经济发展需要的较为完善的人才培养结构体系。

专业的构成具有3个基本要素，即培养目标、课程体系和教育主体。培养目标是各专业根据社会需要和学科特点而确定的对所培养的人才应该达到的基本素质和业务规格的基本要求。课程体系是课程之间的有机组合，包括一个专业所开设课程的基本类型及其比例关系。不同专业由不同的课程体系所支撑。而学科、职业和专业之间的联系是以课程体系为中介。教育主体是指直接参与教育活动的教育者和受教育者。具体到高等学校的专业，教育者主要指担任教学任务的教师队伍，受教育者是指大学生。专业教师既是某一学科的专家，又是教育教学工作的承担者，具有学科性和职业性的双重属性。高等学校能够提高专业办学质量，实现人才培养目标，关键在教师。而对于学生的专业学习来说，他们的基础知识、相应能力和生理条件以及学生的职业价值观和专业兴趣都起着重要作用。

### （二）专业教育

专业教育有两种涵义：第一种，是关于某种专业在学科建设、社会发展中的地位和作用方面的教育，主要提高学生的专业认知和“专业思想”，包括对学生专业学习的指导；第二种，是根据学科分类和社会职业分工需要，分门别类地进行培养高级专门人才的教育教学活动。

高等教育的重要任务就是进行专业教育，对学生进行专门化的系统知识培训，为学生从事需要受过专门训练的职业做准备（陈学飞，1998）。中华人民共和国高等教育法明确指出：高等学校的任务是培养具有创新精神和实践能力的高级专门人才，它明确了高校在专业教育过程中应达到的基本素质和业务规格，具体包括与人才培养对应的职业种类和人才规格差异。早在中世纪的欧洲，大学就开始从事专业人员的训练，诸如律师、会计和办事员等，以此来促进商业的发展。18 世纪，欧洲产业革命加速了知识的分化进程，推动了专业的现代化进程，因此，在 19 世纪，英国和美国让与人类息息相关的新的学科作为课程进入到高等学府。进入 20 世纪，由于社会和经济结构的巨大变化，高等教育与科学、技术、生产和社会生活等方面的关系日益密切，为了适应人类高等教育大众化的需求，大学的专业教育融入了更丰富的内涵。美国的专业高等教育体系非常有特色，为了保证学生能够进入到高级专业领域，在大学中设置了许多专业学院，如商学院、教育学院、新闻学院、音乐学院，等等。其他国家如英国采用了多渠道的高级专业训练，学生在获得学士学位或学历之后，要进一步参加实习，以取得职业资格；而德国则建立了学术训练与职业训练一体的专业人才培养制度，它不区分学术训练和专业训练，也不区分专业性学位和学术性学位。

专业特色是指所办专业区别于其他学校的优点和特色之处。主要体现在专业的构成要素和培养方式方面，最终表现为专业造就的产品——大学生的社会适应力和竞争力。专业特色具体表现在：第一，专业培养目标符合社会需求和学科性质；第二，课程体系合理，能够为专业培养目标提供有力的支撑；第三，专业师资队伍实力强、学术积淀厚，教师个体素质和专业水平高；第四，培养的学生具有很强的职业适应性，在同类职业中竞争力强。从培养方式看，专业特色具体表现为：①适应教育对象深谙发展规律和价值追求；②能充分利用和发挥高校与社会有利于培养高质量人才的因素和条件；③能有机组合多种教育教学方式，形成合力。市场经济条件下，高校之间的竞争就是专业之间的竞争，而专业竞争力的大小取决于专业的办学特色。

### （三）体育专业教育的发展概况

#### 1. 国外体育专业教育发展概况

1900 年美国南北战争以前，其体育专业教育处于萌芽状态，1861 年迪奥·路易斯在波士顿创办了第一所体育师范学校，开了美国体育专业教育的先河。直到 1900 年，加利福尼亚大学、密苏里大学、斯坦福大学等综合性大学才陆续开设了体育专业课程。第二次世界大战以前,美国体育专业教育取得了飞速发展,许多州立大学和教会大学开始设置体育专业系科,并授予文学学士或科学学士学位。二战以后,由于体育教师的需求量急剧增长,美国体育专业教育在发展中不断分化,并结合自然学科与实用学科的研究成果,进行了专业的重新设置和调整。这时美国的体育院系已不再是单纯培养体育师资,而是形成了运动科学、运动医学、运动管理等新的专业。

近代日本体育专业教育产生于19世纪70年代,1878年第一所体操教师学校正式创建,这所学校后来逐步发展成为国际著名的筑波大学体育专门学群。传统的日本体育大学或系部一般设置保健体育、健康体育、社会体育和武道教育4个专业,主要培养各级各类学校的体育师资,专业间的区别不是十分明显。20世纪80年代后期,随着社会对体育教师需求的减少、其他领域人才需求不断增长的现状,一些院校开始增设一些新的专业。据日本文部省《全国大学一览》资料显示,目前日本体育院校开设了8个专业,即社会体育学、体育与运动、运动科学、运动管理、体育学、健康教育学、体育健康教育学和武道学。

**2. 我国体育专业教育发展概况**

1905年,清政府废止了科举制度,大办新式学校。1912年,全国学校总数已经达到8万余所,由于对体育师资的需求不断增加,促使体育学校得以创立,这些体育学校大多数是私立的,且多集中在上海和江浙一带。由于社会各方面的原因,再加上体育专业机构设置较少,体育专业毕业生很少,且质量不高。高等教育历史上一直存在专业教育的说法和称谓,这里所说的专业教育,通常是指"根据学科分类和社会职业分工的需要分门别类地进行高深而专门知识的教与学活动",是沿袭前苏联模式的计划经济体制下的人才培养制度。在此背景下,1952年11月,新中国第一所体育学院成立,并设立了"体育"一种专业,这与当时体育科学水平较低、办学条件有限、社会对体育人才需求不足有关。1957年对全国普通高校院系和专业进行了调整,体育专业有两种:体育、体育与运动。1963年教育部经过修订并经国务院批准颁布的《高等学校通用专业目录》中,体育专业有8种,其名称为:体育、田径运动、体操、球类运动、游泳、冰上运动、武术、运动保健(试办)。1966年文化大革命开始,体育院系遭到破坏,一些院系合并或撤销,一些院系停止招生。1988年,经新一轮专业调整后,新的专业目录中体育专业包括7类9种专业,具体是:教育学类的体育教育专业;训练学类的运动训练专业;应用文、理科类的体育管理专业;人体科学类的体育生物科学专业;传统体育类的武术专业;试办专业有体育新闻、体育保健康复、运动心理、警察体育4个专业。1993年体育专业调整为7种,分别是:体育教育、运动训练、体育管理、体育生物科学、体育保健康复、武术、警察体育。1998年7月颁布的专业目录中,体育类专业有5种,即体育教育、运动训练、社会体育、运动人体科学、民族传统体育。

## 三、开设专业导论的意义和作用

早在20世纪90年代,国内的清华大学、中国农业大学等高校,就在其校内部分专业开设过专业导论课程。在当今高等教育大众化的背景下,大学生的差异性越来越大,其个性化培养需求也显得更为突出,如何帮助大学生尽快适应大学学习与生活,是高校必须承担的重要职责。许多大学新生在进入大学后表现出对学习不适应、学习动力不足等现象,作为大学新生入学教育方法,开设专业导论课,对培养学生的专业兴趣、激发其学习动力、引导学习方法、规划学习计划和未来就业是十分重要的手段和有效方式,成功的专业导论课将会影响学生的一生。

专业教育的目的不仅仅是知识传授、能力培养、品德养成，更重要的还是要培养、训练学生的思维方式与思维能力。开设专业导论课程的价值和目的具体表现在以下几个方面。

**1. 有利于大学生了解所选专业**

一些大学新生进入大学后不清楚自己所学专业的培养目标、培养规格、培养模式、课程体系、学习方法等，对自己所学专业不感兴趣，导致学习动力不足。心理学观点认为，人的精神动力很重要的一个方面来自于远大目标的牵引力，因此，当大学生对自己所学专业有了清晰认识之后，他们的学习目标就会更加明确，学习动力将会十足。

**2. 有利于培养大学生的专业兴趣**

爱因斯坦曾经说过："兴趣是最好的老师"，教学的最高境界应该是学生"乐学、会学"。随着社会的发展和人们价值观念的变化，高校大学生的学习动机和目的也发生了巨大变化，学生和家长把进入大学学习视为一种教育投资，所以，许多学生在校期间更多关注的是所学专业对今后就业的潜在影响、发展空间与投入的回报。因此，学生很可能在校期间表现为学习上的功利行为、投机行为和短视行为，他们不能处理好通识课程、专业基础课程与专业课程的关系，理论与实践之间的关系，这一现象最终将会影响到学生的专业发展，专业导论课的"导航仪"作用不容忽视。

**3. 有利于大学生尽快掌握学习方法**

大学生的学习方法与高中生的学习方法有很大的不同。这种差异不仅体现在教学内容的容量上，更多的是体现在课程性质的差异和授课方式的变化上。高中阶段的教学模式大多属于灌输式教育，学生对于这种教学环境下的学习方式早已形成了一种习惯，而对于大学生来讲，要适应大学的学习生活，就必须培养和形成自主学习、自我规划和自我管理的能力，否则就难以适应大学的教育教学和个人未来发展的需要。

世界经合组织(OECD)将文化知识分为 4 类，即事实性知识、原理性知识、技能型知识和人及特定社会关系方面的知识。上述 4 种知识中，前两种知识属于可以表述的显性知识，而后两种是难以表述的隐性知识。据专家估计，人类全部知识中 90%以上属于隐性知识，仅有不到 10%属于显性知识。高中阶段以前的课程知识大多属于显性知识，是以记忆性为主的学习方法；而进入大学后，课程知识大多为隐性知识，特别是在实践性课程和实践环节中，需要掌握各种技能，培养和形成解决实际问题的能力。因此，大学生应该在专业导论课程中更多地掌握一些学习方法，在理解和掌握书本知识的基础上，借助于文献资料、调查研究和分析思考等方法来发现问题和解决问题。这些学习方式和方法不仅能够帮助大学生较好地完成大学阶段的学习任务，更重要的是可以为他们今后走向社会提供知识和能力方面的储备。

**4. 有利于大学生科学规划未来**

"凡事预则立，不预则废"。对大学生而言，大学教育是他们走向社会和开始职业生涯的最后一个阶段。无论从生理、心理还是职业能力方面，都必须做好充分的准备。因此，要提高高校人才培养的质量，高校有责任和义务帮助每一位学生了解自己的专业选择，促进学生做好自己大学阶段的学习规划，为从事未来职业打下坚实的基础。这是大学教育的应有之义，也是专业导论课程的重要目标之一。从这个意义上讲，专业导论课程肩负着大学生的专业指导师、职业咨询师以及人生规划师等多种职能。

# 第一章　体育专业概述

## 第一节　体育教育专业概述

### 一、体育教育专业的产生

体育教育专业是培养各类体育专门人才的一种特殊的体育教育。这种教育是随着近代教育制度的确立、近代学校的出现而兴起的。早期体育教育专业机构(如1804年成立的丹麦体操师范学院、1814年成立的瑞典“皇家中央体操学院”、1848年成立的德国“中央体操教师养成所”等)几乎都是培养体育教师的,可以视为当时的“体育教育”专业。在欧洲,工业革命后,教育中强调“三育并重”,体育逐渐成为学校教育的组成部分,体育师资有着较为广泛而稳定的社会需求。这种体育专业单一的状况,大约持续了一个多世纪。第二次世界大战以后,随着体育事业的长足进步,特别是奥林匹克运动的飞速发展,体育行业急剧扩展,体育专门人才的种类需求也更加突出。社会上除了对体育教师有更大的需求外,对高水平的运动员、教练员,对体育科技工作者、体育管理工作者、体育经济工作者、体育新闻工作者等,也都有了更加专门化和职业化的需求。在这种形势下,体育专业的门类大为增多,培养各类体育专业人才的学校也如雨后春笋般发展起来。

### 二、发展历程

我国的体育教育专业从诞生、发展至今,经历了一个曲折的历史过程,培养了大批体育教师和其他体育人才,为我国教育和体育事业的发展作出了重大的贡献。

追溯我国体育教育的发展历程,1903年,清政府颁布了《奏定学堂章程》,该章程要求各级学堂必须开设体育课程,拉开了我国体育教师队伍建设的序幕。1906年,针对当时体育教师的需求状况,清廷学部通令全国各省,于省城师范学堂“设五个月卒业之体操专修科,授以体操、游戏、教育、生理、教授等法,名额百人,以养成小学体操教习。”这标志着我国以培训体育教师为主要目标的体育教育专业由此萌发。

随着学校体育的发展、竞赛活动的增多和女子体育的兴起,体育专业教育有了更大的社会需求和发展空间。1919年,中华民国教育部在《关于国立高等师范学校均设体育专修科与体育讲习会训令》中,要求各高等师范学校“均宜斟酌情形量为筹设。并……于设立研究科时特置体育研究科。”此后,体育专业教育渐成规模。在培养目标上,师范学校体育科以造就小学体育教师为目的;高等师范学校体育科(系)则培养中等学校以上体育师资。在课程设置上,必修课与选修课并存,课程内容包括普通基础课程、教育课程、体育专业课程等。

新中国成立后，在社会主义计划经济背景下，高等体育教育专业人才培养具有统一的培养目标、培养规格和课程设置等要求。在培养目标上，20 世纪 50 年代对体育专业办学提出的要求是：为国家培养中等学校的体育师资，适当培养一批教练员和体育干部。1963 年，教育部《体育专业专业计划草案》明确指出：必须全面扎实地学好并掌握基础理论、基本知识、基本技能和培养实际工作能力，使学生能够适应中等学校体育教学和开展群众活动、业余训练的需要。在课程设置上，采用必修课与选修课两类，课程内容包括公共课程、教育课程和体育专业课程等，总学时数为 2 659～2 715 学时。这样的课程设置一直延续到文化大革命结束。

改革开放以来，体育教育专业同其他专业一样经历了恢复、发展的过程，进入了改革创新的发展新阶段。在先后 5 次的体育教育专业教学计划或课程方案修订中，培养目标从单一的培养“中等学校体育教师”，向培养能胜任学校体育教育、教学、训练竞赛、科学研究，并能从事学校体育管理和社会体育指导等工作的复合型体育教育人才转变。在现行的体育教育专业课程设置上，分为必修课程、选修课程和实践性环节，构建了以学科与术科类课程相结合及限选与任选课程相结合的课程结构，其课程体系突出了主干课程领域化、必修课程学科化、限选课程模块化、任选课程小型化的特点，总学时数为 2 600～2 800 学时。在压缩课程总学时的情况下，呈现规范主干课程、减少必修课程的比重、增大选修课程的比重、扩大任选课程、逐渐增大学校办学自主权的趋势。

### 三、基本特征

相对于普通的或一般的学校体育而言，体育教育专业的基本特征如下(周西宽，2006)：

(1)教育目标明晰化。培养什么样的体育人才以及人才的规格如何，不仅由其相应的学校或教育机构的性质所决定，而且在任何一个周期的教学计划或培养方案中也都规定得明明白白。由于目标明确，体育教育过程中的计划性要求较之普通学校体育也就更加严密而周详。

(2)教学科目综合化。培养任何体育专业人才都不能只依靠单一的体育类学科，而必须依靠多门类学科的综合教育。一般说来，体育专业课程分为一般基础课、专业基础课和专业课 3 种类别和层次。此外，还需酌情开设一些选修课。通过跨门类的，甚至跨专业的选课学习，才能确保人才培养的质量。可以说，体育专业教育是以体育学科为主体的多学科的综合教育，这也是与普通学校体育的不同之处。

(3)教学方法学科化。对于普通学校体育来讲，在教学中讲究教学方法主要是为了提高学生学习、锻炼的积极性和效果。而对于体育专业教育来讲，却不仅仅如此。体育教学方法是体育专业必备的知识与技能，是必须掌握的一门应用学科，它对体育教育专业尤其显得重要。

## 第二节 社会体育专业概况

社会体育也称“群众体育”、“大众体育”，是与学校体育、竞技体育对应的概念，是以社会全体成员为对象、利用业余时间进行的、以健身娱乐为主要目的的、形式多样的体育运动。

社会体育具有 4 层含义：

(1)以健身娱乐为主要目的。

(2)在业余时间进行。

(3)以社会全体成员为对象。

(4)活动形式多样化。

社会体育专业是根据我国经济、社会发展的需要,通过对原有相关专业的调整和改革而建立的,是一个以管理学、社会学、心理学、经济学、体育学为基础,为社会体育和体育产业的发展培养急需相关人才的专业,旨在培养德、智、体全面发展,具有社会体育基本理论、知识与技能,能在大众体育领域中从事群众性体育活动的组织与管理、技术指导、经营开发等方面工作的专门人才。

跨入21世纪以来,随着整个社会经济的快速增长和人们生活水平的不断提高,现代社会正在逐渐向休闲型社会转变,休闲运动逐渐成为人们生活中的一个重要组成部分。休闲运动的中心地位将会逐渐得以加强,人们的休闲运动观念也会发生根本性的变化。在这一领域里的人才需求日益高涨,具备休闲运动技能指导与管理经验的社会体育人才培养迫在眉睫。社会体育专业的设置适应了国际社会发展趋势和我国社会发展总体趋势的要求,符合体育事业发展的必然要求,同时解决了高等教育发展的需要,也是完善地区体育高等教育人才培养结构的需要。据教育部这几年新专业的审批结果统计,1994—1999年,全国共有10余所院校开办了社会体育专业;2000—2001年,全国有40余所院校开办了此专业;2002年达到80余所;2004年已达到200余所。相对于传统的体育教育专业,社会体育专业涵盖的领域相对较为宽泛,就业途径较多,但我国的体育产业刚刚处于起步阶段,就业市场还不成熟。社会体育专业的人才培养目标定位也要随着社会需求的变化而进行及时调整。社会体育专业创建之初定位于培养各级政府体育部门工作人员和社会体育指导员,但由于受多种因素的制约,从理论上预测的就业岗位目前还只是潜在人才市场,比如专业人才培养的知识体系和培养质量尚不能很好地适应社会需求岗位对毕业生知识、能力和素质的要求;多数毕业生的就业观念和择业标准与当前的市场需求不相吻合;目前尚不成熟的社会体育市场无法满足毕业生的就业需求,供他们就业的单位和岗位较少,使很多毕业生只好从事与本专业无关或关系不大的工作,造成了人才的极大浪费,反映出就业市场不规范。

社会体育是一个大概念,专业口径相对于专科教学的要求显得过于宽泛,不能明确突出培养目标和专业方向。而休闲运动是专门指以身体活动为基本形式,以健身、娱乐、消遣、放松和探寻刺激等为主要目的的社会休闲活动,是一种能给人们带来身心愉悦的运动,它不仅仅追求强身健体,更注重获得一种精神上的兴奋感和愉悦感,更强调健身和娱乐功能,特色也更鲜明。因此,该专业在已有的体育保健方向经验的基础上,建立有特色化的健身休闲专业服务与管理培养体系,确定对健身运动与户外休闲运动人才培养的新模式。

## 案例:中国中产阶层拥抱国外时髦运动

超长马拉松、严冬里滑雪、在崎岖不平的道路上骑山地自行车,对许多中国人而言,这些只是那些疯狂的外国人为找乐子做的事。但如今已经不同了。随着中国喜爱休闲的中产阶层持续壮大,近年来参与此类冒险运动的人迅速增多。许多公司蜂拥而至争相占领更大市场份额,另一些公司则将此趋势视为推广产品的新途径。去年,当中国第一个大型超长马拉松赛事开始接受报名时,组织者只为从长城出发的长达62.14英里(1英里=1.61km)的比赛预留了

100个名额。但报名者却多达300人,组织者目瞪口呆,“我们没想到这个项目如此受欢迎”。

几十年来,在中国从事运动的人多为从学校选拔的年轻精英。尽管毛泽东热爱游泳,邓小平喜欢网球,但大多数中国人则在为生计奔波。多余收入都用在了吃穿和其他生活必需品上,而非是能跑完超级马拉松的90美元的跑鞋。不过,随着中国新兴中产阶层人口持续增加,一切已不可同日而语。运动咨询公司 Helios Partners 中国区总裁克里斯托弗·雷纳表示,越来越多的人有钱有闲进行消遣,休闲运动则成了那些紧盯有钱消费者的公司的“过滤系统”。

“如果作消费者调研,你会惊讶地发现,和美国不同,(在中国)那些参与者,散步的、跑步的、打羽毛球和游泳的人,全都属于高收入群体”,雷纳表示,这种增长潜力巨大,“随着收入越高、教育程度愈高、休闲时间愈来愈多的良性循环,这逐渐会成为一种时尚”。

英国经济学家智库在2009年10月一份报告中表示,中国的体育赞助市场大约价值15亿至20亿美元,只占全球600亿美元的一小部分。该报告指出,尽管政府仍在体育中占支配性地位,但商业化已经扎根。

戴蒙·凌就是酷爱健康运动的白领族一员。这位31岁的副总经理表示,他们这类人以往喜欢玩麻将打发时间。但他们中越来越多的人正转向山地和公路自行车运动。凌这种人正是争先恐后挤入这一市场的户外运动公司的理想对象。

(美联社威廉·弗曼,2010年1月8日报道)

## 一、社会体育专业产生的时代背景

社会体育专业是伴随着我国体育发展的进程应运而生的。1995年国家颁布了《全民健身计划纲要》,党的“十六大”指出,小康社会国内生产总值GDP达3 000美元,恩格尔系数将下降10个百分点,这说明人们在衣、食、住、行的消费减少,把大量资金投入到精神消费上。《全民健身计划纲要》的颁布实施,是中国体育事业跨世纪的具有战略意义的宏伟工程,它标志着我国群众体育和国民体质建设进入了一个新的发展时期,体育高等教育在实施全民健身计划中具有举足轻重的作用,社会体育专业的产生具有强烈的时代背景。

在中国现代化的进程中,生活方式的变革几乎震撼了每一个家庭和每一个社会成员。这种生活方式的变革给我们带来了许许多多的实惠,诸如技术社会给我们生活带来的便利迅捷,优裕的物质生活提高了生命的质量,多元文化带给我们广泛的社会参与机会,等等。这些变化会从许多方面影响社会体育的发展。

随着我国经济从劳动生产型经济方式向休闲生活型经济方式的转变、从温饱型向小康型消费的转变,城乡居民的业余生活越来越多样化。人们在满足了生活最基本需求后,更加注重文化娱乐消费。近几年,城镇居民收入不断提高,居民娱乐教育文化服务的消费支出及其占生活消费支出的比重均呈增长趋势,2009年城镇居民平均每人全年娱乐教育文化服务支出为2 295元,其中用于娱乐耐用品的支出人均1 114元/年,用于教育的支出人均1 181元/年。文化教育、文化服务支出占消费性支出的比例为13.76%,比1985年增加5.59个百分点。

全国城镇实行5天工作制以后,现在中国的每个职工平均每天的余暇时间是2小时37分钟。人们有了更多可支配的闲暇时间参与各式各样的文娱、体育活动。然而,居民对于自己评价生活质量最为重要的因素,如个人经济状况、当前职业满意度和社会保障满意度普遍较低,说明生活方式变革的实际空间还很大。由于中国生活方式的转变发生得十分突然,使我们在很多方面缺乏足够的思想准备,也给社会体育提出了新的问题。

### (一)余暇时间的使用存在着较大的浪费

我国职工每天的平均劳动时间为5小时37分钟,上下班路途时间为39分钟,家务劳动为2小时24分钟,睡眠时间为7小时41分钟,学习阅览时间为55分钟,文体娱乐时间为1小时37分钟,教育子女的时间为42分钟,聊天时间为1小时21分钟。目前,我国城市16岁以上人口的人均闲暇时间已达每周19.16小时,随着人们生活水平的不断提高,收入逐年增长、社会服务系统及第三产业的发展、家庭规模逐渐缩小,到21世纪可达每周30小时左右。

电视时代的到来影响了人们的生活质量。目前,我国城乡居民余暇时间支配方式中,每天看电视0.5～2小时的有61.50%,2～4小时的有33.90%,说明我国城乡居民每天停留在电视机前的时间较长,这基本反映了我国居民在余暇时间内的普遍情况,与发展中国家居民支配余暇时间的基本方式相吻合。如何将居民从电视机前动员起来,去参加身体力行的体育锻炼和体育娱乐,如何从电视时代转入后电视时代已经成为发展社会体育必须解决的问题。

### (二)生活节奏的加快引起的种种困扰

在生活节奏的加快、给社会成员带来好处的同时,也确实会给不适者带来许多健康方面的麻烦,并已引起了人们的重视。快节奏生活给人们造成的抵触、恐惧、怨烦和焦虑等心理障碍,身心紧张与焦虑,“A”型反应等,使社会成员的各种心理疾病迅速攀升。国家教委对全国12.6万大学生的抽样调查结果显示,因心理压力而患心理疾病的比率为20.23%。上海精神卫生研究所所长顾牛范教授调查告称:上海有75万各类精神、心理障碍症患者,其中大多为工作、学习、生活压力过大,长年超负荷运转的青年人,大学生发病率高达25%,社会已从“传染病时代”“躯体疾病时代”进入“精神病时代”。

### (三)疾病谱的变化提示生活方式的转变须注重社会体育的注入

由于生活方式的变化,特别是膳食结构的变化以及人们体力支出的减少,我国城镇居民的疾病死亡原因发生了本质的变化,从20世纪50—60年代的营养性疾病、新生儿疾病、传染病、呼吸系统疾病转为90年代的恶性肿瘤、心脑血管疾病、心脏病等文明病。深圳15岁以上人口中慢性非传染性疾病(如心脑血管病、糖尿病、冠心病等)发病率高于其他城市,此与经济发展、生活水平提高,使其处于“养尊处优”的生存状态,多坐少动、热能积累有关。这一转变给社会体育的目的、任务以及方法手段都提出了亟待解决的问题。

## 案例:国民体质监测公报发布——成年人未老先衰

2000年开始,国民体质监测每五年进行一次。2011年初国家体育总局、教育部、科技部等10个部门联合在全国31个省进行了第三次国民体质监测工作,公布了《2010年国民体质监测公报》。监测指标包括身体形态、身体机能和身体素质3方面。本次监测的对象为3—6岁的幼儿、7—19岁的儿童青少年、20—59岁的成年人、60—69岁的老年人。与2005年相比,2010年国民体质总体合格率有所增长,这种增长的趋势在不同年龄、性别以及城乡人群中均有所体现。同时,与2000年体质监测结果比较,国民体质总体合格率呈持续上升趋势,我国国民体质的总体水平在不断提高。

## 成年人未老先衰

工作中的体力活动大幅度减少，再加上摄入的能量提高、工作繁忙等因素，导致成年人的身体素质每况愈下，未老先衰。成年人超重与肥胖率持续增长。据了解，2010 年成年人的超重率为 32.1%，比 2005 年增长 3.0%；成年人的肥胖率为 9.9%，比 2005 年增长 1.9%。自 2000 年以来，我国成年人超重与肥胖率持续增长。反映身体机能水平的成年人肺活量、台阶指数比 2005 年有较大提高，但与 2000 年基本持平，成年人身体机能水平有所回升。反映力量耐力的俯卧撑和 1 分钟仰卧起坐等指标的平均数，自 2000 年以来呈持续增长趋势。2010 年，成年人身体素质中的握力、背力、坐位体前屈等指标平均数略低于 2005 年，更低于 2000 年，呈持续下降趋势；纵跳、闭眼单脚站立、选择反应时等指标平均数则低于 2005 年，高于 2000 年。

## 老年人越活越年轻

虽然老年人超重与肥胖率略有增长，但是反映老年人身体机能水平的肺活量，比 2005 年有较大提高，与 2000 年基本持平，表明 2010 年老年人的身体机能水平有所回升。同时，老年人的柔韧性和反应能力有所提高，力量素质等指标有所降低，其中男性的降低幅度在 0.6%～6.2%之间、女性的降低幅度在 1.3%～6.9%之间。全民健身初显成效。

## 幼儿发育水平稳步增长

2010 年，幼儿各年龄组的身高、体重、胸围等形态指标平均数比 2005 年均有明显增长，体重增长幅度最大，胸围等围度指标增幅次之，身高等长度指标增幅最小。自 2000 年以来，我国幼儿身体形态发育水平呈持续增长趋势，处于快速发展阶段。2010 年，幼儿多数年龄组的大部分身体素质指标略高于 2005 年的水平。自 2000 年以来，我国幼儿身体素质总体呈持续增长趋势。有关专家表示，本次监测数据充分说明全民健身的浓厚氛围使我国国民的体质总体水平持续提高。国民体质表现出体格增强、有氧能力全面提高的特点。但也反映出部分年龄人群的体质水平还有波动，中老年人的力量素质下降趋势没有得到遏制等问题。

## 国人 10 年增长体重相当于西方人 30 年

"过去 10 年，中国人增长的体重几乎等同于西方人在过去 30 年增长的体重。"体育科学研究所研究员、群众体育研究中心副主任王梅说。改革开放以前，中国人的体重一直偏瘦，西方都说中国没有体重问题。但改革开放之后，特别是近 20 年以来，中国人的肥胖率和超重率大幅增长。不论中小学生，还是成年或老年，中国人超重与肥胖率都在持续增长。王梅表示肥胖和超重是全球性问题："这与我们的生活方式变化有很大关系。比如以前我们是走路、骑车上班，而现在很多人是开车或乘坐快速公交上班。此外，我们工作中的体力活动也大幅度减少，再加上摄入的能量又高，很容易导致肥胖和超重。"王梅介绍，与上次国民体质监测公报相比，20—59 岁的成年人，在柔韧性、绝对力量和爆发力方面有所下降。按通常的理解，随着营养的丰富和锻炼意识的提升，这些身体素质指标应该随之增长才对。但王梅解释说："近几年，人们的体育锻炼意识虽然增强，但在进行体育锻炼时，人们往往更重视有氧锻炼，对力量和柔韧度的锻炼相对不够重视。"王梅建议人们在体育锻炼中应注重全面性和科学性。"锻炼要有针对性，针对自己的目标，比如减肥、锻炼耐力、柔韧性。但也要考虑全面发展，如不能为了减肥，只是有氧锻炼，不吃饭，忽视其他方面"。(据新华社)

社会体育专业的产生正是适应这种生活方式的变化。如何通过社会体育这个减压器、缓冲器来减轻社会压力？如何根据居民疾病死亡原因重新认识社会体育的重要性？如何根据中国城乡居民的身体变化制订新的健康计划和锻炼方案？都是社会体育的理论研究者和实际工作者必须研究的问题。

## 二、社会体育专业与社会需求

### （一）社会体育的需求

自1995年6月《全民健身计划纲要》实施到2000年底，全民健身计划第一期工程已经结束。经过5年的努力，中国城乡居民社会体育的参与程度有了一定的改善。

国家体育总局《2007年中国城乡居民参加体育锻炼现状调查公报》（以下简称《调查公报》中结果显示，2007年全国有3.4亿城乡居民参加体育锻炼，全国“经常参加体育锻炼”的人数比例为28.2%（含在校学生）。参加体育锻炼的年龄特征显示为年轻人参加体育锻炼的人数比例比较高，但多数频度较低；老年人参加体育锻炼的比例较低，但是达到“经常参加体育锻炼”标准的比例较高，反映出老年人参加体育锻炼更为积极。

“经常参加体育锻炼”的人是指每周参加3次及以上，每次锻炼持续时间30分钟及以上，每次锻炼的强度达到中等及以上的人。

《调查公报》显示，在参加体育锻炼的人群中，影响其参加锻炼的主要障碍是“缺乏时间”（41.2%），其次是“缺乏场地设施”（16.6%）和“自身惰性”（13%）。目前体育硬件设施的缺乏和广大人民群众日益多元化的体育健身需求之间的矛盾是群众体育发展的主要矛盾。

调查结果表明，“健身走”和“跑步”成为中国参加体育锻炼人群中最“热门”的项目，占总人口的62%，以“单位或住宅小区体育场所”为主要锻炼场所的人数比例最高，达到22.2%。

通过本次全国调查，除了场地设施的缺乏，目前我国居民参加体育锻炼中亟待解决的问题还包括，居民在体育锻炼过程中缺乏有效的科学指导，体育锻炼的消费结构不够合理，居民参加体育锻炼的城乡差异和区域差异依然存在等。

### （二）与社会体育共进的社会体育产业

#### 1. 中国体育产业的发展趋势

20世纪90年代以后，中国在大力发展体育公共事业的同时，迅速发展了体育产业。在中国进入WTO后，体育产业更是得到了国家和经济部门的重视。在2001年国家召开的新兴产业研讨会上，“体育产业”被列位十大新兴产业之一，这标志着我国对体育产业的认识有了一个巨大的进步，也预示着我国体育产业将会在新世纪得到迅猛的发展。

21世纪的前30年，我国体育产业的发展大约可以分为3个阶段。

第一阶段，到2010年，确立体育产业理论体系和法规体系，重点发展优先产业，渡过体育产业滞后于国民经济发展的状态，将体育产业发展成为国民经济新的增长点。其目标是：全国体育产业增加值占国民经济总产值的比重达到0.5%以上；全国可解决就业人口的数量达到500万人以上；体育消费占家庭消费的比例平均达到5%以上。

在这一时期，体育产业优先发展的领域是体育健身娱乐业。第一，当前城乡居民生活方式的转变和医疗制度的改革成为体育健身娱乐业发展的重要动力，1995年医疗保健消费明显增长，居民自我保健意识日益增强，购买健身器材以及营养保健品的支出大幅度增加。我国居民对体育和健康都表现出相当积极的态度，82.23％的被调查者表示需要体育。近几年来，北京、上海、广州等地掀起了家庭健身的热潮，花上千元买个健身器，一时成为时尚。由此看来，体育、健身在“花钱买健康”观念的引导下，将有很大的发展前景；第二，《全民健身计划纲要》推行5年多来，人们参加身体锻炼、身体娱乐的热情空前高涨，体育人口迅速增加；第三，体育健身娱乐业可以迅速带动与之有直接联系的其他产业的发展，如体育空间产业、体育服装器材产业、体育咨询产业等。

第二阶段，到2020年，建立起我国体育产业体系的基本框架，体育产业对国民经济产生较大影响。其目标如下：

(1)全国体育产业增加值占国民经济总产值的比重达到0.7％～1.0％。

(2)全国可解决就业人口的数量达到1 000万人以上。

(3)体育消费占家庭消费的比例平均达到7％～10％。

第三阶段，到2030年，建立起比较健全的体育市场和完善的体育产业体系，大规模地进入国际市场，使体育产业最终成为国民经济发展的支柱行业之一。

**2. 中国社会体育的市场预测**

1)消费能力显著增强

在21世纪，全国人民生活基本上实现小康水平，逐步向较富裕的后小康消费迈进，其中，我国城镇居民的消费水平将接近世界中等国家的居民消费水平，农村居民的消费水平将达到城镇居民中等略偏下的水平，进而实现我国居民消费水平由温饱到小康、后小康消费的历史性跨越。

2)消费结构明显改善

随着后小康时期居民消费水平的迅速提高、消费能力的显著增强，我国居民的衣、食、住、用、行等方面的消费结构也将发生明显的变化，出现更为合理的良性结构变动。

居民食品支出总量增加，但食品支出占整个消费支出的比重即恩格尔系数将进一步下降；穿着消费支出比重稳中有升；用品消费支出比重有所增加，其中城镇居民对高档用品需求急剧增长，农村居民耐用消费品需求增长幅度更大；住房消费支出明显上升，居住质量得以改善；交通、通讯方面的消费支出将大幅度增长。随着后小康时期城市建设的现代化和生活空间距离的扩展，随着人们生活节奏的加快和轿车国产化的实现，居民行的消费支出将更多地投入到家庭通信方面，同时小轿车进入部分家庭，行和通信的消费支出比重急剧上升。

劳务消费以及居民用于教育、文化、娱乐、体育等非商品性精神文化方面的消费支出将呈上升趋势。随着精神文化生活的改善，人们的休闲方式将更加丰富，娱乐、文化、劳务消费将进一步加大支出比重，消费结构将进一步优化。

3)消费领域逐步扩展

进入21世纪后，对消费领域最具直接影响的科学技术仍然是电子技术、生物技术和材料学等。在电子技术中，主要是微电子技术将广泛应用于消费品生产和使用之中，使消费品的功能不断更新、完善，使用更加方便、舒适；而生物技术的进展，可能使食品加工及其原材料结构有关键性突破。国际国内食物消费的发展趋势是食品卫生安全化、营养化、方便化。国际流行的低热量、低脂肪、全天然、低盐、低糖、低胆固醇、不含合成添加剂、高纤维含量等符合健康潮流需要的食品及其与之相关的现代生物技术将备受人们的青睐。

4)生活质量不断提高

生活质量是用来反映居民生活需要满足程度的一个综合指标。追求生活质量的提高,正视人的全面发展需要,实现社会活动的可持续发展,是未来社会发展战略的应有选择,也是我国小康和后小康消费战略的创新之处。

5)消费行为更加科学

消费行为广义地包括各类消费行为主体进行消费或满足精神文化需要的活动及其过程。消费行为科学与否,取决于消费行为主体的心理状况、消费观念、个性特征及其自我保护意识等诸多方面。

后小康消费行为更加科学,表现在以下几个方面:①届时我国消费行为主体的心理稳定方面;②居民消费观念不断更新;③追求消费个性特征。

**3. 21世纪我国居民消费结构预测**

在1980年时,我国人均国民生产总值大致为300美元。那时居民消费中,在吃方面的消费比重为59.7%;穿方面的消费支出比重为13.1%。日本在300美元收入时这两项比重分别为57.3%和12.3%;印度在接近300美元的1987年时这两项比重分别为58.6%和9.2%;韩国在收入300美元时这两项比重分别约为51%和10.8%;巴基斯坦在收入300美元时这两项比重约为54%和9%。

我国1990年时人均国民生产总值接近600美元时,全国城乡居民消费结构中用于吃方面的支出比重为55.3%,穿方面的支出比重为2.7%;日本在1960年收入600美元左右时,在吃和穿两项的支出比重为39.8%和11.6%。

2000年我国实现了人均国民生产总值1 000美元。我们利用参加国际比较项目的53个国家的数据推算,今后中国对应的消费结构是食品支出为40%~45%,衣着支出为9%~11%,住房支出为11%~12%,交通、通信支出为6.5%~7.5%,医疗保健支出为3%~4%。

**4. 我国社会体育消费水平**

关于我国居民体育消费水平,国内学者进行了大量的调查:1991年我国家庭体育消费特点抽样调查显示,城市家庭户均体育消费为191.55元,人均为50.81元,其中运动服、鞋帽消费占61.5%,体育器材消费占22.39%,体育书刊消费占4.64%,观摩体育比赛消费占0.02%,体育消费占生活总消费的3.62%(张召棋等,1993)。

1992年调查结果显示,我国城市居民有67.8%的家庭在体育消费上有投入,平均投入20~50元之间的占体育有投入家庭的67.4%,平均投入60~80元之间的占体育有投入家庭的21.4%,平均投入100元以上的家庭占体育有投入家庭的11.2%(刘德佩,1994)。

1995年武汉市居民体育消费支出占年均收入的1.7%,年均体育消费为69.54元(按年平均收入4 170元计算)(唐宏贵,1997)。

1995年北京市海淀区体育消费调查显示,海淀区家庭人均体育消费为536.7元,占居民总消费的42.37%(朱洪晨,1998)。

从1996年中国群众体育现状调查研究得知,当午我国城市居民体育消费为383.83元,相隔4年之后,对相同的地区进行调查得到我国城市居民年家庭体育消费情况。1999年的调查中,被调查对象75.58%的居民有体育消费。我国城市居民1999年家庭体育消费为559.73元,比1996年增加191.21元,增长率为70.22%,年均增长率为17.56%。在1996—1999年的4年间,体育消费增长比率最多的城市是:包头为219%,福州为150.69%,郑州为

80.79%。4 年间我国城市居民体育消费增长率高于国民生产总值的增长率，再次肯定了我国城市居民对体育的需求十分迫切。

然而，1996 年城市居民家庭体育消费占家庭年收入的 1.78%，1999 年城市居民家庭体育消费占家庭年收入的 2.01%，占家庭支出的 3.56%，这是一个很小的比例。

**5. 城乡居民体育消费现状**

我国城乡居民参与体育活动的场所依然以非经营性的体育场所为主。2000 年参加体育活动的人中有 8.8%的人曾到经营性体育场馆进行过体育消费，比 1996 年增长 0.2 个百分点。其中以中青年、高文化程度人群为主，16—35 岁年龄段的占 63.7%，高中(中专)以上文化程度的占 81.9%。

家庭体育消费在我国城乡居民家庭消费中所占比例较小，在我国城乡居民家庭除日常生活消费以外最主要的 11 项消费支出中，子女教育费用依然是家庭最主要的支出，占 15.9%。购买体育比赛门票和购置体育器材分别占 7.4%和 4.4%，居于第五位和第九位。

我国城乡居民以家庭为单位全年体育消费平均为 397.42 元。对经营性体育娱乐场馆的门票，城乡居民目前能承受的价格在 10 元以下(包括 10 元)的占 75%，10 元以上的占 25%。与 1996 年 10 元和 10 元以上的占 15.5%相比，有较大提高，但相对来说还是比较低。

**6. 中产阶级的体育消费不容忽视**

21 世纪上半叶的绝大部分时间里，我国将主要在以中产阶级为主题的小康社会的不同发展阶段上，小康社会作为由温饱向富裕社会过渡的整个历史时期具有丰富的内涵，这不仅仅是一些明确的经济指标，而且还较为全面地反映我国社会发展和进步的具体状况。可以断言的是，他们是最注重健康在价值观中地位的人群，他们是社会体育的积极参与者，他们是未来世纪体育消费的主力人群。

**7. 经济发达地区社会体育产业的率先发展**

我国在现代化过程中呈二元结构的发展态势，经济发达地区的体育产业与体育市场已经率先发展，已经进入体育产业发展的黄金时期，如浙江省体育产业的增加值已经达到全省 GDP 的 0.92%，接近了发达国家的水平。广东省城镇居民的体育消费将达到 1 105.85 元，占居民消费支出的比例将达到 3.02%。韩国、新加坡、中国香港和台湾地区在 20 世纪 70 年代的经济高速增长促使人们对体育、娱乐、教育这一门类的支出比例显著增加。据此可以大致判断，随着我国城乡居民收入的增加，未来 10 年人民用于娱乐和教育的消费支出将会越来越多。这一点在经济发达地区将首先表现出来。

## 第三节 运动训练专业发展概况

### 一、国外运动训练专业介绍

在美国高校，运动训练专业与体育教育、运动科学等专业以及教练员资格证书等有机结合在一起，形成了一套具有特色的运动训练人才培养体系，包括在运动机能学或体育教育两大领域中。美国高校运动训练招生对运动成绩没有专门的要求，一般应在中学有过校级运动队的经历。其培养目标要求学生学习掌握运动训练的原理和教练员在社会中的重要职责，为成为业余、中小学、大学和职业等水平的个人和运动队教练员或管理工作做好准备，或为进入研究生阶段学习做好准备。学生学习的课程主要包括通识教育课程、专业课程和相关领域学习课程等。学生修满规定学分，可授予学士学位，并获得政府或组织认可的教练员执教资格证书（吕季东，2007）。

加拿大培养体育教练员的本科专业有约克大学运动与健康学院的运动与健康科学专业（Bachelor of Kinesiology & Health Science）、拉瓦尔大学体育系的运动训练专业（Baccalaureat en Intervention Sportive）和道格拉斯学院运动科学系体育教育训练专业（BPEC：Bachelor of Physical Education and Coaching）；德国科隆体育大学的体育科学专业，主要培养教练员和体育科研人员，该专业有“竞技运动、户外教育与运动”“体育管理与通信”和“运动、健康与预防”3个专业方向（张文晋等，2011）；澳大利亚培养运动员的任务主要由体育学院完成，全国有9所体育运动学院，按照运动项目组织运动员的训练，项目设置主要针对奥运会进行调整。

## 二、我国运动训练专业发展概况

我国运动训练专业创办于1957年。当时在吸收和借鉴前苏联、民主德国体育学院培养运动训练专业人才经验的基础上，在原北京体育学院创建了运动系，其办学指导思想主要是满足建国初期我国竞技体育发展对运动训练专业人才的需要，为我国各级竞技体育队伍培养高水平的运动员和教练员。随后，上海体育学院、武汉体育学院、西安体育学院、沈阳体育学院、成都体育学院也先后尝试开办了运动系。1988年8月，原国家教委颁布实施的《全国普通高等学校体育本科专业目录》首次将其命名为“运动训练专业”，并对办学目的进行了拓展：第一，提高现役专业运动员的文化素质，提高训练效果；第二，增强专业运动员退役后进入社会的竞争力，解除现役运动员的后顾之忧；第三，选拔优秀的青少年运动员进入高校深造，为我国的奥运战略培养竞技体育的后备力量。教育部1998年颁布的《普通高等学校本科专业目录》中，运动训练专业是教育学门类下体育学一级学科中的五大基础专业之一，属于带“*”号的控制性专业。随着社会的发展和我国体育事业发展的需要，该专业目前在全国70多所体育院系中均开办了运动训练专业，分布在13所高等体育院校和近60多所普通高等院校，在校学生人数接近4万人，办学规模得到了跨越式的发展和提高。从以上内容可以看出，运动训练专业的正式设立，是国家体育主管部门审时度势、根据我国竞技体育发展不同历史时期的需要而采取的具有深远战略意义的重要举措。

### 发展历程

运动训练专业自设立以来已培养了大批的教练员、运动员和其他体育人才，为我国竞技体育、群众体育和学校体育的发展作出了重要贡献。

运动训练专业50余年的发展经历了一个曲折的历史过程。1957年北京体育学院（现北京体育大学）正式设立运动训练专业，拉开了专业建设的序幕。当时主要沿袭前苏联的教育模式、教育思想、教学内容、教学方法以及竞技体育训练模式，培养方式与体育教育专业相近，在以“培养专项教师和教练员”的目标下按项目设置专业的现象相当普遍，培养优秀运动员的指导思想突出，对课程分类和课程结构等有了初步的架构。

“文革”结束以后，运动训练专业的建设进入了恢复阶段。由于受竞技体育思想的影响，加上“教学、训练和科研三结合”的提出以及“按项目设置专业”的再次确立，在培养规格、教学内容和培养形式等方面对专项运动技术水平具有较高的要求。课程内容以术科为主，专修课占有相当大的比重（达 1 000 多学时），选修课较少，课程之间的相互关系较独立。

1988 年教育部颁发的《全国普通高等学校体育本科专业目录》正式设立了“运动训练专业”，一些设置过细尤其是按项目设置的专业得以归并，运动训练专业开始步入稳定发展的轨道。在培养目标与课程理念上突出强调对学生“专项运动训练工作能力”“竞赛组织与裁判能力”以及“从事本专项科学研究能力”的培养。课程内容有所更新，既有公共课、专业学科和专业术科组成的必修课，也有限制性选修课和任意选修课，课程结构开始向多样化方向发展。

随着改革开放的深化和素质教育观的提出，以及体教结合培养模式的推进，运动训练专业建设进入了改革创新阶段。根据社会的需要和学生的特点，对专业培养目标、教学内容和课程体系等方面作了较深入的探索。在专业人才培养上，重视基础教学和拓宽专业口径，强化实践环节，强调“一专多能”，在优化学生知识结构的基础上，充分体现应用型人才的培养；在课程模式上，根据实际情况优化课程组合，实行了学分制、双专业、主辅修制、专项俱乐部制、中期分流等制度，课程模式趋于多样化。

分析 50 多年运动训练专业的发展过程，还存在着一些问题，主要是课程设置、教材建设、培养模式和毕业生分配等与体育教育专业相似，难以适应社会发展的需要和体现人才培养的特色；由于专业人才培养体制的多样化，课程设置与社会实际需要脱节；缺乏专业建设的评价标准和依据等。

运动训练专业的办学目的一直伴随着我国体育事业发展的需要进行着适时的调整。在 20 世纪 50 年代，创办运动训练专业的最初目的主要是以培养教练员为主要目标。随着社会的发展，各级运动队和各级体校的教练员不再仅仅依靠高校运动训练专业来培养，其生源渠道呈现出多元化态势：有的来源于运动训练专业，也有的来源于体育教育专业，但更多的是运动队中的优秀运动员退役后成为各级运动队的教练员。近年来，在教练员这个岗位上的就业越来越困难，无论是独立设置的体育学院还是师范大学或综合性大学，运动训练专业的毕业生能成为优秀运动员和优秀教练员而进入专业运动队的毕竟是极少数，这已是不争的事实。但是，随着我国经济的发展，人民生活水平的提高和信息化、老龄化社会的到来，体育、健康、娱乐等许多新型的体育产业开始出现，社会需要大量的体育行政人员、教练员、体育保健员、舞蹈表演、体育新闻、运动医生、体育经纪人、体育推销与管理员以及与体育相关的各种人才，这无疑为运动训练专业提供了广阔的就业市场。因此，解决就业困难的方法不应该是限制生源水平和招生规模，而应该适时调整运动训练专业的培养目标，使我们运动训练专业的毕业生具备当前社会急需人才的知识和能力，只有这样运动训练专业的路子才能越走越宽，才能成为受社会欢迎的热门专业。

# 第二章　体育专业在社会发展中的地位和作用

## 第一节　体育教育专业在社会发展中的地位和作用

### 一、我国体育教育专业在社会发展中的地位

在我国制度化体育教师培养肇始于1904年。在一个多世纪的发展历程中，培养体育师资的高等学校专业的名称几经变化，直到1988年在新的专业目录中才明确为“体育教育”这一名称，并沿用至今。100多年来，体育教育专业无论是在全国的区域分布面，还是在专业点的数量上，它始终排名第一，是体育学类中培养体育人才数量最多的专业。作为体育学类中规模最大、发展相对成熟的专业，体育教育专业的改革发展不仅直接决定着我国体育教师的质量，而且还间接地影响着其他体育专业的发展。

**1. 近代体育教育发展地位**

鸦片战争之后，中国屡遭侵略，丧权失地，当时许多有识之士纷纷探求救国图强之路，19世纪下半叶，洋务运动应运而生。洋务派主张学校西化，兴办教育，并创立了不少军事学堂和工业学校。这些学堂全部仿照英、美、日、德等国外学校的课程设置，一般都设体操课，教员大多聘请外籍人员。

1901年，清政府迫于当时的形势，提出所谓“新政”，其中一项就是办学堂、废科举，颁布实行《奏定学堂章程》(以下简称《章程》)，仿照日本建立新教育制度。《章程》规定了各级各类学校开始的课程，其中包括规定了各级各类学校均无条件地开设以普通体操和兵式体操为主要内容的体操课，这是我国从中央政府以法无偏见形式普遍把体育列为学校教育内容的开端。体操教师正是在这种形势下逐步产生的。由于体操课在学校教育中法定地位的确立，体操教师的职业在我国也自然地取得了法定的地位，成为我国教师职业中的一个组成部分。

此后，新式学堂在我国得到迅速发展。当时各级学校都设体操课，需要大量体操教师，而当时尚无培养体操教师的专门学校，于是体操教师大多由军队中的退伍士兵担任。这些人没有体育专门知识，且兵痞习气严重，不仅影响学校体育的正常开展，也严重地影响了体育教师的社会形象。因此，自1904年起，一些地区已开始兴办培养体操教员的短期训练班。1906年，清廷学部通令全国兴办体育学堂或在师范学校增设体操专修科，使我国近代教育史上培养体育师资的专门学校和体育专业开始出现。

随着社会的进步、教育的发展和西方体育思想的传入，人们对学校体育的认识也不断改变。1922年《壬戌学制》颁布以后，体育课中废除了兵操，改以田径、球类、游戏、体操为主要内容，同时，体育教师培养的学制年限也在不断延长。1923年，南京和北京高等师范学校相继开

办了四年制的体育专业。体育教师培养的日益专门化，改变了体育教师的社会形象，使得体育教师不再是体育课上喊喊口令、指挥兵操的退伍军人，而是要用科学的知识与方法教育学生的"一科"老师。

新中国成立以前，培养体育师资的体育院校不少，但规模一般不大，其专业与课程设置先是受日本的影响较大，后来又长期受美国的影响。但是在这个阶段，由于社会动乱，经济和教育落后，民不聊生，使得体育得不到提倡和重视。因此，体育师资培养的职业地位也比较低下。

**2. 新中国成立以后，体育教育地位不断提高**

新中国成立后，中国共产党和政府十分重视学校的体育工作，采取一系列措施，加强对学校体育工作的领导。1951 年 8 月，政务院公布了《关于改善各级学校学生健康状况的决定》，指出了"增进学生的身体健康，乃是保证让学生完成学习任务，并培养出强健体魄的现代青年的重大任务之一"。教育部规定，从小学一年级起到大学二年级都要必修体育课，每周 2 学时。1957 年，毛泽东同志指出："我们的教育方针，应该使受教育者在德育、智育、体育几个方面都得到发展，成为有社会主义觉悟的有文化的劳动者。"这些措施和指示确立了体育在我国学校体育教育中的地位，明确了学校体育教育的目标，指明了学校体育教育的方向，使学校体育教育得到蓬蓬勃勃地发展。由此，体育教师在学校中和社会上也越来越受到尊重和重视。

为了适应学校教育中学校体育工作迅速发展的需要，国家还加强了对体育教师师资队伍的建设和培养。主要在两类学校实施：一是专门的体育院校，如北京体育大学(原北京体育学院)、上海体育学院、武汉体育学院、沈阳体育学院、成都体育学院、西安体育学院等，以及其他一些省(市)属体育学院，迄今共有十几所；二是普通高等学校(包括高等师范院校和综合性大学)所属体育系或体育学院，其数量最多。改革开放前，无论哪一类体育院系，其专业都较单一，当时所需的各类体育人才几乎都出自于这两类学校的培养。

20 世纪 90 年代以后，随着我国教育体制改革的深入，素质教育的全面实施，在师资队伍建设中，不仅要满足数量上的需求，更要注重师资队伍的质量。不仅在知识结构和学历上提高了要求，还在综合素质与能力上提出了新的要求。如小学体育教师，从过去的中专学历要求到现在需要大专以上学历；初高中要求本科以上学历；大学体育教师一般要求硕士以上学位。

1993 年，国务院发布的《中国教育改革与发展纲要》中明确提出，我国的教育目的是"把青少年培养成为德、智、体等方面全面发展的社会主义事业的建设者和接班人"。1995 年，国务院发布的《全民健身计划纲要》中明确提出，全民健身计划以全国人民为实施对象，而以青少年和儿童为重点。这既体现了党和政府对青少年学生的关心与爱护，也说明了学校体育和体育教师在实施全民健身计划中的重要地位与作用。学校实施全民健身计划，是提高全民族素质的奠基工程，而体育教师是实施这一奠基工程的工程师。随着全民健身计划的广泛推行，体育教师的社会地位也得到进一步提高。

从 1998 年开始，国家教委又规定，在全国逐步实行初中毕业生升学加试体育的制度。这一措施的出台，对加强学校体育工作、提高体育的学科地位和体育教师地位起到了积极的作用。1999 年，《中共中央国务院关于深化教育改革全面推进素质教育的决定》(以下简称《决定》)中指出："健康体魄是青少年为祖国和人民服务的基本前提，是中华民族旺盛生命力的体现。学校教育要树立'健康第一'的指导思想，切实加强体育工作，使学生掌握基本的运动技能，养成坚持锻炼身体的良好习惯。"《决定》深刻地阐明了学校体育在素质教育中的重要地位和独特作用。

2001 年，教育部制订了《全日制义务教育普通同级中学体育(1—6 年级)体育与健康(7—12 年级)课程标准(实验稿)》，将中学体育课更名为体育与健康课，并指出它是“学校课程体系的重要途径”。2002 年，教育部国家体育总局在全国范围内开始实施《国家学生体质健康标准》试行工作，并于 2007 年在全国正式实施。2005 年，教育部针对 2004 年全国学生体质健康监测数据结果，印发了《关于落实保证中小学生每天体育活动时间的意见》。这些标准、意见的颁布实施，进一步体现了学校体育健康的价值，进一步明确了学校体育在学校教育中的重要地位，同时也为体育教师寻求与其他主干学科教师“平等化”的地位提供了有效的保障。

针对我国青少年体育工作存在的问题及学生体质健康水平总体令人担忧的状况，特别是学生体质部分体能指标持续 20 年下降的情况。2007 年 4 月，中共中央政治局专门召开会议，研究部署青少年体质健康问题，并于 2007 年 5 月 7 日下发了《中共中央国务院关于加强青少年体育增强青少年体质的意见》，要求学生每天锻炼 1 小时。中小学校要认真执行国家课程标准，保质保量上好体育课，没有体育课的当天，学校必须在下午课后组织学生进行 1 小时集体体育锻炼并将其列入教学计划；全面实行大课间体育活动制度，每天上午统一安排 25～30 分钟的大课间体育活动，认真组织学生做好广播体操、开展集体体育活动；寄宿制学校要坚持每天出早操。高等学校要加强体育课程管理，把课外体育活动纳入学校日常教学计划，使每个学生每周至少参加 3 次课外体育锻炼。各级教育行政部门要提出每天锻炼 1 小时的具体要求并抓好落实。因地制宜地组织广大农村学生开展体育锻炼。有针对性地指导和支持残疾青少年的体育锻炼活动。要切实加强体育教师队伍建设，按照开设体育课和开展课外体育活动的需要，配齐配强体育教师。”

2011 年 5 月，教育部对《普通高等学校本科专业目录》进行了第五次修订，新目录与原目录相比，增设了艺术学门类，学科门类由原来的 11 个增加到 12 个；专业类由原来的 73 个(含原目录 71 个专业类和 2 个目录外专业类)调整为 92 个，并与《学位授予和人才培养学科目录》(2011 年颁布)中的一级学科基本对应；专业由原来的 635 种调整为 506 种，其中基本专业 352 种，特设专业 154 种。体育学仍属教育学门类，其下共设 7 个本科专业，即体育教育、运动训练、社会体育指导与管理、武术与民族传统体育、运动科学、体育康复与健康、休闲体育。

可见，新中国成立以后，我国各级培养体育教师院校的地位保障与改善，不仅与体育教师队伍自身建设的日益完善、自身素质的日益提高密切联系在一起，而且与体育在学校教育中的学科地位的日益提高有着更为紧密的联系。

**3. 当代学校教育对体育教育地位的要求**

学校教育担负着提高民族素质，培养德、智、体全面发展的建设者和接班人的根本任务。学校体育教育则担负着提高学生的身体素质，增强学生体质，促进学生身体与心理健康的重要任务。因此，学校体育教育则是学校教育中的一项重要内容，是教育方针的一个重要组成部分，它与德育、智育、美育相互促进，相辅相成而又不能相互替代、相互割裂，共同构成学校教育的有机体系。

学校体育是体育事业发展的基础，而体育教师的质量是决定学校体育发展水平的关键要素，作为教师教育的重要组成部分，体育教育专业的培养目标明确定位为中小学体育教师。相应地，体育教育专业的改革与发展必须基于丰富的体育教师教育理论才能获得持久的生命力。应该承认，从体育课的教学到各类课余运动队的训练，从每天的早操、课间操的组织到全校课外体育活动的辅导，从举办校内各项体育比赛到带队参加校外各级各类体育竞技比赛，都离不开体育教师的辛勤劳动，无不凝聚着体育教师的心血和汗水，他们是学校一切体育活动的组织者和指挥者。他们不仅是人类灵魂的工程师，也是全体学生健康体魄的设计者与塑造者，是引领学生身心健康成长的指路人。体育教师的积极性如何、他们的素质高低，直接关系到全体学生的体育教育和健康成长，关系到他们的全面发展，也关系到学校在社会上的荣誉和形象。从这个意义上讲，体育教师在学校中的地位绝不是可有可无的，其作用和影响往往比一般的文化课老师更全面、更长远。那种轻视学校体育和体育教师的观点是缺乏远见和毫无根据的，是一种狭隘过时的传统教育观念和陈腐偏见。

由此可见，体育教育所承担的历史使命，直接关系到我国21世纪人才培养的素质和质量，关系到我国社会主义事业建设的兴衰成败，其意义十分重大和深远。因此，体育教育工作理应受到学校和社会各界的充分尊重和特别爱护，然而现实的状况却并不令人乐观。一些学校在片面追求升学率的大棒指挥下，体育教育工作处于可有可无的位置，甚至有些学校的管理者轻视体育教学，使体育教师的劳动得不到充分肯定。在职称评定、考评奖励等方面和其他学科老师相比存在着不平等现象。这不仅严重挫伤了体育教师的积极性，而且影响到整个体育教学的教学质量及素质教育的全面实施。究其原因，既有复杂的社会历史根源，主要是受传统的陈腐的教育观、人才观、体育观的影响，也与部分体育教师本身素质不高、教学水平和训练质量不高有关。

因此，当务之急是要深刻认识体育教育的重要性及其所担负的重大职责和使命，广泛宣传体育教育工作意义和体育教师的奉献精神，大力倡导全社会形成关心、爱护和尊重体育教育工作的良好风气。尤其是各级教育行政部门和学校，应切实加强和改进对学校体育工作的领导，改善和落实体育教师的待遇，从各方面为他们创造良好的工作环境和生活条件，努力提高他们的社会地位，充分调动体育教师的积极性和创造性，并采取有力措施，全面提高体育教师的自身素质，这样我们的体育教育事业才能得到整体性提高。

## 二、我国体育教育专业在社会发展中的作用

体育教育专业具有“双专业”属性，不仅要体现师范教育的特色，还要体现体育专业教育的特色，其培养目标定位应指向既要具备教育人才素质，也要具备体育人才的特点。本节主要从体育教师培养上来分析论述体育教育专业在社会发展中的作用

### （一）体育教育的发展受到社会生产力的制约

#### 1. 社会生产力的发展对体育教育的产生和发展提出了要求

原始社会时期，人类的社会生活主要是渔猎和采集，以维持生活的需要。基本的生产知识技能与萌芽的体育只能凭经验来传授。随着生产力的发展，人类社会分工逐步精细，社会对各种职业的专门人才的要求越来越高。从资本主义社会大工业的出现到今天的信息化时代，生产劳动不断变化，劳动对人的体力要求逐渐下降，而对智力的要求不断上升。在信息化和数字化的今天，社会对人类产生的精神负担远比体力的压力更大，伴随而来的“现代文明病”骤然增多，严重危害着人类的健康，人类呼唤体育，体育业已成为人们生活中不可缺少的组成部分，它积极地为促进人类的健康服务。在近代教育思想发展中，人们已经意识到，只有德、智、体全面发展的人才是人类追求的人才模式，他们才能适应未来瞬息万变的信息化社会。培养合格的体育事业人才，从而教育更多的青少年具有健康体魄是社会生产力发展对体育教育职业发展

提出的基本要求。

**2. 生产力的发展为体育教育提供了良好的条件**

体育教育工作要取得成效，一方面是要培养出合格的体育教师，另一方面还取决于各种条件与物质保证。体育教育的工作依赖于操场、设施与器材，现代的许多学校都修建了大量的田径场、足球场、体育馆、健身房。设备条件的现代化为体育教师从业和达到理想的教育目标，无疑提供了极大方便。然而我国目前的经济建设发展很不平衡，落后的西部、落后的乡村学校体育开展的硬件设施和物质条件非常简陋，经费匮乏，而要完成国家统一的教育要求，自然困难重重。有的地方曾出现过教师的工资都无法保证的现象，使体育教育事业更难以维持。虽然近几年已有很大好转，但经济落后仍然制约着边远山区、乡村落后地区的体育教育职业的发展。因此，使我们更加认识到当今中国的社会稳定局面的重要性，加快国民经济建设，明确经济体制改革的必要性，只有努力发展经济，才能为体育教育职业创造良好的条件。

此外，体育科学技术、教育科学理论与体育学科的发展为体育教育发展提供了培养创造性人才的条件，自然科学与社会科学知识的充实，推动了体育学科的发展。体育师资培养中，每年有许多本科生、硕士、博士研究生毕业，他们关心并深入体育教学工作研究，将学校体育的健康发展逐步引向深入并成为一支主力军。

### (二)体育教育的发展受到社会政治制度和现行方针政策的影响

**1. 社会政治制度决定着体育教育职业发展的方向**

在半殖民地半封建的旧中国，体育教育在政治上得不到尊重，经济上得不到保障，人民生活穷困，师资队伍严重不足，显示了当时社会政治制度的不稳定。而社会主义的新中国，在为人民服务的宗旨下，教师都是人民的教师，在计划经济时代，体育师资队伍得到相当稳定的发展，国家通过一系列法令、政策来制订办学的宗旨和方针。在今天的市场经济体制下，在引入竞争机制的时代，使体育教师的培养体系建设与发展充满活力。

**2. 社会现行的方针政策影响着教师队伍的建设**

在经济体制调整下，体育教育的发展也得到不断的调整，如师资的学历、职后的培训都有严格的要求，使体育教育发展方向朝着适应素质教育和“健康第一”的要求发展。素质教育与“健康第一”对教师职业提出了新的发展要求，无论是知识结构、知识技能还是学历结构等，都有不同于过去的变化，都讲接受终身教育的思想。在21世纪里，在教育、人事等体制改革的不断深化中，职业与岗位的竞争初露端倪，这对体育教育职业的素质提出了更高的要求，意味着体育师资的培养将发生从量到质的又一次飞跃。

**3. 体育教育的发展受到科学技术等因素的影响**

1)教育科学与体育科学的发展对体育教育素质提出了新要求

旧中国的学校体育的课程体系和教学内容方面大多照搬西方，教材和参考书非常缺乏，体育教育过程的教学方式主要是口传身授。科学技术高度发展的今天，体育教育的过程不仅有明确的教学内容和体系，教材中不仅有教师与学生用书之分，还有大量的参考资料。从简陋的教学条件到今天学校体育场地、器材设施的现代化，从教学方法的传习、运动技艺的口传身授，到今天运用如快乐教育、锻炼处方教学、投影、图片、影视、计算机技术、网络技术等多种媒体的现代教学方法，足以证明教育科学与体育科学的发展对体育教学产生的影响，同时也对体育教师的素质提出了新的培训要求。

2)意识形态对体育教育的影响

社会的存在决定着社会的意识。任何社会科技的发展都带着浓厚的社会意识。在建设有中国特色的社会主义教育事业与体育事业中,物质和精神两个文明要一起抓的哲学思想,再现了邓小平理论的重要作用。反映在具体的体育工作中,素质教育思想是要求体育教师首先要有良好的道德意识与观念。反映在专业思想意识形态中,健康教育的思想逐步深入到每个体育教师的意识和观念之中,这些都影响与推动着体育教师职业不断地向前发展。

体育教育的发展虽然受到各种因素的制约,但其创造性的劳动又推动着教育和体育学科乃至社会生产力的发展,推动着科学技术的进步,并有利于社会政治制度的巩固。

### (三)当代体育教育专业化的抉择

#### 1. 体育教育专业化是对教师专业化这一世界性潮流的顺应

教师职业专业化或培养专业化教师是教师教育的本质和提高教师职业社会价值的根本。如果说在过去漫长的历史时期占主导地位的“能者为师”“学者为师”(甚至知识稍多于被教者)的观念是社会历史条件的使然,那么到了在高等教育日臻成熟、专业化水平越来越高的当代,没有进过医学院的人绝难当医生,但那些屡见不鲜的没有接受过教师专业教育的人凭着非教师专业的文凭而直接成为教师的情况则只能彰显教师教育专业性的苍白。人们开始寻找反思这种教师教育价值的失落,教师职业专业化受到广泛关注。

在我国体育界,对体育教师的培养和体育教师的成长模式始终占主导地位的是“运动技能专业化”价值取向,人们评价一位体育教师是否“专业”,主要是看其自身是否具有或曾经具有相对较高的运动技术技能水平,这一取向的体育教师教育已经不能满足由传统经验的体育教育演进为科学的体育教育的特殊要求。因为很显然,学科专业的智慧不同于以学科专业为职业的人的智慧,将“运动技术技能”作为体育教师职业发展的基点,就使体育教师“专业”被替代现象的产生有了可能性和现实性。因此,在21世纪,我们必须根据社会和教育发展的实际,寻找体育教师专业新的发展基点,实现体育教师培养与成长模式的改革与创新。

#### 2. 体育教育专业化是深化学校体育改革和提高教育教学质量的需要

体育教师质量的高低,决定着学校体育教学质量的高低。国外几份调查报告表明:“人力资源比物质资源在提高体育教育质量上更有效,高质量的体育教育最重要的影响因素是教师,在没有昂贵的器械和设备时也可以实现体育教育。”(金季春等译,2002)受教育者的需要是体育教师教育专业化的前提。在现代社会,科学技术和文化的高度发展要求教育更加专门化、系统化,各种类型、各种形式的体育教育形式应运而生,如何把无限丰富的知识有效地传递给受教育者,如何促进青少年的身心健康协调发展,如何使受教育者具有终身体育的意识和能力等问题就成为每一位体育教师需要解决的问题。这样,仅仅把教师作为一种职业、把教师教育作为一种职业定向或职业分配已经远远不够了,这就需要进一步提高教师教育质量。我国体育高等教育的发展速度加快,体育教师教育在质量上和数量上都有了较大的发展。如果说过去仅仅是为了满足基础教育对体育教师在数量上的需求,实现体育课由经过专业培养或培训的教师担任,而现在开始有条件满足基础教育以及高等教育对高素质体育教师的需要,实现学校体育质量的全面提高。体育教师教育专业化的时代已经来临。

#### 3. 体育教育专业化是体育教师职业可持续发展的制度保证

教师专业发展的连续性与长期性需以教师教育专业化为前提,试图仅以本科阶段的师范教育去直接培养优秀体育教师的思想和做法既无理论基础也没有实践的可能。优秀教师的各种优秀品质是逐步发展和积累起来的，一些素质在接受师范教育前已初步具备，教师自身结构中大多核心要素更多地是在职后逐步发展起来的，如教学组织和管理能力、语言表达能力、教学科研能力、教育机制、与学生交往能力，等等。我国优秀体育教师成才规律的研究表明："我国优秀体育教师成才过程一般要经历适应准备期、适应发展期、创造提高期、稳定发展期 4 个阶段，成为优秀体育教师的年龄集中在 36～45 岁之间，平均为 45.97 岁，教龄集中在 11～25 年之间。"(周登离，1994)此外，任何职业发展都有"高原现象"，如果教师不接受继续教育，其教学思想、教学行为和教学方法等就得不到全方位的更新，如果教师不能通过研修的形式摆脱陈旧的心理习惯定势、树立超前的教学理念和掌握先进的教学方法，其职业水平就将停滞在原有水平上，不再提高，而且就体育教师而言，整体的师资学历水平原本相对较低，因此，实施体育教师专业化改革无疑正是体育教师职业可持续发展的制度保证。

**4. 体育教育专业化为现代体育教育学科体系发展促生了新的增长点**

专业性职业重要的特征之一是它建立于一定的学科基础之上，如前工业化社会的专业神甫、医生和律师职业，它们拥有处理人类早期社会三大压倒任务(灵魂、健康和正义)的知识，分别建基于神学、医学、法学三类学科之上。教师职业逐渐成为一种专门的、科学的职业，教师日益成为一种专业人员也依赖于教育科学的形成与发展。研究显示，教师专业化与教育科学发展水平密切相关，即"教育理论的奠基与教师职业经验化、随意化的解冻；教育学的形成、发展与教师职业走向初步专业化；教育科学的分化、融合与教师职业走向全面专业化"(刘捷，2002)。显然，推行体育教师教育专业化为现代体育教育学科体系发展促生了新的增长点，特别是在体育学科教学论的发展与完善上具有积极意义。

**5. 体育教育专业化可以带来体育高等教育质的飞跃**

以培养体育教师为本位目标的体育(教育)专业是体育学类的传统专业，也是普通高等体育院系得以存在、发展的主体或支撑专业，对体育教师教育专业化的研究成果，对我国普通高等体育院系的发展也具有重要参考价值。在体育高等教育中的其他专业也面临着专业化的挑战，如运动训练专业，我国在教练员的培养上一直遵循着"学而优则教"的路线，即当一名优秀的运动员渡过其竞技运动生涯后直接走上教练员的职位，或者是具备国家一级或二级的运动员经过运动训练专业的学习后充当教练员。尽管我国的竞技体育近年来取得了突出的成绩，但从整个教练员的培养模式来看还是处于经验层次，以运动员的运动生涯体验为依据的教练员培养和任用思路，在当前世界竞技训练科学化的背景下必然会逐步暴露出后劲不足的问题，特别是体现在青少年运动人才培养以及业余运动训练等方面，中国运动训练领域出现的"早期专门化""早衰"等现象应该都与此不无关系。显然，体育教育专业化可以推动整个体育领域其他行业的专业化发展，并进而带来体育高等教育质的飞跃。

总之，教师职业经历了从兼职到专职、再到一个专业行业的过程。目前，教师职业已凸显出专业化的特征。不断提高我国师范教育的质量，提高教师的专业化水平，走教师专业化之路，是 21 世纪中国教育改革和发展的历史必然。作为教师群体的一个组成部分，体育教师也面临着专业化的挑战，相应地，体育教育的专业化抉择无疑会成为发展的趋势。

## 第二节　社会体育专业在社会发展中的地位和作用

现今社会飞速发展和进步，体育有了更大的应用空间，也产生了许多交叉学科和工作岗位，体育经济的发展促生了体育产业、体育服务行业等新的体育应用领域。2004 年之前，高等院校体育专业实行的是“统包统分”的就业政策，在这种体制下，我国高等院校体育院（系）体育专业毕业生就业率一直保持在较高的水平。从 2005 年开始，教育部决定，取消对高等师范院校毕业生的分配制度，所有毕业生全部面向人才市场。体育专业的毕业生纷纷涌向教师岗位，使就业压力剧增，就业率连年下降，就业形势十分严峻。据资料显示，目前各高等院校、中等专业学校、职业中学和城镇中学体育教师数量已经饱和，这就导致体育教育等主体专业的学生就业率呈逐年下降的趋势。

专业对口、学以致用是多数毕业生的工作理想。由于人们越来越关注身体健康和心理健康，除了传统的体育岗位和相对集中的竞技体育工作之外，在全民健身领域，体育也有着更为广阔的发展空间。只要认真学习思考、细心观察、努力工作，体育专业知识和技能会在社会各行业都会找到适用的空间。

### 一、社会体育专业是经济、社会、体育事业发展的需要

随着我国人民群众物质生活水平的极大提高，加之节假日的逐渐增多，给全民健身提供了时间保证，人们的价值观念、生活方式发生了较大的变化，体育不仅成为现代人生活方式的重要组成部分，而且其成长方式正逐步向社会消费型转变，即按照市场规则运营，篮球、足球、排球等项目已走上了自主经营、自负盈亏的道路，并呈现出良好的发展势头；2010 年我国人口总量已接近 14 亿，要达到欧美国家平均每 1 000 人拥有 1 名社会体育指导员的水平，我国共需要 140 万社会体育指导员，而根据我国“十二五规划”中提到的社会体育指导员数量也只能达到一半。由此可见，本专业的人才缺口巨大，行业需求远远超过预计；我国已进入老年化社会，随着平均寿命的延长，大批离、退休人员的健身娱乐和大众体育迫切需要大量高水平的社会体育指导员来充实这个市场；我国体育广告业、体育彩票、体育俱乐部、体育旅游、体育经纪人市场等都有着良好的开端。除此之外，我国社区体育发展日趋活跃，展示出良好的发展前景，但是能适应体育社会化、多样化发展所需的社会体育专业人才却严重不足，成了制约我国体育社会化、市场化、产业化进一步发展的瓶颈。因此，增设社会体育专业是我国现代社会经济发展的迫切需要，培养高级社会体育专门人才是时代进步的需求。

### 二、社会体育专业是体育学科专业建设的需要

从 1995 年国务院颁布《全民健身计划纲要》起，我国社会体育事业已走过了 18 年。社会体育人才的培养日显迫切和重要。就湖北省而言，目前有湖北大学、武汉体育学院、中国地质大学、湖北师范学院、江汉大学、湖北民族学院、三峡大学、黄冈师范学院等高校设置了社会体育专业，部分学校并有了毕业生，但远远满足不了社会对社会体育人才的需求。江汉大学 2008 年开办社会体育专业以满足现代社会对体育人才的不同需求。设置社会体育专业，既是调整高校专业结构的需要，又是满足构建和谐社会的需要，为湖北省经济、文化、体育事业的发

展提供人才支持。

## 三、社会体育专业是适应体育产业发展的需要

体育与市场经济相适应，这是社会运行规律所决定的。建立与社会主义市场经济体制相适应的体育体制和良性循环的运行机制，是当前我国体育体制改革的追求目标。随着我国经济体制的改革，市场经济观念得到了确立，在市场经济发展和相应经济体制的不断变革中，我国的竞技体育、群众体育乃至学校体育顺应当代国际潮流，进入了经济市场，从宏观的国家控制到微观的行业管理，都在按照市场经济的模式运行。由于体育具有激烈竞争和强劲的招徕功能及广告效应，它日趋成为市场经济的出色载体。许许多多的企业，通过体育比赛吸引大量观众，宣传产品信息，扩大产品知名度，为企业树形象，为产品打开销路，得到了十分可观的经济效益。如北京奥运会仅通过出售奥运会电视转播权、广告赞助等一系列商业运作，使本届奥运会直接获利 9.63 亿美元。各种名目的赞助、体育用品博览会、体育俱乐部、体育中心和各种生产经营体育产业的企业、公司层出不穷。特别是商业体育的导入和人们新的生活方式的转变，大大推进了我国体育的产业化进程，从而引发了如何适应我国体育产业发展的人才培养问题。培养高素质的社会体育人才，也就成了直接影响体育产业发展的重要因素之一。

近年来，建立与城市经济体制改革相适应的社区管理体系后，我国的社区体育得到了发展，但当前的发展还是局部的和有限的，与我国当前经济发展速度不相适应，要建立与社会主义市场经济体制相适应的社区体育服务体系还需作出很大的努力。要使社区体育做到社会化、多样化、规范化、现代化、产业化，适应社会主义市场经济发展的需要，社会体育专业人才的培养就成为了当前亟待解决的首要问题。

## 四、社会体育专业是全民健身的需要

全民健身是我国政府的一项基本国策。我国政府一贯十分关心国民素质的提高，把增强人民体质放在面向未来、促进社会进步的高度来认识。新中国成立后，我国政府投资兴建了大量的体育设施来满足人民群众健身的需要，制订了许多法规来规范人民群众的健身活动，特别是《全民健身计划纲要》的实施，对促进我国国民经济的发展、调整产业结构、提高国民素质、振奋民族精神具有十分重要的政治和经济意义。

全民健身运动的开展迅速增长了我国的体育人口比例、提高了人们参与体育的热情、丰富了体育锻炼的组织形式和拓宽了体育经费的筹措渠道。但是，一些专家和学者也对社区体育管理、服务模式的滞后性进行了探析。据《社会体育指导员现状调查》显示，我国 12.85 亿人口中每 2 万人才拥有 1 名社会体育指导员，远远低于欧美国家每 1 000 人拥有 1 名社会体育指导员的水平，且现有的社会体育指导员不仅人数奇缺，况且年龄结构偏大，学历结构、知识水平偏低，专业指导能力低下，与社会体育的需求存在明显的差距。因此，培养大批合格、优秀的社会体育指导员到机关、企业、农村、团体、社区，从事体育活动的组织管理、咨询指导、体育产业经营开发等方面的工作，已成为促进社会发展、不断提高人民群众生活质量亟待解决的问题。高等学校作为人才培养的摇篮，具有不可推卸的责任，必须加快培养“社会体育”专业方面的高级指导和管理人才。因此，增设社会体育专业是全民健身的需要。

## 五、社会体育专业是新农村建设的需要

湖北省现有 4 000 万人口在农村，主要以农业生产为谋生手段，农民人均收入逐年上升，目前居全国中等水平。建设社会主义新农村，不仅要加快农村经济发展，而且还要增加农民收入，更要大力发展农村公共事业，如农村教育、文化、医疗、社会保障、基础设施等社会事业。为此，我国政府采取了不断优化"三农"政策、实施全民健身和农民体育健身工程等一系列措施，来加快小康社会的建设步伐，不断提高农民的生活水平。广大农民尤其是农村中的广大青少年迫切要求参与体育健身活动，提高身体素质。农民体育组织形式也发生了变化，由政府一家独揽过渡到体育局与社会、个人共同办体育的新局面。特别是近些年来，随着不少地方农民体育协会、乡镇文体中心的成立，政府、社会、个人对农村体育投入的增加，使湖北省农村体育有了进一步的发展。然而，在当今农村体育的发展过程中，农村体育的管理水平已远远跟不上发展的要求，存在着巨大的差距。除了管理机构不健全、制度不规范外，农民居住分散、工作和生活方式差异较大以外，社会体育指导员素质不高、数量不足也是影响农民参与体育健身活动的重要因素。因此，健全农村体育组织机构，加强乡镇文体干部队伍的建设，培养高素质优秀的农村乡镇体育人才是提升农村文化品味、丰富农民业余文化生活、促进社会主义新农村和谐发展的重要途径。

## 六、社会体育专业生源充足，毕业生就业前景广阔

据《湖北省"十一五"社会主义新农村体育发展规划》得知，湖北省在实施"农民体育健身工程"的过程中，将在乡镇文体中心配备专职、兼职人员，乡镇和小康村要拥有三级以上社会体育指导员。城市街道办和有条件的社区将组建各类体育协会、文体中心、健身活动点、健身俱乐部等组织，急需"社会体育"方面的专业人才。而现有的社区体育指导员身兼多职，工作内容杂，很难在社区工作上投入更大精力，况且很多指导员未受过专业培训。根据欧美国家每 1 000 人拥有 1 名社会体育指导员的标准，湖北省就需要社会体育指导员 6 万人。而湖北省体育局在 2008 年培训体育指导员仅 300 名，可见，湖北省的体育指导员数量和质量还有待提高，社会体育专业的专门人才供不应求，急需大量高水平、高素质、专业型的体育产业方面的专门人才。因此，社会体育专业的毕业生具有广阔的就业前景。

# 第三节　运动训练专业在社会发展中的地位和作用

## 一、我国体育事业的发展需要大量运动训练专业人才

建国以来，我国体育事业发展取得了令人瞩目的成就，竞技体育成绩有了很大提高。在 2008 年北京奥运会上，中国队以 51 枚金牌排在第一，取得了历史性的突破。许多运动项目在世界上处于领先地位，如乒乓球、羽毛球、跳水、体操、举重、射击、游泳等运动项目均取得了较好成绩，我国竞技体育的整体实力已展示出体育强国的风范。竞技运动水平的提高对提高中华民族的地位和国家的影响力，对振奋民族精神、促进与世界各国人民的友谊都发挥了重要的作用。这些成绩的取得与运动员、教练员及从事运动训练的专业技术人员所付出的努力是分

不开的，他们为国家竞技体育水平的提升作出了巨大的贡献。客观地分析，我国竞技体育的综合实力与美国等体育强国相比，还存在较大的差距，特别是在田径和游泳等传统项目上差距较大。

运动训练专业作为我国体育专业教育的主要专业之一，自1957年创办以来，办学目的一直伴随着我国体育事业发展的需要进行着适时调整。在20世纪50年代，创办运动训练专业的最初目的主要是以培养教练员为主要目标。但是，随着社会的发展，各级运动队和各级体校的教练员不再仅仅依靠高校运动训练专业来培养，其生源渠道呈现出多元化态势：有的来源于运动训练专业，也有的来源于体育教育专业，但更多的是运动队中的优秀运动员退役后成为各级运动队的教练员。近年来，在教练员这个岗位上的就业越来越困难，无论是独立设置的体育学院还是师范大学或综合性大学，运动训练专业的毕业生能成为优秀运动员和优秀教练员而进入专业运动队的毕竟是极少数，这已是不争的事实。但是，随着我国经济发展，人民生活水平的提高和信息化、老龄化社会的到来，体育、健康、娱乐等许多新型的体育产业开始出现，社会需要大量的体育行政人员、教练员、体育保健员、舞蹈表演、体育新闻、运动医生、体育经纪人、体育推销与管理员以及与体育相关的各种人才，这无疑为运动训练专业提供了广阔的就业市场。因此，解决就业困难的方法不应该是限制生源水平和招生规模，而应该适时调整运动训练专业的培养目标，使我们运动训练专业的毕业生具备当前社会急需人才的知识和能力，只有这样运动训练专业的路子才能越走越宽，才能成为受社会欢迎的热门专业。

## 二、运动训练在人的教育和培养过程中发挥着重要作用

新中国成立以后，为了促进我国竞技运动水平的提高，当时的国家体委提出了“科学化”和“社会化”作为体育腾飞的战略要求，建国以来我国竞技体育的发展取得了举世瞩目的成就，这不仅标志着我国的竞技体育迈入了世界先进行列，运动水平的提高对振奋中华民族的精神、发展和促进与世界各国人民的友谊、提高我国的国际声誉和地位有着不可低估的作用。

体育的发展离不开教育，特别是竞技体育与教育有着千丝万缕的联系。现代奥运会创始人顾拜旦终身致力于体育与教育的结合。顾拜旦出身于贵族家庭，就读于著名的巴黎政治学院，他对法国1870年的普法战争失败感到痛心，将青少年体质不够强健归结为战争失败的原因，由此悟出将竞技运动列入学校体育课程，培养学生刚毅、果断、尚礼、勇敢、遵守纪律和公正无私等品格作为救国之道。他认为英国19世纪工业革命的高速发展，也源于将竞技运动作为重要内容的德、智、体全面发展的教育体制对人的素质培养。竞技运动的价值在于达到了身体训练、道德教育和社会活动能力的功效。

1991年最新出版的《奥林匹克宪章》指出：奥林匹克主义是增强体质、意志和精神并使之全面发展的一种生活哲学。奥林匹克主义谋求把体育运动和教育融合起来。竞技体育与教育的结合是历史发展的必然趋势，对人类文明事业的发展发挥着积极的作用。

体教结合问题的重要意义不仅在于解决运动员的文化教育问题，实际上涉及到我国训练体制如何进一步深化改革、我国竞技体育健康和可持续发展的根本性问题。优秀运动员文化教育问题，是中国乃至世界范围内竞技体育发展的难题，

## 三、运动训练专业在发展中已经形成了独立的学科体系

自1957年北京体育学院创建了运动训练专业以来，吸收了当时前苏联和民主德国运动训

练专业人才培养的经验，初创了运动训练专业的学科体系，经过50多年的发展，已经形成了完整独立的运动训练专业学科体系。运动训练是一项涉及多学科研究力量和技能的专业知识体系，其主干学科为运动人体科学、教育学及运动训练学的理论与方法，其基础课程包括运动解剖学、运动生理学、运动生物力学、运动生物化学、运动心理学、运动医学、运动训练学、各运动项目的训练理论、技术原理及方法等。

从当前世界竞技运动发展的趋势来看，训练理论的革新，训练方法、手段的改革，训练器材的研制，训练科学化的控制与实施都需要运动训练专业的知识与人才。实践证明，高水平的运动员需要高水平教练员的指导与培养，运动训练要实现科学化更离不开高水平的教练员，而高水平教练员、管理人员和科研工作者主要依靠运动训练专业学科进行培养。目前，美国、英国、德国、日本等国家都非常注重培养高水平的运动训练专业人才，他们在专门的高等院校为政府体育部门、体育组织、俱乐部等培养从事训练、教学和科研等工作的专业人才，以适应竞技运动发展的需要。

# 第三章 体育专业人才培养内容和方法

## 第一节 体育教育专业研究内容与方法

长期以来，以培养体育教育人才为本位目标的体育(教育)专业是体育学类专业体系的传统专业，是普通高等体育院系得以存在、发展的主体或支撑专业，由于它对学校体育教育具有直接或间接的作用，对该专业改革问题的研究历来受到我国学校体育主管部门以及体育学术界的重视。不可否认，现行体育教育专业的课程模式在培养体育教育人才方面曾经作出过重要的贡献，然而随着教师专业化运动的展开以及学校体育的飞速发展，体育教育专业课程模式赖以存在的历史条件发生了巨大变化，特别是当前基础教育体育(与健康)课程改革对体育教师教育提出的一系列挑战，使得改造和重建体育教育专业课程体系的必要性和紧迫性日益显现。于是，要求理论界研究体育教师教育实践中提出的新问题之呼声日益强烈，要求实践界关注并推行新理论的舆论也日益高涨。无疑，这为21世纪推进中国体育教师教育理论与实践的结合并实现"质"的超越提供了重要的契机。然而，契机的存在并不意味着问题必会得到解决。现实的关键是我们如何运用现有的新理论和新经验使这些由来已久的问题得到重新解读并进而实现超越。

体育教育专业作为师范专业教育的一种，就是在教育方案要按体育教学的性质和体育教师专业化发展的要求去规划、实施。由于专业是按特定方向组织起来的课程体系，也即是说，按一定方向组织起来的课程体系就是专业的实体。从教育内容的视角看，以往体育教育专业课程改革中的一个问题就过于强调"学科"与"术科"的比例，这种比例之争源自于"师范性"与"学术性"之争。其实，不仅"术科"中有师范性问题，"学科"中同样也有"师范性"问题。对"学科""术科"比例的过分强调，隐含的前提仍是基于一次性本科教育即可培养优秀体育教师的理念，这种理念并不把体育教学工作看作专业性工作，也不把体育教师看成是需要不断学习和探索才能趋于成熟的专业人员。实际上，"学科"与"术科"只是体育教师专业发展多内涵中的一个方面。因此，体育教育专业的专业化取向从根本上说还要通过相应的专业课程体系来体现和落实。

### 一、体育教育专业课程中"学科"的相关研究

借鉴体育课程的理论成果和其他学科的经验，根据体育课程的发展现状和学科特点，体育课程中关于"学科"方面的研究内容和方法大致有以下几个方面。

#### 1. 转变观念，体育教育科学引导学校体育发展

在我国体育教育科学的曲折发展历程中，要么是把西方国家的相关理论搬过来，要么是把

体育教育科学当作教育方针政策的汇编或诠释，致使体育教育科学是那么被人看不起。一直以来，体育教育学类学科整体水平较低，落后于我国学校体育的实践，无法获得作为凸现体育教师专业性的理论支柱地位。比较来看，我国以“金牌战略”为中心的竞技体育发展很快就确立了科学训练的发展思路，建立了包括一般训练理论、项群训练理论以及单项训练理论的完整体系，努力探索科学选材、科学训练、科学比赛和科学管理的途径与方法，道理似乎很简单，在国际竞技体坛上很多运动项目的赛事纪录逐渐接近人体极限的背景下，提高竞技比赛成绩并获得比赛胜利仅仅依靠增加政治思想教育和运动量的老经验无济于事。因此，凸现体育教育科学的核心地位，确立体育教育科学引导学校体育发展的思路非常重要。

具体来说，包括 3 个方面的内容。一是体育教育研究扎根体育教育实践，体育教育科研人员应该更多关注体育教育而不是体育学和教育学。教育学科的发展，在很大程度上取决于教育科学的价值被认识、被理解的程度，而这种被认识、被理解的程度则取决于需要，教育是否需要教育科学，教育科学是否有作为于教育。如果说，教育科学的困境在很大程度上是发生于深重的理论与实践之间的文化隔离，那么走出困境的根本就在于消除隔离，创造“天堑变通途”的良性发展基础。所以，体育教育科研人员应该切实担负起理论创新和实践指导的双重责任。二是体育教师成为研究者。当今，体育教师不再只是传授运动技术技能的专门家，而是教育和培养未来高素质人才的专门家，教师不再是教书匠，不再仅凭熟练掌握的有限知识和肤浅的教学操作方法来教学，而是着眼于学生终身体育意识与能力的获得，并进而实现自身素质的全面发展。三是各个部门理顺机制，团结合作，共同致力于体育教学科学化。我国“奥运战略”之所以取得举世瞩目的成绩与各方面的齐心协力是分不开的。体育教学科学化也要求教育行政管理部门、教研部门、教师培养机构、教师培训机构改变相互隔离的状态，并形成相互支持与促进的协作关系。

**2. 突出学科特色，建构新的体育教育学科课程内容体系**

体育教育学科不只是一般教育学、教学论理论的直接套用，也不是运动训练理论的简单演绎，它亦有自身的理论。体育教育学科是研究体育教育教学规律及其应用的一门学科。它的研究对象是体育教育教学系统，即体育教育教学中教与学的联系、相互作用及其统一。显然，体育教育学科是植根于体育教育教学之中发生、发展的，是体育学科建构与教学发展及其理论研究和实践检验、完善的结果。然而，如同学生学习的认识活动与人类普遍的认识活动关系有相同又有区别意义一样，体育教学过程和其他文化课教学以及运动训练过程不同，有其本身的特殊矛盾性，从而构成了它区别于其他学科教学过程以及运动训练过程的本质属性。无论是普适性的教育规律还是情境化的教育意义，体育教育学科必须明确自身的层次定位，避免用大概念来套小问题，不能简单搬用不属于体育教育教学过程所特有的其他层次的一些教育教学规律，这样才能真正凸现出自身学科特色。从学科内容上看，它要有以下几个特色：①独特性。虽然我们也不主张将体育教育从整个教育教学孤立出来并通过与其他学科划定界限来自我封闭，但体育教育学科应该更鲜明地反映其所独有的特性与规律。②实践性。体育教育学科应该致力于对体育教育教学各种实践活动的描述、归纳和解释。③时代性。体育教育学科内容应该体现时代性，反映当代社会对体育教育的要求与需求内容。④国际性。体育教育学科内容应该具有国际视野，特别要对发达国家体育课程和教学的发展历程、现状、特点及发展趋势进行介绍、分析与改造。

**3. 凸现专业特性，形成新的体育教育学科结构体系**

只有强化体育教育学科类课程建设，才能真正发挥体育教育学科在体育教师专业化中的作用。体育教育学科体系的构建与完善是体育教师专业化或培养专业化体育教师的理论前提，而且这种理论支撑和指导并不仅仅局限于本科阶段，而是贯穿于体育教师专业发展的全过程。体育教育学科必须满足作为理论的解释功能和指导功能。同一般科学理论一样，体育教育学科一方面要具有解释功能，即对体育教育教学现象进行解释，揭示体育教育教学现象的本质；另一方面要具有指导功能，即对体育教育教学实践具有指导意义，换句话说，体育教育学科要关注理论的具体化和操作化，能解决体育教育教学中的实际问题。体育教育学科的构建至少应包括 3 个层面或领域（王健，2003）：第一，从哲学意义和原理意义上探讨体育教育与人的身心发展、与社会发展的关系，探讨体育教育目的任务、内容及原则方法的关联性。第二，探讨体育教育内容的选择与组织实施和评价问题，即体育课程的编制问题。第三，体育教育方法与体育学习方法的统一问题，以及各自的特殊性问题。这样构建的体育教育学将会是一个学科体系，它可能会有体育教育史、体育教育目的论、体育课程论、体育教学研究、体育（运动）学习论、体育方法论、体育教育评价论等多个分支领域。就某具体的课程内容而言，不必刻意追求单一的理论课程模式，如体育教学论可以将其分解为若干学科群，如体育教学基本理论、体育教学技能训练、体育教学实习（包括模拟实习）等。

**4. 加强师资队伍建设，实现内部资源共享，提高体育教育类课程教师素质**

加强体育教育学科科研和师资队伍建设是实现学科良性发展的突破口。在队伍建设方面，一是要注重培养和引进学科带头人。体育教育学科的学科带头人必须切实是体育教育领域的专家，必须具有相关的学术背景，不能满足于只要是“体育理论”的专家即可担任，那样只会弱化体育教育学科科研和师资队伍。二是加强协作，注重吸收其他学科教育教学的有益养分。中小学校里的课程改革、师范教育中教师的培养都已不是学科单一化训练所能奏效，这些都要求学科教学论体系发生学科综合改变（杨启亮，2000）。在高等师范院校，各个专业都会设置学科教学论教研室，体育学科的学科教学论教研室应该加强同院校内部各院系同类学科科研组织的横向联系。高师院校要改变那种科际之间“老死不相往来”的现状，变行政组织管理模式为学术组织管理模式，充分利用教育资源形成集团优势，应以教科院课程与教学论有关教研组织为基地将分散在各院系的学科教学论教师凝聚起来，设立学科教学论研究中心等组织，实现不同学科、不同层次教学理论的交流和整合。其次，是加强与中小学体育教师的纵向联系，体育教育学类课程教师只有将自己的教学、科研植根于学校体育的土壤中，才能使自己的教学与科研获得持久的动力。

## 二、体育教育课程中“术科”的相关研究内容

在新的历史条件下，我国体育教育专业的术科课程必须实施有效的改革以顺应体育教师教育发展的潮流。

**1. 明确学科定位**

明确术科的学科定位，改变长期以来各自为战、单兵突进的格局，是术科发展的前提。

首先，“任何一个运动项目，无论其本身技术动作如何多样，战术如何复杂，它本身并不具备构成学科的条件”（任海等，1998）。新中国成立以来，体育科学界的一个奇怪现象是，我们一

方面无视或否认“术科”的科学知识性而将其孤立于知识性学科之外;另一方面却盲目地拔高“术科”的学科地位。于是,一度以单个项目为单位的“学科”林立,出现了“排球学科”“足球学科”“体操学科”等其他国家高等体育院校中罕见的以运动项目为“学科”的现象。这种出于提高“术科”学术地位将运动项目提升为“学科”的愿望,由于逻辑起点的把握不准,不仅初衷难以达成,反而加剧了我国体育科学体系结构混乱,也自我降低了体育科学的成分和学术地位,而且这一做法还不利于高等体育教育的国际接轨与国际体育学术界的交流。

其次,单项教学与训练理论作为专业方向不能单独设置专业。在教育学门类中有个一级学科,在体育学一级学科中有 4 个二级学科,分别是体育人文社会学、运动人体科学、体育教育训练学、民族传统体育学,在体育教育训练学的二级学科中又有两个三级学科:体育教学理论与方法、运动训练学。高等学校里的各种专业就是以二级学科为依据设置的,显然,各单项形成的教学与运动训练理论仅属于三级学科运动训练学下的专业方向。体育人才的培养必须要考虑到其学科基础,将某单个术科作为专业方向显然不能单独作为专业设置,也无法就此设计出课程体系。我国一些学者已注意到了专业设置的依据问题并对其已有较深刻的研究,但倾向于强调社会需求对专业设置的作用,认为社会对不同规格专业人才的需求决定着学校的专业设置(任海等,1998)。而社会需求仅是专业设置的依据或动力之一,其本身并不能起决定作用,因为高等教育的专业并不能抛开个人的知识、能力结构,至今体育界几乎无人统领一级学科甚至极端缺少二级、三级学科带头人的现实恐怕与此不无关系。将某术科纳入专业设置和课程体系必须明确将专业基础课程在一级学科中设置、专业课在二级学科中设置,方向或选修课才涉及至三级学科,至于各单项专业领域的课程拓展就只能是选修课。

**2. 整合术科内容**

从我国体育院系的各专业课程体系来看,分科课程占据绝对地位。近年来伴随着体育科学体系的发展,新的学科不断出现,运动项目也随大众体育的发展、全民健身活动的推动不断出现新的项目。在给体育专业教育提供丰富资源的同时,由于认识不足而往往以一一对应的方式分学科设课、按项目设课,因而给专业课程的设置带来了问题,典型的表现就是课程门数的膨胀和课程时数的激增。解决问题的关键就在于实施课程综合化。就术科课程的整合而言,项群训练理论的思想和方法具有重要作用。项群训练理论是揭示具有共同特点的项目群组训练规律的科学理论。1983 年,田麦久教授等根据不同分类体系在运动训练理论研究和训练实践中的适用范畴和应用价值,选择了决定运动员竞技能力的主导、运动项目的动作结构以及运动成绩的评定方法这样 3 个主要分类标准,建立了 3 个独立而又紧密联系的分类体系,而且在各个体系中所划分的项群论基础是“项群”,它是运动项目的类属聚合,是一种科学的运动项目分类方法。虽然项群训练理论主要适用于针对高水平竞技运动的管理和训练,但它关于运动项目的综合分类方法对于体育高等教育的术科课程研制也具有借鉴意义。一方面,项群理论给各单个项目提供了一个向学科转化的中介支点,通过这一支点使得各单个项目的“理论”在项群这一平台上实现相互融合和发展,进而具备学科的条件;另一方面,就技术学科领域而言,将主要课程相关或共同的教学训练的方法、原理及竞赛知识提取出来,形成有关的课程如“运动竞赛法的组织和编排”“裁判学”“运动技能教学与训练”“运动竞赛方法、原理”等课程,避免了各自单独开设时相互间的低水平重复。体育课程“一项多能”和“多能一项”的特性为体育教育专业术科课程实现整合提供了可能。体育学科的特点之一就在于体育课程教材体系的非逻辑性结构,即一个项目教材内部的知识技能体系或者某些相近项目之间的某些逻辑关系,可能有先行后继、基础与提高的关系，这主要体现在选择和安排这些教材的逻辑体系上，要考虑到从初中到高中、大学的一贯性，但就大量不同性质项目发展起来的体育文化（包括知识、技能、技术和规则）则没有逻辑关系，没有由简单到复杂、由低级到高级这样的认知顺序与关系。举个简单的例子，没有学排球照样可以学篮球。而且，体育教学内容具有“一项多能”和“多能一项”的特性（毛振民，2003），即一个体育教学内容既可以锻炼身体，又可以培养技能，还可以进行娱乐，具有多功能的特点，反过来，多种教学目标可以通过某一个教学内容的教学达到。这样，中小学体育课程并不需要样样都学，体育教师可以根据教学需要灵活地选择和整合教学内容，相应的体育教育专业术科课程也不需要每一项按项目名称设置课程，将中小学所开设的项目及活动内容根据某一标准划分为具有共同特性的项群。

术科课程的项群划分必须满足两个条件：同群可替换和异群可互补。虽然中小学体育教材内容之间具有相对的可替换性，但从教育教学的角度，这种可替换不能无限制的扩大以至绝对化，学校体育还有全面育人和传承体育文化的义务。因此，体育教材的分类一方面要考虑体育教材自身的特点，另一方面还要考虑教材的文化性和教育性，划分出的项群应该具有“同群可替换”特征，即同一项群内项目及内容在完成某特定教学目标时可以实现互换。体育课程教材的分类还应该具有体育教材“异群”能互补效应，这是体育教材的教育性所决定的。体育教学要贯彻素质教育思想，必须全面提高学生的体育素质，既要重视锻炼学生的身体，增强学生的体质，又要培养学生终身体育的意识和能力，还要提高学生的心理素质和体育文化素养。而某“群”体育活动内容或运动项目在取得教学和锻炼效果方面是有很大差异的，如足球和篮球都有综合锻炼效果，但均缺乏上肢支撑和悬垂的动作。从教育教学的角度看，某“群”体育活动内容或运动项目又具有绝对的片面性，必须由其他“群”来进行补充。另外，各“项群”虽然各自均可以同时实现多个目标，但在实现各领域目标的程度上是不同的，其在实现课程目标方面也具有绝对的片面性，还必须考虑其在实现课程目标上的互补。因此，进行体育教材的“项群”分类，异群之间应能够在效应上实现相互补充。体育教育专业的术科课程本身就是面向中小学体育教学需要的，二者是彼此联系的，因而术科课程如果进行项群整合也必须满足同群可替换和异群可互补的条件。

**3. 术科课程的范式转型**

在新的学校体育发展条件下，体育教育专业术科课程必须实现范式转型，由“运动训练模式”转向“教学体验模式”。

首先，重新定位课程目标。体育教育专业术科课程并不是为提高学生的运动成绩，也不是单纯为了使学生提高某个项目的运动技能，而是着眼于学生学会运用术科的“体育手段与方法”有效地进行体育教学，因而应从以竞技运动技术教学为主线转移到以健身教育为主线，使术科健身教育与运动技术教学有机结合。

其次，实现教材体系的重新构建。基础体育教育和全民健身需要的是健身教育和身体锻炼的理论、手段和方法，术科范围广泛，体育院系应根据培养目标和对现代术科必修教材进行分析研究，比较选择，充实各术科锻炼身体、增强体质的原理和原则，充实从各术科引申、加工、改造、组合出来的身体锻炼的手段与方法的内容，构建适应现代社会发展的新的教材体系，使教材充分体现先进性、科学性、时代性和实用性，顺应时代潮流，赋予术科必修课教学以新的活力。此外，术科课程体系针对学科条块分割现象，应打破学科间的界限，采用多种方法如项群整合等寻求教学内容的实质综合，避免依靠扩充课程门数和课时数完成课程目标的单一路径。

再次，改革术科的教学方法，注意与中小学体育教学方法的结合与加工。学生在大学术科上所学的教学方法往往并不适用将来的中小学体育教学，但是学生往往对大学术科课程所采用的教学方法印象最深刻，因为在中小学教材教法课程上所讲授的教学方法因为更多的是理论常常并不容易掌握和记住。因而必须大力开发各种符合体育教学实际的教法和学法，加强对训练法、练习法"为我所用"的改造。从情感体验、社会交往、锻炼效果、技能学习和认知效果等方面开发不同的教法体系，并与教学过程的改革相结合。对原有体育教育专业术科教学方法进行改造，淡化运动训练成分，强化教学方法传授；淡化细腻的教学过程，强化完整式的教学过程；淡化对生理指标的注重，加强对非智力因素、情感因素的注重等，使体育技术教学更贴近中小学实际，使学生不仅获得运动技能水平的提高，而且掌握体育教学中合理选择与设计教学方法、因地制宜对竞技项目实现教材化、因人而异对运动负荷进行安排等将来在中小学体育教学岗位上必备的教学能力，将学生各种能力培养的计划、方法、步骤、措施落实到每堂课中，努力提高术科教学质量和教学效率。

最后，重新设计术科课程评价体系。术科课程评价体系应该紧密围绕体育教育专业的培养目标——中小学体育教师，着眼于学生运动技术教学能力，考核内容应包括术科理论、技术，健身理论、手段与方法的掌握和运用，各种实际工作能力等，做到全面衡量、综合评定。重视终结性评价与过程性评价、定性与定量、整体评价与个体评价的结合，重视多种评价方法"综合运用"，不仅通过课程评价获得教学反馈信息以及促进学生的自我学习，而且使学生学会评价，即学生在术科课程的教学评价中掌握有关项目的评价方法和技巧。此外，要加强教学评价体系的建设，重视对教学效果、教学过程机制的评价，开发这方面评价的方法，如国外的对"学生对话"的研究、对"触球数"的研究、对态度的研究等（齐栋等，1999）。

**4. 锻造学术队伍，加强高师体育院系与中小学的联系**

教师是课程改革的关键要素，这一点对体育教育专业术科课程改革同样适用，锻造术科学术队伍、提高术科师资队伍素质是术科课程改革取得成功的关键。术科教师如果缺乏改革的动力和参与意识，再完整的改革措施也只能停留在纸上。据调查，目前体育教育专业术科教师都是在计划经济体制下、以竞技为主线的课程体系培养出来的，受原来教学指导思想和竞技运动技术知识的限制，技能单一、知识结构偏重于竞技技术，对体育健身和健身教育了解很少，甚至根本不了解（于军，1997）。如在某针对术科教师的问卷调查中一个问题"你的专业是什么"的回答上，有近 40％的教师将自己所教的专项看成是专业，有 10.8％的教师对自己的专业是什么不太清楚，中青年教师表现得较为突出。专业是高等教育理论体系中的一个基本概念，也是一个常用的教育术语，而术科教师中形成的观念是：专项就是自己的专业，而最直观、最能体现专业水平的就是"专项技术"，"专项技术水平"在一定程度上就是专业水平的体现，这种对"专业"认识上的错位和局限性反映出我国术科教师队伍知识结构单一的现状（刘兴，2002）。术科教师过于狭窄的知识结构会阻碍术科课程改革的深化，很多理论和改革措施往往因为不能被认识、理解而无法运用和实施。因此，必须加强体育院系术科教师队伍建设，努力提高术科教师素质，以适应改革发展的需要。

具体而言包括两个方面的内容。一是加强术科教师的继续教育。术科教师应通过自学、在职进修、脱产培训等多种渠道和形式，不断学习、接受、更新拓宽本专业健身教育的理论、手段和方法，加强专业知识及相关学科知识的学习，不断扩大知识面，并向理论研究方面提升，努力提高自己的理论素养。二是加强对中小学体育教学实践的深入了解与研究。过去高师体育院系与中小学本身就缺乏有效的联系，而术科教师在学术研究上也更多偏向于各项目的内部体系，缺乏对中小学有关教学内容的研究，有些术科教师是对中小学体育教学的被动适应，更多的术科教师则对中小学在自己所教项目的开展情况、教学方法运用上以及项目教学发展动态并不了解或知之甚少，这样就很难去思考如何培养学生在这些方面的能力，更谈不上去引领中小学体育教学改革了。因此，加强术科教师队伍建设也是术科课程改革的重要任务。

## 三、研究方法的更新

一门成熟的学科必须有属于自己的研究方法，教育学理论在20世纪取得的一系列突破，根本上应归功于研究方法论的创新，这已成为人们公认的常识。从研究方法看，体育教育学科要克服过去方法单一、思维僵化的弊端，转而既尊重从自然科学借鉴过来的实证规范、实验规范，又注重将人文主义研究规范从冷宫中解放出来，使它焕发出新的活力，并进而实现各种研究方法的综合使用，如采用系统研究与分析还原相结合、历史与现实相结合的方法，经验总结与实验验证相结合的方法，理论建构与行动研究相结合的方法以及多学科不同视角研究的方法等。

在当代，体育已经成为一种社会文化，成为一名成熟的教育领域。体育的内容向着健康教育、心理训练、行为规范教育、安全教育等方面迅速扩张，体育知识和技能的总量也在急剧增长，这对体育教育研究方法提出了更新、更高的要求。现在的体育教育不仅要帮助学生掌握知识和技能，帮助学生学会娱乐、学会锻炼、学会欣赏体育，帮助学生建立自信心、形成良好的行为规范，还要帮助学生形成安全生活的能力，等等。因此，体育教育的研究方法也得到了空前的发展，特别是随着投影、电影和计算机等影像媒体的出现，使依赖运动表象建立的体育学习更是如虎添翼，体育教育方法正向着更高层次、更科学的方向发展。

### 1. 系统化与综合性

系统化与综合性是高等体育教育专业研究方法体系结构发展的固有特征。系统化体现在这一结构发展的多个方面。该结构内容齐全、方法多样，具有完整性；各种方法各安其位，分类得当，配合合理，具有有序性与层次性；各种方法相对成熟又发展变化，具有稳定性与动态性。高等体育教育专业研究方法结构的综合性发展趋向，除与系统性特征有较密切的关系外，还体现在以下几个方面：不同研究方法都与一定的教育思想相互联系，表现出方法与教育思想的统一性；各种研究方法都与特定研究内容相结合，体现了方法与内容的综合性；一些研究方法有赖于借助特定的手段与工具来运用，反映出研究方法与研究手段、条件的统一性。此外，研究方法的认知功能、情感功能、能力培养功能等多功能的统一也是综合性趋向的现实表征。

根据系统化与综合性发展趋向的要求，在我国高等体育教育专业研究方法的改革实践中，一是应树立整体性改革的思想，全方位地更新教育思想观念、修正教育目标、优化课程教材、完善研究条件等，为研究方法改革提供良好的前提条件；二是要以研究方法结构改革为重点，以结构改革带动具体方法改革，通过研究方法的结构改革与具体方法改革两个相辅相成的途径，实现研究方法体系的整体优化。

### 2. 多元化与扩展化

高等体育教育专业研究方法体系结构，在内容构成与功能发展两方面都呈现出多元化与扩展化的趋势：从内容扩展上看，这一结构中的方法区别从以往的3类或4类扩展为6类方法系列，且各类方法的性质与作用更趋明朗化，表现出多元化的发展趋势；从功能作用方面分析，以往研究方法的作用主要集中于认知或传授功能，而新结构则体现出研究方法的认知、协同、科学研究、能力培养、情感发展、自主学习等多方面功能，表现出明显的功能扩大化与多元化发展特征。顺应上述多元化与扩展化发展趋势，我国高等体育教育专业研究方法改革一方面要不断完善研究方法的分类，加强现代研究方法的引入，促成结构内容的丰富；另一方面应大力研究各研究方法的功能属性，充分挖掘各类方法的潜在功能，并在研究方法运用中实现研究方法功能作用的放大，使各类方法的功能作用得到充分发挥。

**3. 科学化与现代化**

高等体育教育专业研究方法体系结构发展的另一显著特征是科学化与现代化。“教育要科学化和现代化”，研究方法的发展同样要科学化与现代化。从我们所提出的研究方法体系结构分析，科学化与现代化体现在这一结构的各个方面。如大量现代研究方法入选该结构、分类方法的突破与体系建立的科学依据充足、科技类方法的形成与其他各种方法科技含量的提高、科学合理地继承传统研究方法的精华等，都从不同的侧面反映出研究方法结构发展的科学化与现代化实质。

科学化与现代化是国际高等教育研究方法体系发展的大趋势，是当今及未来研究方法改革的必由之路。在高等体育教育专业研究方法的改革中，我们必须坚定地推行研究方法科学化与现代化的改革方针，遵循教育规律，丰富研究理论，研究研究方法的产生与形成规律，大胆引入现代研究方法，合理改造传统研究方法，加大研究方法的科技因素，从而实现在研究方法运用上全方位的现代化与科学化。

**4. 专业化与师范性**

专业化与师范性是高等体育教育专业研究方法体系结构发展的重要趋向之一。高等学校类型多样，专业各异，研究方法体系结构既有相同之处，也有各自侧重，因此，作为体育教育专业的研究方法体系结构理应突出体育专业与师范教育的特点。我们所提出的研究方法体系结构中，各种研究方法都与体育研究中运动技术技能学习和身体锻炼相联系，表现出较为鲜明的专业化特征。而该结构的师范性可从各类研究方法中所蕴含的“教会学生学习”与“教会学生教他人学习”等教育性因素加以体现。此外，该体系结构提出的众多研究方法为体育专业大学生的学习提供了可能与便利，这也是体现师范性的一个重要作用。

但是，体育教育的研究方法的更新和发展，并不意味着一些基本方法的过时和消失，而且某一时代都有反映其特征的、具有代表性和倾向性的方法出现。从这些方法中可以看到，某一时期的社会生产和科学文化的发展状况，也可以反映出体育教育理论和体育教育实践的变革特点。体育教育专业本身就具有综合性，它不仅是体育类专业的一种，又是高等师范教育的专业。虽然体育教育专业本质上是师范专业，但其师范性（专业性）应通过“专业”课来体现，而在专业基础课及基础课中体现一定的综合性也是时代的要求。在体育教师的工作领域——学校，体育问题的复杂、综合性更为突出，这就决定了对体育教师规格要求的复杂性及综合性，多知识、多能力、高素质成为体育教师规格的集中体现，而培养这种高素质的复合型体育教师，就要求体育教育专业的课程不能忽视综合化，尤其是基础课或专业基础课。因此，加强学生有关研究论与研究法原理的学习，要求学生掌握各种研究与教育的技巧与方法，指导学生向“学会研究”的目标逼近。通过各种渠道与多种途径，使学生专业工作能力、研究能力与教育能力等得到全面提高，以适应毕业后从事学校体育工作的实际需要。

## 第二节　社会体育专业培养内容与方法

社会体育专业适应运动休闲化、商业化发展趋势，培养德、智、体、美、劳全面发展的体育人才，掌握休闲运动健身原理与方法，具备休闲项目经营管理与策划服务以及健身休闲运动指导等才能，兼具户外休闲指导与救护等知识与技能的高素质应用型人才。

### 一、专业知识体系

本专业要求学生掌握体育学、管理学和社会学的基本理论及休闲与健身的原理与方法，具备体育健身休闲娱乐管理的基本理论、知识及应用能力；熟练掌握目前流行的休闲健身项目的基本技能，具备休闲体育项目策划与设计、开发与推广以及经营与管理方面的能力。主要课程有体育健身原理与方法、体育管理学、健美操、体育保健学、野外生存与救护、羽毛球、普拉提、网球等。学生能够掌握一门外语，了解国内外休闲体育领域的最新发展动态；具有运用计算机的基本技能。有正确的审美观和一定的文学、艺术欣赏水平；有较强的口头和书面表达能力、社会交际能力。本专业基本学制 4 年，实行 3～6 年的弹性学制。学生毕业授予教育学学士学位。

相对于传统教育模式，社会体育专业下的休闲运动方向十分强调运动项目设置的时代性、时尚性以及社会接纳度。在课程建设上突出休闲运动特色并与市场需求相结合，重点突出实用性。同时在培养过程中对实践环节力求做到前所未有的重视。另外，人才的培养形式不局限于校内传统的理论课、技能课教学，还要求同时结合“师徒式”“体验式”培养以及“订单式”进行针对性教学，建立整个人才培养的“多元化”模式。

### 二、专业技能培养

本专业培养的毕业生应具有知识面宽、专业特长突出、社会实践能力出众、一专多能的特征。各院校同类专业应更加侧重健身健美技能培养和社会实践能力的加强，毕业生能胜任体育健身休闲领域活动的组织与管理、技术指导、经营开发等方面工作。

在人才培养上，提出的目标是“一专一长”，即以坚实的专业知识作为基础，再加上一项突出的特长技能，培养在休闲运动产业中能组织策划、经营管理、教学训练的实际操作型实用人才。进校起即围绕所选定模块进行一条主线培养，重视学生专门技能的培养以及与社会需求的接轨，强调学生在该方向上的实际运作能力，并贯穿始终。

社会体育作为一门直接面对市场的综合专业，正确的培养方向和准确的培养目标是决定专业发展的前提条件，为此应对专业培养模式进行大胆的探索。专业设置秉承培养“精专业、高素质、强能力、复合型应用人才”的办学理念，确立以适应体育社会化、产业化发展，具有社会体育的基本理论、知识与技能，以全民健身指导、运动休闲和体育娱乐市场的开发、经营与管理等行业对专门人才的需求为培养目标。有关社会体育专业指导性教学内容详见表 3 - 1。

**表 3-1　社会体育专业指导性教学计划表**

| 课程类别 | | 课程代码 | 课程名称 | 学分 | 教学时数 | | | | 周学时 | 开课学期 | 建议修读学期 | 备注 | 开课单位 |
|---|---|---|---|---|---|---|---|---|---|---|---|---|---|
| | | | | | 总学时 | 讲授 | 实验 | 实践 | | | | | |
| 通识教育课程 | 必修 | L0205001 | 思想道德修养与法律基础 | 3 | 48 | 40 | | 8 | 3 | 春、秋 | 1～6 | | |
| | | L0201001 | 马克思主义基本原理 | 3 | 48 | 44 | | 4 | 3 | 春、秋 | 2～7 | | |
| | | L0201002 | 中国特色社会主义理论概论 | 6 | 96 | 64 | | 32 | 4 | 春、秋 | 2～7 | | |
| | | L0201003 | 中国近现代史纲要 | 2 | 32 | 28 | | 4 | 2 | 春、秋 | 2～7 | | |
| | | L1402001-4 | 大学外语①～④ | 16 | 256 | 256 | | | 4 | 春、秋 | 1～4 | 开设英语、日语、法语、德语,学生任选一个语种 | |
| | | L0803001 | 大学计算机基础 | 3 | 48 | 32 | 16 | | 3 | 春、秋 | 1 | | |
| | | L9001001 | 军事理论 | 2 | 32 | | | | 2 | 秋 | 1 | | |
| | | L9301001-2 | 职业生涯规划与就业指导 | 1 | 16 | 16 | | | 2 | 春 | 2、6 | 专题讲授,不计入总学分 | |
| | | L0205002 | 形势与政策 | 2 | 64 | 64 | | | 2 | 春、秋 | 2～7 | | |
| | | | 心理健康教育 | 1 | 16 | 16 | | | 2 | 春、秋 | 1、2 | | |
| | | 小计:39 学分 | | | | | | | | | | | |
| | 选修 | 公共选修课程(文化素质教育课程) | | 8 | | | | | | 春、秋 | 2～7 | | |
| | | 跨学院(学科)课程 | | 6 | | | | | | 春、秋 | 2～7 | | |
| 专业基础课程 | 必修 | | 专业导论 | 1 | 16 | | | 16 | √ | 秋 | 1 | | 体育学院 |
| | | | 运动解剖学※ | 4 | 64 | 56 | 8 | | 4 | 秋 | 1 | | 体育学院 |
| | | | 运动生理学※ | 4 | 64 | 56 | 8 | | 4 | 春 | 2 | | 体育学院 |
| | | | 体育概论※ | 1 | 16 | 16 | | | 2 | 秋 | 1 | | 体育学院 |
| | | | 体育统计学 | 2 | 32 | 32 | | | 2 | 春 | 2 | | 体育学院 |
| | | | 体育管理学 | 2 | 32 | 32 | | | 2 | 春 | 2 | | 体育学院 |
| | | | 体育社会学 | 2 | 32 | 32 | | | 2 | 春 | 2 | | 体育学院 |
| | | | 田径Ⅰ | 4 | 64 | 64 | | | 4 | 秋 | 1 | | 体育学院 |
| | | | 体操Ⅰ | 4 | 64 | 64 | | | 4 | 秋 | 1 | | 体育学院 |
| | | 小计:24 学分 | | | | | | | | | | | |
| | 选修 | | 体育史 | 1 | 16 | 16 | | | 2 | 春 | 2 | | 体育学院 |
| | | | 奥林匹克运动 | 1 | 16 | 16 | | | 2 | 春 | 2 | | 体育学院 |
| | | | 篮球Ⅰ | 2 | 32 | 32 | | | 2 | 秋 | 1 | | 体育学院 |
| | | | 足球Ⅰ | 2 | 32 | 32 | | | 2 | 春 | 2 | | 体育学院 |
| | | | 排球Ⅰ | 2 | 32 | 32 | | | 2 | 春 | 2 | | 体育学院 |
| | | | 武术Ⅰ | 2 | 32 | 32 | | | 2 | 秋 | 1 | | 体育学院 |
| | | | 游泳与救护 | 2 | 32 | 32 | | | √ | 春 | 2 | | 体育学院 |
| | | | 健美操Ⅰ | 2 | 32 | 32 | | | 2 | 春 | 2 | | 体育学院 |
| | | | 乒乓球Ⅰ | 2 | 32 | 32 | | | 2 | 秋 | 1 | | 体育学院 |
| | | | 网球Ⅰ | 2 | 32 | 32 | | | 2 | 春 | 2 | | 体育学院 |
| | | | 羽毛球Ⅰ | 2 | 32 | 32 | | | 2 | 春 | 2 | | 休育学院 |
| | | 小计:20 学分,最低应修 16 学分 | | | | | | | | | | | |

注:※表示学位课程。

## 三、专业课程体系

课程体系是教育者为受教育对象设计的知识结构，它直接关系着学生知识、能力和素质的培养。因此，课程体系的构建应紧密围绕专业培养目标和新型人才模式的要求，以市场为导向，以传授知识为基础，以素质教育和能力的培养为核心，以主干学科和主干课程为支撑，构建合理的知识体系，主要从以下几方面体现。

**1. 加强基础课程**

培养学生良好的品格、人文素养和现代科学知识等基础素质。

**2. 突出专业主干课(或核心课)和专业特色课程**

专业主干课程将教授学生本专业必需的、最基本的知识和能力，一般应围绕教育部有关专业规范设置相关的课程，在此基础上可根据学校自身的办学优势和市场需求开设专业特色课、专修课及专业方向课等，使学生在专业的纵向上加深，培养扎实的专业素质。

**3. 拓宽选修课程**

为培养宽口径和适应能力强的人才，应加大选修课程的比例(表 3－2)，开设综合课、跨专业选修课及边缘交叉课等，使学生能够根据个人兴趣与特长拓宽知识领域。

**4. 强化实践课程**

实践课应贯穿于教学的全过程，并将实践课纳入专业课程的建设之中。在课程体系特色化基础上，搭建教学与实习两大平台。

(1)教学平台。社会体育专业的许多课程都应理论与实践相结合，注重实践操作性。教学上尽量缩减相关性较低的理论与术科课程，多开办专业性强的应用课程，如《体育公共关系》《体育市场营销学》《消费者行为心理学》等课程。教学方法上，任课老师采用研讨式、启发式教学，辅之以大量案例教学、课堂模拟等教学方法，以巩固知识、提高能力，并根据课程内容与进程，适时安排其他相关的社会实践活动。通过专业实习、第二课堂以及实践课教学等环节，强化学生实践能力的培养。学生要在实习实践基地学习的内容、形式中突出体现实践能力的自我培养。

(2)实习平台。对社会体育专业的学生，利用专业知识进行社会实践无疑是重要的、必要的。为了培养学生的实践能力和实现培养目标要求，建立专业实习基地，通过实习锻炼和培养学生的实践能力。与武汉市的舍宾会所、户外运动有限公司、健身俱乐部、体育用品有限公司、俱乐部等体育(用品)公司和体育俱乐部建立起友好合作关系，在全国经济发达地区布点实习基地，为社会体育专业学生实践、实习与就业奠定基础，也为理论与实践结合提供平台。该专业现已与山道健身连锁机构、联动力户外拓展培训机构等多家公司建立了联合实习基地。

具体要求如下。

休闲体育管理方向　学生从第三学期即开始参加休闲运动与健身技能培训，第七学期进入实习阶段(自该学期开始，如遇特殊情况，教学平台所设置的课程可作适当让步，以保证学生实习顺利完成)。

户外休闲与救生方法　学生第四、五、六学期分别安排体育市场营销和管理方面的实践见习活动。该项实践活动旨在将所学的相关理论与方法运用于实践，同时让学生感悟社会，了解市场，增加阅历，增强学习信心，树立牢固的专业思想。实习平台成果通过实习报告体现，按具体要求计算学分。

**表 3－2　社会体育专业课程选修模块**

| 课程类别 | 课程名称 | 学分 | 教学时数 共计 | 讲授 | 实验 | 实践 | 周学时 | 开课学期 | 建议修读学期 | 备注 |
|---|---|---|---|---|---|---|---|---|---|---|
| 模块Ⅰ | 休闲体育学※ | 4 | 64 | 64 | | | 4 | 秋 | 5 | |
| | 体育健身原理与方法※ | 4 | 64 | 32 | 32 | | 4 | 秋 | 3 | |
| | 体育保健学 | 4 | 64 | 48 | 16 | | 4 | 秋 | 3 | |
| | 体育经济学※ | 2 | 32 | 32 | | | 2 | 秋 | 3 | |
| | 体育市场营销※ | 2 | 32 | 32 | | | 2 | 春 | 4 | |
| | 体育经纪人 | 3 | 48 | 48 | | | 4 | 春 | 4 | |
| | 运动与健康促进 | 2 | 32 | 32 | | | 2 | 春 | 6 | |
| | 消费心理学 | 2 | 32 | 32 | | | 2 | 春 | 6 | |
| | 体育赞助 | 3 | 48 | 48 | | | 4 | 秋 | 5 | |
| | 体育服务标准化 | 4 | 64 | 64 | | | 4 | 春 | 6 | |
| | 运动处方原理 | 2 | 32 | 32 | | | 2 | 秋 | 5 | |
| | 健身会所管理※ | 3 | 48 | 48 | | | 4 | 春 | 4 | |
| | 普拉提(主项)※ | 16 | 256 | 256 | | | 4 | 春、秋 | 3～6 | 7选1,分4个学期开设 |
| | 网球(主项)※ | 16 | 256 | 256 | | | 4 | 春、秋 | 3～6 | |
| | 健身健美运动(主项)※ | 16 | 256 | 256 | | | 4 | 春、秋 | 3～6 | |
| | 武术(主项)※ | 16 | 256 | 256 | | | 4 | 春、秋 | 3～6 | |
| | 健美操(主项)※ | 16 | 256 | 256 | | | 4 | 春、秋 | 3～6 | |
| | 羽毛球(主项)※ | 16 | 256 | 256 | | | 4 | 春、秋 | 3～6 | |
| | 乒乓球(主项※) | 16 | 256 | 256 | | | 4 | 春、秋 | 3～6 | |
| | 普拉提(副项) | 4 | 64 | 64 | | | 4 | 春、秋 | 3～6 | 7选1,不得与主项重复 |
| | 网球(副项) | 4 | 64 | 64 | | | 4 | 春、秋 | 3～6 | |
| | 健身健美运动(副项) | 4 | 64 | 64 | | | 4 | 春、秋 | 3～6 | |
| | 武术(副项) | 4 | 64 | 64 | | | 4 | 春、秋 | 3～6 | |
| | 健美操(副项) | 4 | 64 | 64 | | | 4 | 春、秋 | 3～6 | |
| | 羽毛球(副项) | 4 | 64 | 64 | | | 4 | 春、秋 | 3～6 | |
| | 乒乓球(副项) | 4 | 64 | 64 | | | 4 | 春、秋 | 3～6 | |
| | 体育舞蹈 | 2 | 32 | 32 | | | 2 | 秋 | 5 | |
| | 旅游资源开发与规划 | 3 | 48 | 44 | | 4 | 4 | 春 | 4 | |
| | 运动竞赛学 | 1 | 16 | 16 | | | 2 | 春 | 6 | |
| | 体育公共关系 | 2 | 32 | 32 | | | 2 | 春 | 4 | |
| | 体育场地与设施 | 1 | 16 | 16 | | | 2 | 秋 | 5 | |
| | 体育法学 | 1 | 16 | 16 | | | 2 | 秋 | 7 | |
| | 体育美学 | 1 | 16 | 16 | | | 2 | 秋 | 5 | |
| | 体育传播学 | 2 | 32 | 32 | | | 2 | 秋 | 5 | |
| | 体育科研方法 | 2 | 32 | 32 | | | 2 | 秋 | 3 | |
| | 中国传统养生文化 | 1 | 16 | 16 | | | 2 | 秋 | 7 | |
| | 体育绘图 | 1 | 16 | 16 | | | 2 | 春 | 6 | |
| | 体育专业英语 | 2 | 32 | 32 | | | 2 | 春 | 6 | |
| | 全国导游资格证 | 2 | 32 | 32 | | | 2 | 春 | 6 | |
| | 小计:196 学分,最低应修 52 学分 | | | | | | | | | |

**续表 3-2**

| 课程类别 | | 课程名称 | 学分 | 教学时数 共计 | 讲授 | 实验 | 实践 | 周学时 | 开课学期 | 建议修读学期 | 备注 |
|---|---|---|---|---|---|---|---|---|---|---|---|
| | 模块Ⅱ（户外休闲与救生方法） | 体育健身原理与方法※ | 4 | 64 | 32 | 32 | | 4 | 秋 | 3 | 学位课程 |
| | | 体育市场营销 | 2 | 32 | 32 | | | 2 | 春 | 4 | 学位课程 |
| | | 体育保健学※ | 4 | 64 | 48 | 16 | | 4 | 秋 | 3 | 学位课程 |
| | | 运动创伤学※ | 2 | 32 | 32 | | | 2 | 春 | 4 | 学位课程 |
| | | 休闲体育学※ | 4 | 64 | 64 | | | 4 | 秋 | 5 | 学位课程 |
| | | 野外生存与急救（主项）※ | 16 | 256 | 256 | | | 4 | 春、秋 | 3～6 | 学位课程（2选1） |
| | | 户外拓展项目（主项）※ | 16 | 256 | 256 | | | 4 | 春、秋 | 3～6 | |
| | | 羽毛球（副项） | 4 | 64 | 64 | | | 4 | 春 | 4 | 学位课程（5选2） |
| | | 网球（副项） | 4 | 64 | 64 | | | 4 | 秋 | 3 | |
| | | 乒乓球（副项） | 4 | 64 | 64 | | | 4 | 秋 | 5 | |
| | | 健身健美运动（副项） | 4 | 64 | 64 | | | 4 | 秋 | 5 | |
| | | 定向越野（副项） | 4 | 64 | 64 | | | 4 | 春 | 6 | |
| | | 跆拳道 | 1 | 16 | 16 | | | 2 | 秋 | 5 | |
| | | 沙滩排球 | 1 | 16 | 16 | | | 2 | 秋 | 5 | |
| | | 散打 | 1 | 16 | 16 | | | 2 | 秋 | 7 | |
| | | 太极拳 | 1 | 16 | 16 | | | 2 | 春 | 6 | |
| | | 街舞 | 1 | 16 | 16 | | | 2 | 秋 | 7 | |
| | | 体育游戏 | 1 | 16 | 16 | | | 2 | 秋 | 6 | |
| | | 体育舞蹈 | 2 | 32 | 32 | | | 2 | 秋 | 5 | |
| | | 康复心理学 | 2 | 32 | 28 | 4 | | 2 | 秋 | 5 | |
| | | 运动处方原理 | 2 | 32 | 32 | | | 2 | 秋 | 5 | |
| | | 体育经济学 | 2 | 32 | 32 | | | 2 | 春 | 3 | |
| | | 社会体育导论 | 2 | 32 | 32 | | | 2 | 秋 | 3 | |
| | | 运动与健康促进 | 2 | 32 | 32 | | | 2 | 秋 | 5 | |
| | | 推拿学 | 2 | 32 | 32 | | | 2 | 春 | 4 | |
| | | 运动营养学 | 2 | 32 | 32 | | | 2 | 春 | 3 | |
| | | 社区体育指导 | 1 | 16 | 16 | | | 2 | 春 | 4 | |
| | | 体育传播学 | 1 | 16 | 16 | | | 2 | 春 | 6 | |
| | | 体育美学 | 1 | 16 | 16 | | | 2 | 秋 | 5 | |
| | | 体育科研方法 | 2 | 32 | 32 | | | 2 | 春 | 3 | |
| | | 体育专业英语 | 2 | 32 | 32 | | | 2 | 春 | 6 | |
| | | 旅游资源开发与规划 | 3 | 48 | 44 | | 4 | 4 | 春 | 4 | |
| | | 小计：100 学分，最低应修 52 学分 | | | | | | | | | |
| 实践教学环节 | 必修 31 学分 | 军事训练 | 2 | 2W | | | | | 1 | 1 | |
| | | 技能训练 | 1 | 1W | | | | | 2 | 2 | |
| | | 专业见习 | 1 | 1W | | | | | 3 | 3 | |
| | | 社会调查 | 1 | 2W | | | | | 4 | 4 | |
| | | 专业技能实训 | 2 | 2W | | | | | 5 | 5 | |
| | | 创业方案设计 | 2 | 2W | | | | | 6 | 6 | |
| | | 毕业实习 | 10 | 10W | | | | | 7 | 7 | |
| | | 毕业论文 | 12 | 12W | | | | | 8 | 8 | |
| | 选修 3 学分 | 课外创新实践 | 3 | | | | | | | | |

注：※表示学位课程；W 表示教学周。

## 四、学习方法与要求

由于社会体育领域十分宽泛，对人才的需求也呈现多层次、多规格的特点，通过 4 年本科专业教育，不可能塑造出“通才”来，应根据本地区的经济状况、社会体育发展水平和就业需求等状况来确定相对明确的专业培养目标，并能随着社会发展而有所调整，以适应不断发展变化的多样化的市场需求。根据现阶段体育休闲与健身场所的快速发展及对专业人才的需求，当前社会体育专业应培养能胜任社会体育指导和服务、体育产业经营与管理等社会体育工作的专门人才。

### 1. 强化生存能力

如果仅拥有专业知识，而不具备运用这些知识服务于社会的能力，是难以胜任岗位工作的。要把人才培养的视野投向社会、投向市场，在服务于社会中求生存、求发展。因此，为就业做准备的职业培训是高校社会体育专业人才培养过程中不可忽视的重要环节。强调学生的基础知识和综合能力，注意处理好知识、素质、能力的关系，在知识上要厚基础、宽口径，加强综合素质教育，提高学生艰苦环境下生存适应的心理素质和身体素质。

此外应充分利用已经出台的社会体育指导员等级制度和职业制度等，积极与社会职业培训机构联合，引导和鼓励学生通过培训和考试获取各类从业资格证书，为就业和职业生涯打下坚实的基础。并通过各种形式的学习、宣传和教育，使学生转变就业观念，立足于现有的人才市场，提高自身素质和竞争力。

### 2. 强化表达能力

表达能力作为一项基本社会技能，是身为社会体育服务人员必备的最重要的条件之一。作为一个户外拓展教练或健身会所主管，若不懂得表达信息的方法，是无法开展活动的。通过开设演讲与口才以及礼仪公关等相关课程，克服胆怯心理，不断增加学生演讲与会话机会，提高表达沟通技巧，培养学生对语言的驾驭能力，强化学生表达能力的训练。

### 3. 强化创新能力

侧重学生的创造性教育，加强能力培养，提高其分析问题、解决问题和实际工作中创造性工作的能力。目前着重从休闲运动训练与教育、社区休闲运动经营与管理、保健康复、体育旅游等方向上进行教育和训练。鉴于目前大型休闲运动企业的服务对象多为高收入人士和外籍人士，外语水平和信息网络技能也是重点培养的素质。在整个教学中对学生实施创新教育，必须从 3 个方面来加以训练：即创新意识（包括创造性思维习惯、创造心理），创新精神（包括人格特征及认知风格）和创造能力（包括智力、知识、动机）。在第二课堂与课外实践活动中，鼓励学生多开展创新实践活动。对于创编新型休闲项目、开发休闲运动经营与管理新经验以及获得相关项目的国家专利申请者，应给予重奖（表 3－3）。

**表 3－3　社会体育专业学生课外创新实践学分标准**

<table>
<tr><th>类　别</th><th>项　目</th><th>认定标准</th><th>学　分</th><th>备　注</th></tr>
<tr><td rowspan="7">Ⅰ<br>竞<br>赛<br>类</td><td rowspan="3">参加教育主管部门（体育比赛为体育主管部门）举办的学科竞赛</td><td>省级一等奖以上</td><td>4</td><td rowspan="3">非教育（体育）主管部门举办的学科竞赛降一档，即参照上述标准分别降 1 学分</td></tr>
<tr><td>省二等奖</td><td>3</td></tr>
<tr><td>省三等奖</td><td>2</td></tr>
<tr><td rowspan="3">参加校级学科竞赛</td><td>一等奖</td><td>1.5</td><td></td></tr>
<tr><td>二等奖</td><td>1</td><td></td></tr>
<tr><td>三等奖</td><td>0.5</td><td></td></tr>
<tr><td>参加学校组织的学科竞赛培训</td><td>1 周以上，经考核成绩合格</td><td>0.5</td><td></td></tr>
</table>

续表 3-3

| 类别 | 项目 | 认定标准 | 学分 | 备注 |
|---|---|---|---|---|
| Ⅱ科研类 | 在公开出版的刊物上发表专业论文 | 国家级刊物 | 3 | |
| | | 省级刊物 | 2 | |
| | | 市级刊物 | 1 | |
| | 发表文艺作品(诗歌、小小说、散文、绘画作品等) | 省级以上公开刊物发表 | 1 | |
| | 大学生优秀科研成果(含"三小") | 省级一等奖 | 4 | |
| | | 省级二等奖 | 3 | |
| | | 省级三等奖、市级一等奖 | 2 | |
| | | 市级二等奖 | 1 | |
| | | 市级三等奖 | 0.5 | |
| | 获得国家专利 | 发明专利 | 3 | |
| | | 实用新型专利 | 1.5 | |
| | | 外观设计专利 | 1 | |
| | 参加学校举办的"江汉大讲坛" | 撰写相应的体会文章达6篇以上,经学院认定或在校级以上刊物发表1篇 | 0.5 | 每篇1 000字以上,本项累计不超过1.5学分 |
| | 参加专业社会调查 | 撰写3 000字以上的调查报告经学院认定 | 0.5 | |
| | 承担学校批准的学术科技项目 | 完成并结题 | 1 | |
| Ⅲ技能类 | 参加国家统一计算机等级考试 | 取得等级证书 | 1 | |
| | 参加全省统一普通话水平测试 | 取得等级证书 | 1 | |
| | 参加全国大学外语四、六级考试 | 英语四级达到425分;小语种达到及格水平 | 1 | 非本语种专业学生 |
| | 取得国家劳动和人事部门认可的职业资格证书(如健身一级指导员证书等,但不包括驾驶证、教师资格证) | | 1 | 已在公选课中承认学分的不计 |
| Ⅳ专业类 | 课外参加研究型、创新型开放实验 | 达到16学时,考核合格 | 0.5 | 实验报告和结题报告经指导教师批改 |
| | 省级及以上体育竞赛成绩 | 1～3名 | 4 | |
| | | 4～6名 | 3 | |
| | | 7～8名 | 2 | |
| | 市级体育竞赛成绩(含校级比赛) | 第一名 | 2 | |
| | | 第二名 | 1 | |
| | | 第三名 | 0.5 | |
| | | 荣誉证书(优秀裁判、先进个人等) | 1 | |
| | 学院比赛 | 第一名 | 1 | |
| | | 荣誉证书(优秀裁判、先进个人等) | 0.5 | |
| | 参加裁判工作 | 省级 | 2 | |
| | | 市级 | 1 | |
| | 获得国家裁判员证书 | 一级 | 3 | |
| | | 二级 | 2 | |
| | 国家注册会计师证书、教师资格证书以及国家导游资格证书 | | 3 | |
| 要求学生在上述4类创新活动中至少取得两类的学分,合计不少于3学分 | | | | |

# 第三节　运动训练专业学习内容与方法

## 一、培养目标及规格

培养德、智、体、美全面发展，具有现代教育理念和运动训练素养，具备竞技体育的基本理论、基本知识和较强的实践能力与创新精神，能胜任专项运动的教学、训练、竞赛、科研和管理等工作的专门人才。具体培养规格如下：

(1)掌握马克思列宁主义、毛泽东思想、邓小平理论的基本原理和“三个代表”重要思想，熟悉国家有关教育、体育工作的方针、政策和法规，热爱教育事业和体育事业，具有良好的思想品德和道德修养。

(2)掌握专项运动教学、训练、竞赛、管理的基本理论与方法，具有较强的创新意识、自主学习能力、实践能力和社会适应能力。

(3)了解运动训练、专项教学的发展动态以及体育科研的发展趋势，掌握基本的科研方法，并具有从事体育科学研究的初步能力。

(4)初步掌握一门外语，具备应用计算机处理信息的基本能力，能使用普通话交流，并达到相应的考核要求。

(5)具有健康的体魄和心理，养成良好的卫生习惯和健康的生活方式。

(6)树立社会主义荣辱观，具有感受美、表现美和创造美的情感与能力。

## 二、教育内容

### 1. 总体要求

适应当前我国经济社会快速发展，进一步深化高等学校本科教学改革，全面提高教学质量的新形势、新任务及其对本专业人才培养提出的要求。坚持树立科学的质量观，强调人才培养的厚基础、宽口径、高素质、广适应，不断提高人才培养质量。

适应科学技术与多学科知识向竞技体育领域渗透和运动训练科学化的发展趋势，推进在教学内容、课程体系、实践环节等方面对专业人才培养模式的综合改革与创新，促进人才培养的多样化、全面性和应用型。按照国家对专业建设的要求，大力加强专业内涵建设，在进一步拓宽专业口径的基础上，倡导合理、灵活地设置专业方向，注重形成专业特色，优化人才培养结构。

### 2. 基本结构

根据本专业人才培养目标和培养规格，为使学生达到知识、能力和素质的全面协调发展，教育内容由通识教育、专业教育和拓展教育三大模块及 16 个类别的知识体系构成(表 3－4)。

三大模块的教育内容应成为一个有机的整体，构建课程体系必须综合考虑，统筹兼顾，合理安排。

表 3-4 运动训练本科专业教育内容基本结构

| 模 块 | 类别及知识体系 |
|---|---|
| 通识教育 | (1)政治思想品德教育类；(2)教育科学类；(3)方法工具类；<br>(4)人文社会科学类；(5)自然科学类等知识体系 |
| 专业教育 | (1)体育人文社会学基础类；(2)运动人体科学基础类；(3)运动训练理论与方法类；<br>(4)体育科学研究基础类；(5)体育教学理论与方法类；(6)竞赛组织与管理类；<br>(7)社会体育指导类；(8)专业实验与实践类(含实习、毕业论文)等知识体系 |
| 拓展教育 | (1)学术与科技活动类；(2)社会实践类；(3)自主发展类(如第二专业、主辅修)等知识体系 |

## 三、课程体系

“课程是指学校按照一定的教育目的所建构的各学科和各种教育、教学活动的系统”(吴秋凤,2007)。高等学校的专门教育,实际上是按照学术门类和职业的划分,将课程组合起来的某一专门化领域,课程既是实现高等教育目标的手段,同时又是把教育思想、观念、目的、宗旨转变为具体教学实践的中介。高校专业教育中课程设置是否合理,课程质量的高低,对人才培养质量都有直接影响。因此,科学地编制课程计划是高等学校人才培养的一项重要任务。

根据运动训练专业人才培养目标定位,在课程设置上应考虑体育学科的特点,同时又要遵循教育的客观规律;既要注重术科课程的比重,也要考虑学科课程对学生专业的支撑和今后的持续发展;既要突出专业课程在学生专业能力中的作用,又要体现基础课对提高学生文化素质的重要作用。切实处理好通识教育、专业基础和专业课程三者之间的关系。本专业课程体系由公共课程、专业课程和实践课程 3 类组成,其中公共课程包括公共必修课程和公共选修课程;专业课程包括主干课程、一般必修课程、领域选修课程和任意选修课程;实践课程包括社会实践、专业实验与实践、教育实践和科研实践等。具体内容如表 3-5 至表 3-7 所示。

表 3-5 运动训练本科专业公共课程

| 课程类型 | 课程内容 | 备 注 |
|---|---|---|
| 公共必修课程<br>(≥37 学分) | 按教育部有关文件和各校规定执行 | 各校根据实际情况,可将心理学、教育学、现代教育技术等课程列为公共必修课程 |
| 公共选修课程<br>(≥8 学分) | 人文社会科学类:如形势与政策教育、基础必读书、书法基础、大学语文与应用写作、舞蹈与社交礼仪、音乐欣赏、学习方法导论、公共关系学、科学概论等课程<br>自然科学类:如遗传学基础、自然科学、高等数学讲座等课程 | 以加强大学生素质教育为主,学生根据学校开设的课程进行选修 |

**表 3-6　运动训练本科专业课程**

<table>
<tr><th colspan="2">课程类型</th><th>课程内容</th><th>备　注</th></tr>
<tr><td rowspan="6">专业必修课程（57学分）</td><td rowspan="5">主干课程（46学分）</td><td>体育人文社会学基础类：包括体育学概论、学校体育学、体育社会学、运动心理学等课程</td><td rowspan="5">主干课程共设5类课程，各校可根据实际情况选择开设或自主组合各类课程，亦可置换1～2门课程</td></tr>
<tr><td>运动人体科学基础类：包括运动解剖学、运动生理学、运动生物化学等课程</td></tr>
<tr><td>一般运动训练理论与方法类：包括运动选材学、运动训练学、运动训练监控、运动训练管理学等课程</td></tr>
<tr><td>专项运动训练理论与方法类：包括主项教学训练理论与实践、运动技术动作分析方法等课程</td></tr>
<tr><td>体育科学研究基础类：包括体育科学研究方法导论、体育统计学等课程</td></tr>
<tr><td>一般必修课程（11学分）</td><td>包括体育竞赛学、运动生物力学、竞技教育学、体能训练理论与方法、教练员学、运动营养与恢复、体育保健学、运动技能学、地方性运动项目等课程</td><td>各校可选择开设4～6门课程，亦可根据实际情况置换其中的1～2门课程或自主开设1～2门具有特色的课程</td></tr>
<tr><td rowspan="5">专业选修课程（50学分）</td><td rowspan="4">领域选修课程（26学分）</td><td>副项教学训练理论与实践（第一领域）：按教育部、国家体育总局的有关规定和各校运动训练本科专业招生的专项，学生根据自己的专长选择相近的专项作为副项选修课程</td><td rowspan="4">共4个领域，学生必须在第一课程领域选修至少1个副项；在第二课程领域必须选修技术学科课程、理论学科课程各2～3门；在第三、四课程领域各选修3～4门课程</td></tr>
<tr><td>体育教学课程领域（第二领域）：包括游泳、田径、定向越野、球类项目、体操、健美操、体育舞蹈、武术、体育游戏、地方性运动项目等；体育教学论、体育教材教法、体育史、体育心理学、体育测量与评价、体育绘图、体育场地与设施、健康教育学、体育锻炼与心理健康、运动损伤预防与急救等以及自主开设的课程</td></tr>
<tr><td>竞赛组织与管理课程领域（第三领域）：包括体育赛事组织与管理、体育竞赛史、体育大型比赛场地与设备、主要运动项目竞赛组织与编排工作、主要运动项目竞赛规则与裁判方法、竞赛裁判学、体育欣赏、赛事推广等以及自主开设的课程</td></tr>
<tr><td>社会体育指导课程领域（第四领域）：包括社会体育概论、社区体育指导、体育管理学、体育市场与营销、体育产业经营管理、体育经济学、体育法学、体育产业学、全民健身指导、群众体育学、体育休闲娱乐导论、健身锻炼方法与评定等以及自主开设的课程</td></tr>
<tr><td>任意选修课程（24学分）</td><td>各校自主开设相关的课程，包括理论学科课程以及技术学科课程</td><td>各校可根据学生需要和实际情况开设本专业任意选修课程和跨专业任意选修课程</td></tr>
</table>

**表 3－7　运动训练本科专业实践课程**

| 课程类型 | 课程内容 | 备　注 |
| --- | --- | --- |
| 社会实践 | 包括入学教育、军训、劳动教育、社会调查、毕业教育、就业指导等 | 各校可根据具体情况和实际需要，确定实践课程内容 |
| 专业实验与实践 | 包括运动机能评定实验、运动技术诊断实验、运动心理测试实验、运动竞赛组织与裁判工作等 | |
| 教育实践 | 见习1～2周，实习12～16周，包括运动训练实习和教育实习活动 | |
| 科研实践 | 包括体育科技文献阅读、体育学术讲座与专题讨论、毕业论文等 | |

构建课程体系必须着眼于经济社会及竞技训练发展对本专业人才培养的需求，坚持不断深化教学改革和全面提高教学质量，有利于培养目标和规格的实现。必须着眼于学生的全面发展，坚持“加强基础全面、拓宽专业口径，培养创新精神、增强适应能力”，有利于融知识传授、能力培养、素质教育为一体。必须着眼于体现专业特点和整合课程体系，坚持“融合学科知识、减少雷同内容，精选专业课程、反映前沿动态，加强因材施教、注重一专多能”，有利于更新教学内容和顺利组织教学。必须着眼于扩大各校办学的自主权，坚持“加强分流培养、突出地方特色，建设校本课程、拓宽课程设置”，有利于促进人才培养模式和课程体系的综合化、弹性化和多元化。

课程体系包括3类课程，课内总学时为2 600～2 800学时。除公共课程外，专业课程按1 900～2 100学时、100～110学分安排，其中专业必修课程约为1 120学时、57学分；专业选修课程约为888学时、50学分。学生自学以及课外复习、训练和部分实践课程等不计算在总学时数之内。各校在安排各类课程的学时、学分时，可根据实际情况参考表3－8中给出的学时数浮动10%左右。

**表 3－8　各类课程学时、学分的安排**

<table>
<tr><th colspan="3">课程类型</th><th>各类课程的学时、学分</th></tr>
<tr><td colspan="3">公共课程</td><td>约720学时、45学分</td></tr>
<tr><td rowspan="4">专业课程</td><td rowspan="2">专业必修课程</td><td>主干课程</td><td>约944学时、46学分</td></tr>
<tr><td>一般必修课程</td><td>约176学时、11学分</td></tr>
<tr><td rowspan="2">专业选修课程</td><td>领域选修课程</td><td>约504学时、26学分</td></tr>
<tr><td>任意选修课程</td><td>约384学时、24学分</td></tr>
<tr><td colspan="3">实践课程</td><td>约16～22学分</td></tr>
</table>

公共课程除按教育部有关文件和各校规定执行外，针对培养目标和规格的要求，还列出了心理学、教育学、现代教育技术等课程，为争取本专业学生获得教师资格证书、教练员资格证书和社会体育指导员资格证书，适应学校教练员培养与发展的需要，并为将来能从事学校体育俱乐部、选修课的教学和训练工作，提高社会适应能力创造条件。

专业必修课程是为达成培养目标和培养规格而设计的最主要、最基本的课程。由于体育运动项目的众多性，在专项运动训练理论与方法上具有明显差异，因此，各校在选择教学内容时应注意“因项施教”，加强课程教学的科学性、合理性和针对性。

专业选修课程分为两大部分：一是领域选修课程，具有限制性选修的要求，同时体现了“选修课程领域化”的特点，以适应培养目标和规格的要求，学有专长、一专多能、全面发展；二是任意选修课程，分为理论学科课程和技术学科课程两部分，为学生提供自主选择学习的空间。

专业课程中必修课程与选修课程的学时比例约为5.6∶4.4，限选课程与任选课程的学时比例约为5.7∶4.3，体现了在压缩课程总学时的前提下，减少必修课程比重，增大选修课程比重，任选课比重有所扩大的特点。

课程体系中的实践课程明显加强，约占总学分的9.2%～13.1%（不包括公共课程、部分专业课程的实践教学）。对于教育实践环节各校要采取各种有力措施，确保学生教育实践的时间和质量，力求使学生的知识综合运用能力和实际操作能力得到锻炼与提高，以适应社会的需要。

增大各校对课程设置的自由度。在专业课程中，各校可根据实际情况和按照上述要求，选择开设、自主组合或置换相关的课程，力求课程设置合理化，增加课程门类，拓展课程内容，通过学科融合实现课程的有机结合。积极采取推进学分制、降低必修课比例、加大选修课比例、减少课堂讲授时间等措施，进一步拓宽专业口径和学生的知识面，增强学生选课的自主性和灵活性，完善学生的知识结构，促进学生个性发展，同时更好地发挥学校的优势，努力办出各自的特色。

## 四、主干课程介绍

### 1. 体育人文社会学基础类课程

体育人文社会学基础类课程是以体育运动中人的社会活动和心理活动为对象，研究体育运动的本质和基本特征，论述学校体育的原理、方法及其基本规律，阐明体育运动的社会作用、价值及现象，揭示体育运动中的心理表现特点及其基本规律，促进体育运动更科学、更有效地开展人文社会科学类课程。

这类课程的总目标是：通过课程教学和实践活动，使学生掌握体育人文社会科学的基本理论和基本知识，熟悉我国体育工作的相关方针和政策，形成正确的体育价值观，提高体育人文素养，学以致用，具备分析和解决体育运动中实际问题的能力。

这类课程教学的主要内容包括体育的概念与本质，体育的价值与目的，体育运动的过程与基本规律；学校体育的结构、功能和目标，体育教学的原则与基本方法，体育与健康课程标准；体育与社会结构，体育与社会运行，体育社会问题；运动兴趣动机及运动归因，体育运动中的目标定向与目标设置，提高运动训练与体育教学效果的心理学方法等方面的基本理论与方法。

### 2. 运动人体科学基础类课程

运动人体科学基础类课程是以体育运动状态下的人体为对象，揭示体育运动过程中人体形态结构、生理功能、能量代谢变化规律及其适应机制的自然科学类课程。

这类课程的总目标是：通过课程教学和实践活动，使学生掌握运动解剖学、运动生理学、运动生物化学等方面的基本理论、基本知识和实践技能，树立正确的科学观，提高科学素养，具备综合运用所学知识分析和解决实际问题的能力，为培养能胜任专项运动教学、训练等工作的专门人才奠定运动人体科学的基础。

这类课程教学的主要内容包括人体形态结构与运动、人体生理功能与运动、人体运动与适应的生化基础等方面的基本理论与方法。

**3. 一般运动训练理论与方法类课程**

一般运动训练理论与方法类课程是以体育运动训练过程及其现象为对象，研究竞技体育学的相关理论与方法，揭示运动选材、运动训练与管理、运动训练诊断与监控等活动过程的基本规律，促进体育运动训练更科学地开展的综合性应用类课程。

这类课程的总目标是：通过课程教学和实践活动，使学生掌握运动选材学、运动训练学、运动训练监控、运动训练管理学等方面的基本理论、基本知识和基本技能，了解一般运动训练的发展动态，树立现代训练理念，提高专业知识素养，并培养学生理论联系实际、综合分析和解决运动训练中实际问题的能力，为将来从事运动训练实践活动奠定相关的理论与方法学的基础。

这类课程教学的主要内容包括运动员选材的遗传学基础，主要运动项目的选材标准和方法；运动训练的目的、意义、原则、内容、方法和组织设计；运动训练监控的目的、意义、内容和方法；运动训练管理的基本原理、原则、方法、计划、组织和控制等方面的基本理论与方法。

**4. 专项运动训练理论与方法类课程**

专项运动训练理论与方法类课程是以体育运动某一专项训练的过程及其现象为对象，以多种训练内容为基本手段，以促进运动员专项竞技能力提高和身心全面健康发展为主要目标，研究专项运动训练的相关理论与方法，揭示专项运动训练的基本规律与特征，促进专项运动训练活动更有序化、科学化发展的体育实践性课程。

这类课程的总目标是：通过课程教学和实践活动，使学生掌握专项运动训练的本质特征、组织策划、过程控制、方法手段运用、专项技术动作分析等方面的基本理论、基本知识和基本技能，了解专项运动训练的发展动态，具有从事专项运动训练与教学、竞赛组织等工作的基本能力。

这类课程教学的主要内容包括专项运动训练的基本体系和主要特点，专项运动选材，专项运动训练计划制订，专项运动训练的内容和方法，专项技术诊断和分析，运动员参赛能力培养，专项运动训练评价，儿童、青少年和女子专项教学训练特点等方面的基本理论与操作方法。

**5. 体育科学研究基础类课程**

体育科学研究基础类课程是以体育运动中的各种现象为对象，论述体育科学研究的相关理论与方法，探索体育领域中尚未掌握的知识和规律，检验现今体育运动中所依据的学说和理论，并将其应用于体育运动实践，进而揭示体育内部和外部规律的创造性实践课程。

这类课程的总目标是：通过课程教学和实践活动，使学生掌握体育科学研究、体育统计学等方面的基本理论、基本知识和基本技能，树立创新意识和精神，提高体育科研素养，积极参加体育科研活动，培养思考、分析、解决问题的能力，为完成毕业论文和将来踏上工作岗位从事体育科学研究活动提供直接的指导与帮助。

这类课程教学以传授体育科学研究过程中各环节的操作方法为主要内容，包括体育科学研究选题的原则和方法，体育科学研究设计，研究计划制订，资料的收集、整理和分析，体育科学研究论文的撰写和评价以及数据统计处理等方面的基本理论与方法。

## 五、培养方案案例

### 运动训练专业人才培养方案

1. 培养目标

本专业培养德、智、体、美全面发展，具有现代教育理念和运动训练素养，具备竞技体育的基本理论、基本知识和较强的实践能力与创新精神，能胜任专项运动的教学、训练、竞赛、科研和管理等工作的高素质应用型专门人才。

2. 培养要求

本专业学生主要学习运动训练、运动竞赛及体育教学方面的基础理论和基本知识，掌握从事专项运动训练及学校体育教学的基本能力。毕业生应达到以下要求：

(1)掌握马列主义、毛泽东思想、邓小平理论的基本原理和“三个代表”重要思想，熟悉国家有关教育、体育工作的方针、政策和法规，热爱教育事业和体育事业，具有良好的思想品德和道德修养。

(2)掌握专项运动教学、训练、竞赛、管理的基本理论与方法，具有较强的创新意识、自主学习能力、实践能力和社会适应能力。

(3)了解运动训练、专项教学的发展动态以及体育科研的发展趋势，掌握基本的科研方法，并具有从事体育科学研究的基本能力。

(4)外语和计算机水平达到学校对本专业规定的要求。

(5)具有健康的体魄和心理，养成良好的卫生习惯和健康的生活方式。

(6)具有感受美、表现美和创造美的情感与能力。

3. 学制与学位

学制：4 年，实行 3～6 年的弹性学制。

学位：教育学学士学位。

4. 核心课程

体育概论、学校体育学、体育社会学、运动心理学、运动解剖学、运动生理学、运动生物力学、运动选材学、运动训练学、运动训练管理学、体育科研方法、主项教学训练理论与实践。

5. 主要实践性教学环节

(1)身体素质测试：安排在第一、三、五学期，由学院学生办公室组织测试，需达到规定标准。

(2)毕业实习：安排在第七学期 10 周时间，由学院统一组织，运动系具体负责实施。

(3)毕业论文：安排在第八学期 12 周时间，由学院统一组织，运动系具体负责实施。

## 六、课程构成及学分分配表(表 3－9)

| 课程类别 | | | 至少应修学分 | 占总学分比例(%) |
| --- | --- | --- | --- | --- |
| 通识教育课程 | 必修 | 公共课程 | 37 | 21.1 |
| | 选修 | 文化素质教育公选课(含江汉大讲坛) | 7+1 | 4.6 |
| | | 跨学科选修课程(含大学语文) | 6 | 3.4 |

续表 3－9

<table>
<tr><td colspan="5">课 程 类 别</td><td>至少应修学分</td><td>占总学分比例%</td></tr>
<tr><td colspan="2" rowspan="2">专业基础课程</td><td>必修</td><td colspan="2">基础课程</td><td>22</td><td>12.6</td></tr>
<tr><td>选修</td><td colspan="2">拓展课程</td><td>14</td><td>8.0</td></tr>
<tr><td colspan="2" rowspan="2">专业课程</td><td>必修</td><td colspan="2">核心课程</td><td>44</td><td>25.1</td></tr>
<tr><td>选修</td><td colspan="2">方向课程</td><td>18</td><td>10.3</td></tr>
<tr><td colspan="2" rowspan="2">实践教学环节</td><td>必修</td><td colspan="2"></td><td>26</td><td>14.9</td></tr>
<tr><td>选修</td><td colspan="2">课外创新实践</td><td>5</td><td>不计入总学分</td></tr>
<tr><td rowspan="2">毕业最低应修学分</td><td colspan="2" rowspan="2">175＋5<br>（5 学分不计入总学分）</td><td>必修</td><td>73.7％</td><td rowspan="2">实践教学学分占比</td><td rowspan="2">46.9</td></tr>
<tr><td>选修</td><td>26.3％</td></tr>
</table>

## 七、课程教学指导性修读计划表（表 3－10）

| 课程类别 | 修读性质 | 课程代码 | 课程名称 | 学分 | 学时 | | | | | 开课学期 | 建议修读学期 | 备注 |
|---|---|---|---|---|---|---|---|---|---|---|---|---|
| | | | | | 总计 | 讲授 | 研习 | 实验 | 实践 | | | |
| 通识教育课程 | 必修 | 411701001 | 马克思主义基本原理概论（Marxist Philosophy） | 3 | 48 | 32 | 12 | | 4 | 春、秋 | | |
| | | 411702001 | 中国特色社会主义理论体系概论（Theories of Socialism with Chinese Characteristics） | 6 | 96 | 48 | 16 | | 32 | 春、秋 | | |
| | | 411703001 | 思想道德修养与法律基础（Civic & Legal Education） | 3 | 48 | 28 | 12 | | 8 | 春、秋 | | |
| | | 411702002 | 中国近现代史纲要（Modern & Contemporary Chinese History） | 2 | 32 | 20 | 8 | | 4 | 春、秋 | | |
| | | 411402005－8 | 大学英语（读写译）①～④［College English（Reading，Writing and Translation）①～④］ | 8 | 128 | 112 | 16 | | | 春、秋 | 1～4 | 学生选修一个语种 |
| | | 411402009－12 | 大学英语（口语）①～④［College English（Speaking）①～④］ | 4 | 64 | | 32 | | 32 | 春、秋 | 1～4 | |
| | | 411402013－16 | 大学英语（听力）①～④［College English（Listening）①～④］ | 4 | 64 | | 32 | | 32 | 春、秋 | 1～4 | |
| | | 411403001－4 | 大学法语①～④（French①～④） | 16 | 256 | 192 | 64 | | | 春、秋 | 1～4 | |
| | | 411401001－4 | 大学德语①～④（German①～④） | 16 | 256 | 192 | 64 | | | 春、秋 | 1～4 | |
| | | 411405001－4 | 大学日语①～④（Japanese①～④） | 16 | 256 | 192 | 64 | | | 春、秋 | 1～4 | |
| | | 410803001 | 大学计算机基础（Fundamentals of Computer Applications） | 3 | 48 | 32 | | 32 | | 春、秋 | 1 | |
| | | 419001002 | 军事理论（Military Theory） | 1 | 36 | | | | 36 | 春、秋 | | 专题讲授课 |
| | | 419301003 | 大学生职业发展与就业指导（Employment and Career Develop－ment Guide） | 0.5 | 16 | | | | 16 | 春、秋 | | |

**续表 3-10**

| 课程类别 | 修读性质 | 课程代码 | 课程名称 | 学分 | 学时 | | | | | 开课学期 | 建议修读学期 | 备注 |
|---|---|---|---|---|---|---|---|---|---|---|---|---|
| | | | | | 总计 | 讲授 | 研习 | 实验 | 实践 | | | |
| 通识教育课程 | 必修 | 410303070 | 大学生心理健康教育 (Psychological Health) | 0.5 | 16 | | | | 16 | 春、秋 | | |
| | | 411703002 | 形势与政策 (Current Political Situation Analysis) | 2 | 64 | | | | 64 | 春、秋 | | |
| | | 小计 | | 37 | | | | | | | | |
| | 选修 | 公共选修课程(含江汉大讲坛) | | ≥8 | | | | | | 春、秋 | 2～7 | 要求江汉大讲坛至少参加8次,取得1学分 |
| | | 跨学科选修课程(含大学语文) | | ≥9 | | | | | | 春、秋 | 2～5 | 大学语文开设文学鉴赏与写作、中国语文、应用文写作3门课程,学生至少选择1门 |
| | | 小计 | | ≥14 | | | | | | | | |
| | 总计学分 | | | ≥51 | | | | | | | | |
| 专业基础课程 | 必修 | 411301141 | 运动训练专业导论 (Introduction of Sports Training Major) | 1 | 16 | 12 | | 4 | | 秋 | 1 | |
| | | 411301126 | 运动解剖学※ (Sports Anatomy) | 4 | 64 | 40 | 8 | 16 | | 秋 | 1 | |
| | | 411301130 | 运动生理学※ (Exercise Physiology) | 4 | 64 | 40 | 8 | 16 | | 春 | 2 | |
| | | 411301167 | 体育概论※ (Theory of Physical Education and Sport) | 1 | 16 | 12 | | 4 | | 秋 | 1 | |
| | | 411301181 | 体育社会学※ (Sport Ociology) | 2 | 32 | 24 | | 8 | | 春 | 2 | |
| | | 411301194 | 田径 (Track and Field) | 4 | 64 | 64 | | | | 秋 | 1 | |
| | | 411301157 | 体操 (Gymnastic) | 4 | 64 | 64 | | | | 秋 | 1 | |
| | | 411301116 | 游泳与救护 (Swimming with the Ambulance) | 2 | 32 | 32 | | | | 春 | 2 | |
| | | 小计 | | 22 | | | | | | | | |
| | 选修 | 411301131 | 运动生物力学※ (Sports Biomechanics) | 2 | 32 | 24 | 8 | | | 春、秋 | 2～3 | |
| | | 411301101 | 奥林匹克运动 (Olympic Games) | 1 | 16 | 12 | 4 | | | 春、秋 | 2～3 | |
| | | 411301182 | 体育史 (Sports History) | 1 | 16 | 12 | 4 | | | 春、秋 | 2～3 | |
| | | 411301058 | 体能训练理论与方法 (Theories and Methods of Physical Training) | 1 | 16 | 12 | 4 | | | 春、秋 | 2～3 | |
| | | 411301071 | 体育绘图 (Physical Education Drawing) | 1 | 16 | 12 | 4 | | | 春、秋 | 2～3 | |

**续表 3-10**

| 课程类别 | 修读性质 | 课程代码 | 课程名称 | 学分 | 学时 | | | | | 开课学期 | 建议修读学期 | 备注 |
|---|---|---|---|---|---|---|---|---|---|---|---|---|
| | | | | | 总计 | 讲授 | 研习 | 实验 | 实践 | | | |
| 专业基础课程 | 必修 | 411301109 | 健美操<br>(Aerobics) | 2 | 32 | 32 | | | | 春、秋 | 2~3 | |
| | | 411301132 | 乒乓球<br>(Table-Tennis) | 2 | 32 | 32 | | | | 春、秋 | 2~3 | |
| | | 411301101 | 网球<br>(Tennis) | 2 | 32 | 32 | | | | 春、秋 | 2~3 | |
| | | 411301120 | 羽毛球<br>(Badminton) | 2 | 32 | 32 | | | | 春、秋 | 2~3 | |
| | | 411301086 | 体育舞蹈<br>(Sports Dance) | 2 | 32 | 32 | | | | 春、秋 | 2~3 | |
| | | 411301009 | 运动生物化学<br>(Sports Biochemistry) | 2 | 32 | 24 | 8 | | | 春、秋 | 2~3 | |
| | | 411301084 | 体育统计学<br>(Physical Education Statistics) | 2 | 32 | 24 | 8 | | | 春、秋 | 2~3 | |
| | | 411301120 | 篮球<br>(Basketball) | 2 | 32 | 32 | | | | 春、秋 | 2~3 | |
| | | 411302017 | 足球<br>(Football) | 2 | 32 | 32 | | | | 春、秋 | 2~3 | |
| | | 411301128 | 排球<br>(Volleyball) | 2 | 32 | 32 | | | | 春、秋 | 2~3 | |
| | | 411301107 | 武术<br>(Wu Shu) | 2 | 32 | 32 | | | | 春、秋 | 2~3 | |
| | | 小　计 | | 28 | | | | | | | | |
| | 合计：专业基础课程要求至少修读 36 学分，其中必修 22 学分，选修 14 学分 | | | | | | | | | | | |
| 专业课程 | 必修 | 411301136 | 运动训练学※<br>(The Sport Trains to Learn) | 2 | 32 | 20 | 12 | | | | 3 | |
| | | 411301133 | 运动心理学※<br>(Sport Psychology) | 2 | 32 | 20 | 12 | | | | 5 | |
| | | 411301135 | 运动训练管理学※<br>(Management of Sport Training) | 1 | 16 | 10 | 6 | | | | 4 | |
| | | 411301077 | 体育科研方法※<br>(Studying Method of P. E) | 2 | 32 | 20 | 12 | | | | 6 | |
| | | 411301112 | 学校体育学※<br>(Theory of Physical Education) | 2 | 32 | 20 | 12 | | | | 4 | |
| | | 411301134 | 运动选材学※<br>(Sports Indentification) | 1 | 16 | 10 | 6 | | | | 5 | |
| | | | 主项教学训练理论与实践——篮球※<br>(The Major Training Theory and Practice：Basketball) | 34 | 544 | 544 | | | | | 1~6 | |
| | | | 主项教学训练理论与实践——乒乓球※<br>(The Major Training Theory and Practice：Table Tennis) | 34 | 544 | 544 | | | | | 1~6 | 学生任意选择一项 |
| | | | 主项教学训练理论与实践——羽毛球※<br>(The Major Training Theory and Practice：Badminton) | 34 | 544 | 544 | | | | | 1~6 | |

续表 3－10

| 课程类别 | 修读性质 | 课程代码 | 课程名称 | 学分 | 学时 | | | | | 开课学期 | 建议修读学期 | 备注 |
|---|---|---|---|---|---|---|---|---|---|---|---|---|
| | | | | | 总计 | 讲授 | 研习 | 实验 | 实践 | | | |
| 专业课程 | 必修 | | 主项教学训练理论与实践——网球※<br>(The Major Training Theory and Practice：Tennis) | 34 | 544 | 544 | | | | | 1～6 | 学生任意选择一项 |
| | | 小　计 | | 44 | | | | | | | | |
| | 选修 | 411301061 | 体育保健学<br>(Sports Hygienics) | 3 | 48 | 24 | 16 | 8 | | | 3 | |
| | | 411301138 | 运动营养与恢复<br>(Sports Nutrition and Recovery) | 2 | 32 | 20 | 12 | | | | 5 | |
| | | 411301063 | 体育测量与评价<br>(Measurement and Evaluation of P. E) | 2 | 32 | 16 | 12 | 4 | | | 4 | |
| | | 411301079 | 体育课程与教学论<br>(Teaching Theory on P. E Curriculum) | 2 | 32 | 20 | 12 | | | | 5 | |
| | | 411301045 | 社区体育指导<br>(The Community Sports Guide) | 1 | 16 | 10 | 6 | | | | 4 | |
| | | | 竞赛裁判学<br>(Competition Referee Science) | 2 | 32 | 20 | 12 | | | | 4、5 | |
| | | 410302001 | 多媒体教育技术<br>(Multimedia Education Technology) | 2.5 | 40 | 20 | 4 | 16 | | | 4、5 | |
| | | 410301001 | 教育学<br>(Pedagogy) | 3 | 48 | 32 | 16 | | | | 4、5 | |
| | | 411301089 | 体育运动与休闲<br>(Sports and Leisure) | 1 | 16 | 12 | 4 | | | | 5 | |
| | | 411301128 | 运动竞赛学<br>(Sports Competition) | 1 | 1 16 | 12 | 4 | | | | 6 | |
| | | 411301064 | 体育场地与设施<br>(Sports Ground and Facilities) | 1 | 16 | 12 | 4 | | | | 5 | |
| | | 411301080 | 体育美学<br>(Sports Aesthetics) | 1 | 16 | 12 | 4 | | | | 5 | |
| | | 411301085 | 体育文献检索与选读<br>(Sports Literature Search and Reading) | 1 | 16 | 12 | 4 | | | | 6 | |
| | | 411301011 | 健身健美运动<br>(The Sports of Fitness & Body Building) | 2 | 32 | 32 | | | | | 5 | |
| | | 411301097 | 拓展运动<br>(Outward Bound) | 2 | 32 | 32 | | | | | 6 | |
| | | | 全民健身指导<br>(The National Fitness Guidance) | 2 | 32 | 20 | 12 | | | | 6 | |
| | | 411301051 | 跆拳道<br>(Tae Kwon Do) | 1 | 16 | 16 | | | | | 5 | |
| | | 411301014 | 毽球<br>(Shuttlecock) | 1 | 16 | 16 | | | | | 7 | |
| | | 411301041 | 散打<br>(San Da) | 1 | 16 | 16 | | | | | 7 | |
| | | 411301003 | 定向越野<br>(Orienteering) | 1 | 16 | 16 | | | | | 7 | |

**续表 3-10**

| 课程类别 | 修读性质 | 课程代码 | 课程名称 | 学分 | 学时 | | | | | 开课学期 | 建议修读学期 | 备注 |
|---|---|---|---|---|---|---|---|---|---|---|---|---|
| | | | | | 总计 | 讲授 | 研习 | 实验 | 实践 | | | |
| 专业课程 | 选修 | | 健身锻炼方法与评定 (Method and Evaluation of Body-building Exercise) | 1 | 16 | 16 | | | | | 6 | |
| | | 411301115 | 野外生活技能与技巧 (The Wild Life Skills and Techniques) | 1 | 16 | 16 | | | | | 7 | |
| | | 410302006 | 体育摄影 (Sports Photography) | 1 | 16 | 12 | 4 | | | | 7 | |
| | | | 小　计 | 35.5 | | | | | | | | |
| | 第二主项(副项)方向选修 | | 副项教学训练理论与实践——篮球 (The Minor Training Theory and Practice: Basketball) | 12 | 2 192 | 192 | | | | 春、秋 | 4～6 | 学生任意选择一项，副项不得与主项重复 |
| | | | 副项教学训练理论与实践——田径 (The Minor Training Theory and Practice: Track & Field) | 12 | 2 192 | 192 | | | | 春、秋 | 4～6 | |
| | | | 副项教学训练理论与实践——足球 (The Minor Training Theory and Practice: Soccer) | 12 | 2 192 | 192 | | | | 春、秋 | 4～6 | |
| | | | 副项教学训练理论与实践——乒乓球 (The Minor Training Theory and Practice: Table Tennis) | 12 | 2 192 | 192 | | | | 春、秋 | 4～6 | |
| | | | 副项教学训练理论与实践——羽毛球 (The Minor Training Theory and Practice: Badminton) | 12 | 2 192 | 192 | | | | 春、秋 | 4～6 | |
| | | | 副项教学训练理论与实践——网球 (The Minor Training Theory and Practice: Tennis) | 12 | 2 192 | 192 | | | | 春、秋 | 4～6 | |
| | | | 小　计 | 12 | | | | | | | | |
| | 合计：专业课程要求至少修读 62 学分，其中必修 44 学分，选修 18 学分 | | | | | | | | | | | |
| 实践环节 | 必修 | 409001001 | 军事训练 | 1 | 2 周 | | | | 2 周 | 秋 | 1 | |
| | | 401301002 | 毕业实习 | 10 | 10 周 | | | | | 秋 | 7 | |
| | | 401301001 | 毕业论文 | 12 | 12 周 | | | | | 春 | 8 | |
| | | | 身体素质测试 | 3 | 3 周 | | | | | 春 | 1、3、5 | |
| | 选修 | | | | | | | | | | | |
| | | | | | | | | | | | | |
| | | | 课外创新实践 | ≥5 | | | | | | | | |
| | 合计：实践环节要求至少修读 26 学分，其中必修 26 学分，选修 0 学分(课外创新实践 5 学分不计入总学分) | | | | | | | | | | | |

标注※的课程为学位课程。

## 八、课外创新实践(表 3-11)

| 类别 | 项　目 | 认定标准 | 学　分 | 备　注 |
|---|---|---|---|---|
| Ⅰ竞赛类 | 参加教育主管部门(体育比赛为体育主管部门)举办的学科竞赛 | 省级一等奖以上 | 4 | 非教育主管部门举办的学科竞赛降一档,即参照上述标准分别降1学分 |
| | | 省二等奖 | 3 | |
| | | 省三等奖 | 2 | |
| | 参加校级学科竞赛 | 一等奖 | 1.5 | |
| | | 二等奖 | 1 | |
| | | 三等奖 | 0.5 | |
| | 参加学校组织的学科竞赛培训 | 1周以上,经考核成绩合格 | 0.5 | |
| Ⅱ科研类 | 在公开出版的刊物上发表专业论文(译文) | 核心刊物 | 3 | 学生本人须为第一作者 |
| | | 国家级一般刊物 | 2 | |
| | | 省级刊物 | 1 | |
| | | 市级刊物 | 0.5 | |
| | 发表文艺作品(诗歌、小说、散文、绘画或翻译作品等) | 省级以上公开刊物发表 | 1 | |
| | 大学生优秀科研成果 | 省级一等奖 | 4 | |
| | | 省级二等奖 | 3 | |
| | | 省级三等奖、市级一等奖 | 2 | |
| | | 市级二等奖 | 1 | |
| | | 市级三等奖 | 0.5 | |
| | 获得国家专利 | 发明专利 | 3 | |
| | | 实用新型专利 | 1.5 | |
| | | 外观设计专利 | 1 | |
| | | 申请发明专利 | 0.5 | 提供相关部门的受理证明材料 |
| | 科研训练 | 参加教师科研项目,完成规定的科研任务 | 0.5 | |
| | | 承担学校批准的学术科技项目,完成并结题 | 1 | |
| | | 参加专业社会调查,撰写3 000字以上的专业调查报告 | 0.5 | |
| Ⅲ技能类 | 参加国家统一计算机等级考试 | 取得等级证书 | 1 | |
| | 参加全省统一普通话水平测试 | 取得等级证书 | 1 | |
| | 参加全国大学外语四、六级考试 | 英语四级达到568分或六级达到425分;其他语种四级优秀或六级合格 | 1 | |
| | 取得国家劳动和人事部门认可的职业资格证书 | 取得证书 | 1 | |
| Ⅳ专业类 | 课外参加设计研究型等开放实验 | 达到16学时,考核合格 | 0.5 | 实验报告和结题报告经指导教师批改 |
| | 参加裁判工作 | 省级 | 2 | |
| | | 市级 | 1 | |
| | 获得国家裁判员证书 | 一级 | 3 | |
| | | 二级 | 2 | |
| | 参加教师资格证考试 | 取得证书 | 3 | |
| | 省级及以上体育竞赛成绩 | 1～3名 | 4 | |
| | | 4～6名 | 3 | |
| | | 7～8名 | 2 | |
| | 市级体育竞赛成绩(含校级比赛) | 第一名 | 2 | |
| | | 第二名 | 1 | |
| | | 第三名 | 0.5 | |
| | | 荣誉证书(优秀裁判、先进个人等) | 1 | |

注:课外创新实践要求至少达到5学分,其中科研类至少1学分。

## 九、教学周进程安排表(表 3－12)

| 学期＼周 | 1 | 2 | 3 | 4 | 5 | 6 | 7 | 8 | 9 | 10 | 11 | 12 | 13 | 14 | 15 | 16 | 17 | 18 | 19 | 20 | 21 | 22 | 23 | 24 | 25 | 26 | 27 |
|---|---|---|---|---|---|---|---|---|---|---|---|---|---|---|---|---|---|---|---|---|---|---|---|---|---|---|---|
| 一 | ⊕ | V | V | | | | | | | | | | | | | | | | | : | : | ≡ | ≡ | ≡ | ≡ | | |
| 二 | | | | | | | | | | | | | | | | | | | : | : | ≡ | ≡ | ≡ | ≡ | ≡ | ≡ | ≡ |
| 三 | | | | | | | | | | | | | | | | | | | | : | : | ≡ | ≡ | ≡ | ≡ | | |
| 四 | | | | | | | | | | | | | | | | | | | : | : | ≡ | ≡ | ≡ | ≡ | ≡ | ≡ | ≡ |
| 五 | | | | | | | | | | | | | | | | | | | | : | : | ≡ | ≡ | ≡ | ≡ | | |
| 六 | | | | | | | | | | | | | | | | | | | | : | ≡ | ≡ | ≡ | ≡ | ≡ | ≡ | ≡ |
| 七 | ∞ | ∞ | ∞ | ∞ | ∞ | ∞ | ∞ | ∞ | ∞ | ∞ | | | | | | | | | | : | : | ≡ | ≡ | ≡ | ≡ | | |
| 八 | △ | △ | △ | △ | △ | △ | △ | △ | △ | △ | △ | △ | | | | | ＋ | ＋ | ＋ | ＋ | | | | | | | |

图例：⊕入学教育；V 军训；⊥理论教学；★ 工程训练：考试；⊙教学实习；T 机动；≡ 假期；∞毕业实习；＋毕业就业；
△ 毕业论文

# 第四章　体育专业的发展现状与趋势

## 第一节　体育教育专业的发展状况与趋势

近代以来，受西方人本主义教育思想的影响，体育逐渐在我国学校教育中扎下根来，从而引起对各级学校体育师资的社会需求。中国的体育教师培养工作从20世纪初由官办的师范学堂附设体操学堂或体操科开始，至今已历时百余年。新中国成立以来，德、智、体全面发展的教育方针一直是指导我国各类学校教育工作的基本方针，与此相适应，体育教师也一直是学校教师队伍中理所当然的重要成员，成为具有培养学生身心健康职能的社会职业。体育教师由于其工作性质和社会职能所决定，只有通过专门培养训练才能担当起这一神圣的职责，这就是体育教师的专业化过程。然而，我们也不可忽略我国体育教育存在的问题，这些问题在体育教育领域引发了各种不同的声音，对照国际体育教育发展趋势审视和理清各种论争，这对带动我国体育教育质量的提升无疑具有积极的意义。

### 一、体育教育专业发展状况

我国体育教育的发展轨迹曲曲折折，应该说直到改革开放以后才真正进入了一条稳定、良性的发展道路。通过调查与整理我国现阶段教育行政管理部门的教育文件、各普通高校体育教育专业本科现行课程方案以及有关的体育教师教育研究文献，可以概括出我国当前体育教育的现状。

#### （一）体育教育专业招生制度

招生制度是否科学、合理，是保证新生质量的关键，它不仅关系到高等教育的质量，而且直接影响到基础教育。体育教育专业招生考试问题，是普通高校体育教育专业学生培养过程的第一步，走好第一步有利于培养出高质量的体育教师。我国在高等教育属于“精英教育”的大背景下，高等学校有着严格的招生制度。中国的体育师范报考申请者主要为应届理科高中毕业生，考生在婚姻状况、年龄、身高、视力、健康状况方面都有明确要求，近年来略有放开。所有报考者必须参加各省组织的高考体育加试和全国普通高等学校招生考试。目前，全国体育教育专业新生的录取办法分为3种：①划定体育分数线，对该分数线以上的考生，按文化成绩由高至低录取；②划定文化分数线，对该分数线以上的考生，按体育专业成绩由高至低录取；③50%的名额按第①种办法，50%的名额按第②种办法。

自1977年我国恢复高考制度至今，体育专业术科考试的项目设置经历了多次调整和修改，基本形成了一套相对标准和规范的实施办法。体育教育专业招生考试体育加试内容为（国家教委，1989）：

(1)身体素质。内容包括① 100m 跑;②立定跳远、二级蛙跳、立定三级跳远;③原地推铅球、原地双手后抛铅球、连续挺举;④十字变向障碍跑、三角形障碍跑、5m 三向折回跑;⑤女子800m 跑和男子 1 000m 跑。各省、自治区、直辖市可在②组、③组、④组中采用随机提取的办法各选定一项,并在②组、③组、④组、⑤组中随机提取 3 组连同第①组一并提前公布。

(2)专项技术。考生可在田径、体操、足球、篮球、排球、武术 6 个项目中任选一项。各地亦可根据本地区特点增设其他项目(增设项目的评分标准与办法自行制订,并报国家体委备案),供考生选择。

(3)计分办法。按《1989 年普通高等学校体育专业招生体育考试评分标准与办法》进行。体育教育专业考生的身体素质成绩占 60%,专项技术成绩占 40%。体育教育专业招生工作目前在维持全省(市)统一组织的形式下,逐步扩大招生学校的自主权。各地在执行这一文件时略有差异,如有些省(市)不进行专业技术的考试。

### (二)体育教师培养制度

#### 1. 培养机构

我国目前已形成了两大系统、3 个层次的教师教育网络。两大系统是指以培养新教师为主的师范院校系统和以培训、提高在职教师为主的教育学院(教师进修学校)系统。在师范院校系统内,3 个层次是中等师范教育、高等师范专科教育和高等师范本科教育。在教育学院系统内,全国各地均已形成了省级教育学院培训高中教师、市地级教育学院培训初中教师、县区级教师进修学校培训小学幼儿园教师的三级培训网络。我国设有体育本科专业点的普通高校分为 4 类:独立设置的体育学院、高等师范院校、民族院校、其他院校。改革开放以后的 1988 年,为规范专业设置和专业名称,同时为突出体育教学、体育教师的特点以及更加明确专业培养目标,国家教委颁发的体育类本科专业目录中将原来的“体育”专业更名为“体育教育”专业(国家体委科教司,1993)。截至 2009 年 9 月,我国开设体育教育专业的高校由扩招前的 111 所增加到 289 所。2010 年 1 月,又有 6 所高校的体育教育本科专业被批准开始招生(唐东阳等,2011)。其中北京体育大学、上海体育学院等六大体院以及各地方体院全部开设体育教育专业。

#### 2. 培养目标

改革开放以来,我国体育教育专业本科教学计划(课程方案)虽然几经变动,但在培养目标上始终明确定位在“中等学校体育教师”上。1994 年国家教委提出制订并实施《高等教育面向 21 世纪教学内容和课程体系改革计划》。这项改革的总目标是,转变教育思想,更新教育观念,改革人才培养模式,实现教学内容、课程体系、教学方法和手段的现代化,形成和建立有中国特色社会主义高等教育的教学内容和课程体系,落实《中国教育改革和发展纲要》提出的“质量上一个台阶”的目标,培养适应 21 世纪需要的社会主义的建设者和接班人。在此背景下,教育部于 1997 年颁布实施《普通高等学校体育教育专业本科专业课程方案》,在该课程方案中明确提出体育教育专业本科专业的培养目标为:“培养适应我国社会主义现代化建设的实际需要,德、智、体全面发展,具有良好的科学素养,掌握体育教育的基本理论、基本知识和基本技能并受到体育科学研究基本训练的体育专门人才。”(国家教委,1997)我国目前各地的体育院系现行的体育教育专业教学计划的培养目标都是以此为依据进行设计和确定的。2003 年教育部颁布新的《全国普通高等学校体育教育本科专业课程方案》,并决定从 2004 年新学年开始在全国普通高等学校(含综合大学、师范院校、体育院校)体育教育本科专业中施行。这一尚未开始实施的课程方案的培养目标表述为:培养面向现代化、面向世界、面向未来,适应我国社会主义现代化建设和基础教育改革与发展的实际需要,德、智、体、美全面发展,专业基础宽厚,具有现代教育观念、良好的科学素养和职业道德以及具有创新精神和实践能力,能从事学校体育与健康的教学、训练、竞赛工作,并能从事学校体育科学研究工作、学校体育管理工作及社会体育指导等工作的多能一专体育教育专业复合型人才(教育部,2003)。

**3. 课程设置**

我国四年制本科体育教育专业各类课程规定为 2 600～2 800 学时。专业课分为必修课、选修课、教育实践和毕业论文。专业必修课分为核心必修课和一般必修课,共约 1 248 学时(78 学分)。核心必修课包括人体解剖学、运动生理学、体育保健学、体育心理学、学校体育学、田径、体操、球类、武术 9 门,学时约 864 (48 学时)。一般必修课约 384 学时(23 学分),课程包括运动生物力学、体育统计、体育测量、运动生物化学、健康教育、体育史、体育概论、体育科研方法、中学体育教材教法、其他球类(除篮球、排球、足球外)、健美操、舞蹈、区域运动项目 13 门课程中任选 8～9 门。选修课约 768 学时,占专业课学时的 36%,选修课又分为系列选修课和任意选修课两部分。系列选修课约 512 学时(29 学分),分为 3 个系列:第一系列为技术课程,共列出篮球、排球等 10 门,要求学生必须选修一主三副 4 门课程,主修课程 256 学时(16 学分),辅修课程 144 学时(9 学分);第二系列主要是公共选修类课程,约 8～12 学分;第三系列跨学院选修类课程约 6～8 学分,由各校根据实际情况开设专业任选课和跨专业任选课。实践环节包括入学教育、军训、劳动教育、社会调查(实践)、教育实践、毕业论文写作、学术活动。教育实践分为教育见习和教育实习两种,时间 10～12 周,其中见习 1～2 周,实习 8～10 周。除此之外,还要开展一些其他社会实践活动,如组织运动竞赛裁判工作、指导社区健身活动、课余锻炼与辅导等工作,使学生在体育教学、组织体育活动、社会体育指导等方面工作的综合能力得到加强。毕业论文 8～12 周。

### (三)体育教师任用制度

我国目前的中小学教师,由于正处在社会大变革与教育整体改革、中小学校校内管理体制改革之中,从教师的任用方式上来说,存在多元化的特点。我国在建国以来很长一段时间使用的是教师派任制,从 20 世纪 80 年代开始试点并实施教师聘任制。自 1986 年开始,原国家教委颁布了《中小学教师考核合格证书试行办法》,对不具备国家规定学历的中小学教师,经过培训、考核后,颁发《教材教法考试合格证书》或《专业合格证书》。1986 年《义务教育法》规定建立教师资格证书制度。1993 年 10 月 31 日通过《中华人民共和国教师法》,并于 1994 年 1 月 1 日起开始施行。1995 年 3 月 18 日《中华人民共和国教育法》通过。为了提高教师素质,加强教师队伍建设,首次以国家法律的形式,明确规定国家实行教师资格制度。依据《中华人民共和国教育法》和《中华人民共和国教师法》,国务院 1995 年制订并发布《教师资格条例》,条例规定:中国公民在各级各类学校和其他教育机构中专门从事教育教学工作,应当依法取得教师资格。《教师资格条例》为实施教师资格制度提供了法律依据。1996 年 1 月教育部下发《教师资格认定的过渡办法》。至 1997 年底,完成了 1993 年 12 月 31 日在各级各类学校从事教育教学工作人员的教师资格过渡工作。1998 年 4 月至 1998 年底教育部在上海、江苏、湖北、广西、四川、云南 6 个省(区、市)的部分地市进行教师资格认定试点工作。2000 年 9 月 23 日教育部颁布《教师资格条例实施办法》，教师资格制度在全国开始全面实施。除上述法律文件外，原国家教委和国家体委还于1990年联合发布了《学校体育工作条例》，专门对体育教师的工作职责与权益进行规定。目前体育教师的任用一般遵循以下程序：具备相应学历要求和学位证书的体育师范生与应聘学校双向选择，学校对师范生进行考查并签订聘用合同，学生在正式从事学校体育工作前原则上还要先通过有关部门组织的考核与审查后获得教师资格证书。

### (四)体育教师继续教育制度

从1999年开始，根据国务院批转的《面向21世纪教育振兴行动计划》，我国开始启动一项以1 000万名中小学教师继续教育为主要内容的“跨世纪园丁工程”。1999年9月，教育部在上海召开全国中小学教师继续教育和校长培训工作会议，对这一跨世纪的继续教育工程的全面启动和具体实施作了动员和部署。会议期间，教育部正式颁发《中小学教师继续教育规定》(此后又颁发了《中小学校长培训规定》)。这是我国中小学教师继续教育工作的第一个全国性法规，标志着教师继续教育工作逐步走上法制轨道。与此同时，教育部印发了《中小学教师继续教育工程方案》和《关于实施“中小学教师继续教育工程”的意见》。目前，我国继续教育培训主要依赖于教育学院或教师进修学院，同时还有各市相应建立的教育教研室。中小学教师继续教育的内容主要包括：思想政治教育和师德修养；专业知识及更新与扩展；现代教育理论与实践；教育科学研究；教育教学技能训练和现代教育技术；现代科技与人文社会科学知识等。中小学教师继续教育分为非学历教育和学历教育，非学历教育包括为新任教师在试用期内适应教育教学工作需要而设置的新任教师培训、为教师适应岗位要求而设置的教师岗位培训、对有培养前途的中青年教师按教育教学骨干的要求和对现有骨干教师按更高标准进行的培训等。学历教育为对具备合格学历的教师进行的提高学历层次的培训。参加继续教育培训的主要方式有全脱产培训、半脱产的短期集中培训、不脱产的假期培训，以及夜校、校本培训等。

## 二、体育教育专业人才培养方案研究

高等院校体育教育专业人才培养方向关系到未来我国体育事业发展的前途与命运。在我国目前现行的体育教育人才培养模式的条件下，培养什么样的人才，怎样培养，以适应我国后奥运时代社会对体育教育事业的发展需要，是我国当前高等院校面临的主要问题。将国内外关于体育教育人才培养的主要观点总结并进行探讨与思索，深入研究我国体育教育专业现行人才培养模式对我们今后进行体育教育教学改革、建立优质的人才培养模式，培养社会所需体育人才、输送优秀体育人才、直面我国未来体育教育的生存与发展具有积极的理论和现实意义。

### (一)体育教育专业培养目标的研究现状

培养目标是国家依据教育目的的总体要求和不同类型教育的性质与任务，对受教育者提出的特定规格标准，是专业设置的基础。专业的培养目标规定了该专业所培养的人才应达到的要求，是人才培养工作的出发点和归宿。伴随高等教育的快速发展，历经社会变迁，我国传统的体育教育专业培养目标，已经不能适应社会的需要，且已经引起国家教育部和国内专家的高度重视，并进行了大量深入的研究。

#### 1. 关于培养目标定位依据的研究

王飞(2009)在《对我国本科体育教育专业培养目标的思考》一文中总结了我国现行本科体

育教育专业所存在的矛盾和可能导致的负面影响，提出了培养目标定位应考虑到社会需求、体育专业的发展规律、学生身心发展规律以及中小学、特殊人群体育教育可持续发展等因素。刘红等(2003)在《21世纪体育教育专业培养目标及规格要求确定依据的探讨》一文中将培养目标确定的依据总结为以下7个影响因素：党和国家的教育方针，国家高等教育的任务，我国经济社会发展需要，我国体育事业、学校体育事业发展的需要，我国教育改革与发展趋势，学校教育对教师的基本要求以及师资培训中存在的问题等。袁野等(2002)则在《高校体育专业教育培养目标与中学体育教学适应性》一文中将体育教育专业培养目标定位的依据除与本学科建设需要、专业目标市场需要等相关外，还应考虑到适应中学未来体育教学关注学生身心发展、体育知识技能获得以及思想品德培养等多元化发展的要求。

分析上述观点，我们认为，我国目前体育教育专业人才培养目标定位的依据有两个主要因素，其一是我国学校体育事业发展的需要，其二是我国社会体育市场发展的需要。

**2. 关于培养目标重新定位的研究**

鲁国斌(2003)在《我国人口结构变化对体育教育专业培养目标的影响》一文中提出了"体育教育专业培养目标必须彻底由'专门型'教师培养目标向'复合型'教师培养目标转轨"；欧岳山(2008)在《体育教育专业培养目标设置的溯源与思考》文章中写道"体育教育专业人才主要是面向基础教育中的学校体育，培养能胜任学校体育工作的教育、教学、训练、竞赛和学校体育管理、科研以及社会体育指导的能力"。

王胜利(2002)在《浅论高等体育教育专业培养目标的重新定位》一文中写道："高等体育教育专业必须适应社会主义市场经济体制的规律，对人才培养的目标重新定位。改变只培养中学体育师资的单一定位模式，努力培养德、智、体全面发展的复合型体育专业技术人才。"培养目标的重新定位还要追溯到我国社会主义市场经济体制的变化与发展。由于改革开放以来，特别是进入21世纪，我国社会经济生活各个领域都发生着深刻变化，这势必对教育事业的发展产生巨大的影响。

随着我国社会主义市场经济体制的建立与完善，原有体育教育专业人才培养模式受到极大的冲击，体育教育专业人才培养对教育理念、教育规模、教育质量、教育结构、教育效益都有了新的要求，人才培养目标毋庸置疑需要重新定位，以满足社会发展对体育教育人才的多元化需求。2003年教育部印发的《全国普通高等学校体育教育本科专业课程方案》中将培养目标规定为："培养能胜任学校体育教育、教学、训练和竞赛工作，并能从事学校体育科学研究、学校体育管理及社会体育指导等工作的复合型体育教育人才。"

**3. 关于培养目标与课程设置关系的研究**

董国永(2006)在《试论我国体育教育专业的培养目标与课程设置》一文中写道："我国体育教育专业培养目标存在一定的问题，与社会需求有一定的偏离；课程设置不能很好地反映培养目标的要求。社会需求是培养目标确立的前提，培养目标是课程设置的方向，课程设置是人才培养的保证。"彭贻海等(2003)在《论体育教育专业培养目标、课程设置及社会需求的相互关系》一文中分析培养目标、课程设置、社会需求三者之间是相互制约、相互协调、共同发展的关系，且培养目标和课程设置紧密相关，培养目标决定课程设置，课程设置反过来影响培养目标。三者辩证而言为社会需求是前提，培养目标是方向，课程设置是保证。

### (二)关于体育教育专业课程设置的研究

"高等体育院系课程设置是培养体育专门人才的基本模式，课程设置合理则是实现培养目标的根本保证。”伴随我国高等教育的高速发展和高等体育教学改革的深入，高等体育院系在发展过程中面对新问题、新挑战，从教学内容、管理体制、专业设置等诸多方面着手进行了一系列大胆而深入的探索和改革。但从各院校的改革情况看，课程建设这项工作是相对薄弱的环节，正如上文所言，“课程设置是人才培养的保证”。课程设置直接影响培养目标的实现，因此，系统地抓好课程建设是我国高等体育教育教学改革的中心与重心。

**1. 关于课程设置的探讨**

黄汉升于1990年在《21世纪中国高等体育院系课程设置的研究》一文中将我国21世纪高等体育院系课程设置的发展特点和趋势总结为以下15个方面：①体育课程体系科学化；②体育课程内容现代化；③体育课程交流国际化；④体育课程研究队伍专家化；⑤体育课程实施个体化和处方化；⑥体育课程设置综合化；⑦体育课程设计整体化；⑧体育课程形式多样化；⑨体育课程教学手段现代化；⑩体育课程改革一体化；⑪体育课程组织序列化；⑫体育课程结构立体化；⑬体育课程社会化；⑭体育课程搭配合理化；⑮体育课程评价标准化。

陈鸣等(2002)在《论高校体育教育专业的课程设置》一文中将课程设置改革思路优化为：课程设置要注重素质教育的整体育人效应，课程设置要适应体育社会化的发展趋势，课程设置要促使学生体育能力特长的发展，课程设置要增强科研创新的学术成分，课程设置要满足学生的择业需求。

黄汉升、季克异(2003)在《我国普通高校本科体育教育专业课程设置的调查与分析》一文中“调查和总结全国60所普通高校体育教育专业本科现行教学计划，以课程开设的总门数为切入点，对各院系现行本科体育教育专业的课程设置进行分析，总结概括当前我国普通高校本科体育教育专业课程设置的特点”。指出：体育教育专业培养模式应实行“通才教育和专才教育结合、人文教育与科技教育相互融合”“增加教师职业技能课程内容”“专业课程内容综合化”“开设新型课程”“开设特色专业课程”等发展趋势。

**2. 关于课程设置改革的研究**

龚德贵等(2003)在《社会转型期我国“高师”体育专业课程设置改革与探索》一文中提出我国高师体育专业课程设置的基本思路是：①突出师范特点，丰富教育专业课程；②拓宽普通文化课程，加强文理渗透，强化通识教育；③精选学科专业课程，跨专业选课，形成通融性专业课程结构；④调整各课程模块的比例。

杨湘、刘春光(2004)撰写的《高校体育教育专业课程设置的调查分析》一文通过分析对比国内外体育教育专业课程设置的情况，建议：应大幅度增开选修课，尽量减少必修课，降低教学总时数，以给学生尽可能多的自由学习时间，以人为本，促进学生的个性发展；课程设置的改革应面向市场，为市场经济服务。

龚德贵等(2001)在《体育院校体育教育专业课程体系改革研究》一文中提出课程体系改革的基本思路要以我国和世界科学技术、体育运动当代发展成就、经济和社会发展的总体需要为参照，以学科特点和学生的认知规律为依据，围绕培养厚基础、宽口径、高素质、强能力、广适应的人才为目的，深入研究，认真讨论，对原有的课程体系进行重新设计、重新构建，以加强课程之间的内在联系和衔接，拓宽课程体系的覆盖面，增强课程体系的完整性为目标。

龙建新、谭洁(2004)在《普通高校体育教育专业课程设置改革部分问题探析》一文中建议：根据培养目标大力改造技术教育课程，重视选修课的规范，加强地方课程的开发，突出地域特色。从上文中我们可以发现，“厚基础、宽口径、高素质、强能力、广适应”的“复合型体育人才”

是当前我国体育教育专业课程体系改革与发展的核心方向。

### (三)关于体育教育专业人才培养模式的研究

体育院系体育教育人才培养方向关系到未来我国体育教育事业发展的前途与命运。在我国目前现行的《全国普通高等学校体育教育本科专业课程方案》和《全国普通高等学校体育教育本科专业教学计划》的指导下，如何深化改革我国体育教育专业人才培养模式，培养以适应社会转型、经济发展及体育教育事业的发展需要的体育教育人才，是我国高等院校必须解决的主要问题。

李仪等(2003)在《新世纪高等体育教育专业人才培养模式的研究》一文中提出“高素质多元复合型体育人才培养模式”的概念，并将其方向性特征主要涵盖为适应社会需求的“通用性”、人才素质的“全面性”、知识能力的“实用性”、拓展新专业的“可塑性”。文中进一步阐释了高素质多元复合型人才的教育体系新模式：一个使培养的学生主修一个专业，达到规定层次质量和水平的要求，同时培养其多个副修专业的知识与能力，使其既能从事体育教师的主体工作，又具有胜任其他“多选一”专业的体育相关领域工作的能力，最终构建一个一主两副自由任选为框架的、各因素间相辅相成的、有机联系的教育体系新模式。左新荣等(2004)在《体育教育专业教学计划改革中“多能一专”的理性思考》一文中则对现代教育理念“厚基础、宽口径”的局限性、现代教育理念的“多能一专”与培养方向的局限性、传统理念中“多能一专”的可接受程度 3 个问题一一进行了思考和分析。

刘芳、杜朝辉(2006)在《高校体育教育专业人才培养模式的探索与研究》一文中总结道：通过优化课程体系，扩大知识容量，突出专业优势，确立核心课程，加强基础课程建设，拓宽选修课程，提高教师的综合素质，努力探索多种形式的育人途径，体现人才培养的多样化，树立规模、结构、质量和效益统一协调的全面发展观，构建具有特色的高校体育教育人才培养模式。

王刚、杨军(2004)在《高等体育院系人才培养途径的新思考》一文中提出了高等体育院系应面向社会需求、改革课程设置、增加基础学科和实用学科建设、加强高质量师资队伍的建议，走结构、质量、规模、效益协调发展之路。

于振峰等(2006)发表的《21 世纪初期中国体育教育专业人才的培养模式》一文对 21 世纪初期中国体育教育专业人才培养模式及理论进行了研究。指出当前中国体育教育专业人才培养模式存在着必修课多，选修课少；公共课、专业基础课比例偏低，专业课比例偏高；学科比例偏低，术科比例偏高；专业知识相对比较薄弱；教师教育理论和实践严重脱节和二元分离的缺陷。进而提出了通过自学教学法、建构主义教学法、范例教学法和案例教学法来培养 21 世纪初期我国体育教育专业人才。

戴健(2007)立足上海体育学院，在《上海体育学院“知识、能力、人格”三位一体的人才培养新模式》一文中从教育范围、内容、手段和目的等方面入手剖析吴蕴瑞体育教育思想中的教育全面发展观，并且在充分利用吴蕴瑞体育教育思想和“上体精神”的文化资源，继承优良办学传统，遵循“五个一”的工作思路的基础上，积极探索上海体育学院“知识、能力、人格”三位一体人才培养的新模式。

刘杰、张红霞(2006)在《构建体育学类“大平台-宽口径”人才培养模式的探索》一文中指出：“在多个体育专业共存的背景下，应对各专业进行整合，建立‘大平台-宽口径’的培养模式。”纵观上述对人才培养模式的研究、分析与探索，我们认为：文章中关于人才培养模式的改革与构建其核心内容依旧是培养“高素质多元复合型人才”。

### (四)体育教育专业人才培养模式的比较研究

黄汉升、林顺英(2002)在《体育院系课程设置:国际比较》一文中对 14 个国家和地区体育师资培养计划中课程设置特点进行了研究,分析了国外体育师资培养中课程设置的现状与趋势,介绍了一些国家在培养体育师资方面的经验。

窦红(2007)在《中、美体育专业人才培养的比较研究》一文中对我国体育教育人才的培养目标、人才规格、课程设置及教学评价等方面进行了中、美比较研究。

黄汉升、季克异(2003)在《大陆、台湾、香港高校本科体育教育专业课程方案比较》一文中对国内及台湾、香港地区高校本科体育教育专业课程方案进行了比较分析,旨在找出三地在课程设置上的特点,以期更好地借鉴两地的经验,进一步完善我国普通高校本科体育教育专业课程方案,推动和促进高等学校体育教育专业教学内容和课程体系改革的深化。

于振峰、王晨宇(2004)在《中外体育教育专业人才培养模式比较研究》一文中对我国体育教育人才与国外先进国家体育师资培养模式进行了对比。目前,世界发达国家的体育教育人才培养多采用发展模式、终生模式、中小学联合大学培养的模式,而我国在体育教育人才培养模式中,多采用训练模式、一次性模式、大学为主的培养模式,这显然已经不能适应我国体育教育事业发展的需要。

以上关于人才培养模式的比较研究中陈述了国内外各种体育教育人才培养目标、专业课设置、人才规格、教学评价等人才培养模式的相关内容,旨在为我国建立适应当前社会市场经济体制的体育教育人才培养模式提供借鉴。

## 三、现阶段体育教育专业人才培养方案制订

我国是一个疆域宽广、自然资源丰富、区域文化差异较大、人口众多的国家。体育资源呈现出多样性,体育活动的开展形式具有地域性特点。因此,我国体育教育专业的课程改革应具有地方特色,特别是地方性本科院校的体育教育专业的课程改革应立足地方,服务当地经济的发展与文化的需求。2007 年 11 月,在浙江宁波召开了全国地方本科院校改革发展高端论坛,会议提出:“地方本科院校办学定位应坚持特色和错位发展的办学思路;地方本科院校学校人才培养应高举应用型人才培养的旗帜;地方本科院校内涵发展应加强学科建设,深化教学改革。”(王峰等,2011)地方性本科院校紧密联系地方,服务地方,构建学院特色品牌已经成为一种潮流。

### (一)制订培养方案的基本思路

专业人才培养是一个具有严密科学内涵的系统工程。这个系统工程从纵向观察,由上至下可以包含 4 个基本层次(唐宏贵等,2011)。其中,第一层为专业人才定位,即专业人才的职业定向、人才培养规格、人才培养层次和人才培养水平定位等,它是人才培养的顶层设计;第二层为专业人才培养方案,包括专业人才培养目标、指导思想、课程设置、课程结构、学时安排等,它是人才培养的决策思维;第三层为专业人才培养的实施过程,包括课程建设(教材、技术与理论)、教学过程(教、学、传播媒介)和养成教育等,这是人才培养的实施过程;第四层为专业人才培养质量评估与监控,如用人单位的反馈意见、学生质量调查、就业率等(图 4-1)。由此看来,培养方案居于人才培养系统的第二层,上达人才培养系统的顶层设计,下接整个人才培养实施过程以及质量监控体系,具有承上启下、引领实践的基础性作用。

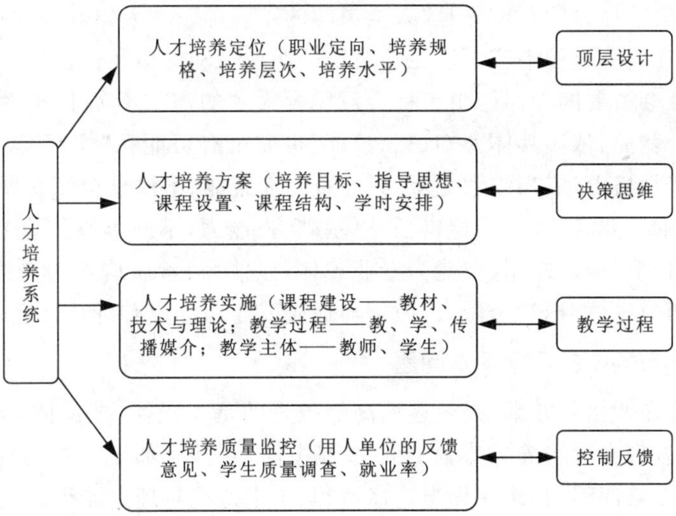


图 4－1　人才培养系统构成图

在人才培养方案中，培养目标处于核心位置。一方面，各种人才的培养措施，都是为了实现预期的培养目标，即培养适应社会所需要的各类人才。而培养目标的定位，归根结底取决于社会需要，同时也受到专业和学科发展水平的制约。另一方面，培养目标又直接制约着课程体系的设置、教材体系的构建、教学体系的实施和教师队伍的培养等。当然，要制订好科学实用的培养方案，还要考虑是否拥有足够的教育资源。只有切实解决好以上诸方面的问题，才能真正制订出科学合理的培养方案(图 4－2)。

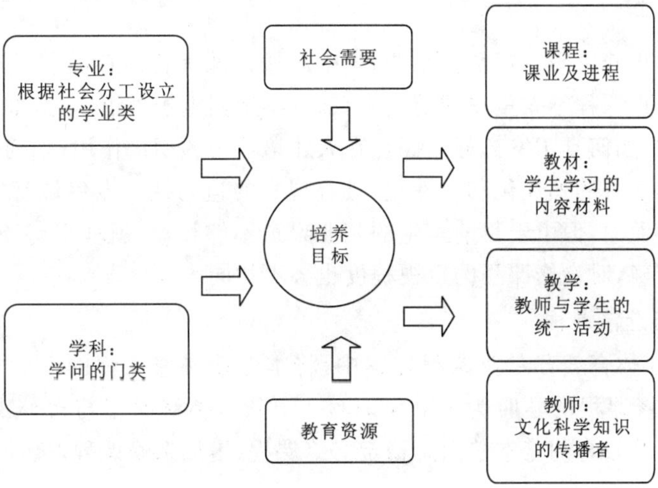


图 4－2　培养方案内部结构示意图

教育部 2003 年颁布的《全国普通高等学校体育教育本科专业课程方案》明确指出："本专业培养能胜任学校体育教育、教学、训练和竞赛工作，并能从事学校体育科学研究、学校体育管理及社会体育指导等工作的复合型体育教育人才。"这就说明，本专业以培养各级各类体育师资为基本目标，本专业学生必须掌握职业活动需要的体育操作技能。然而，仅有专业技能还不够，当代学校教育要求体育师资首先是“人类灵魂的工程师”和“人体健美的塑造师”，是教书育人的实践者，因而在培养过程中应当广泛渗透教师职业活动的多元性知识。同时，“复合型”是本专业学生适应社会需要的利器。由于社会对体育人才的需求不断上升，哪怕学生在体育师资岗位上不能充分就业，依赖其体育知识和技能，也完全有可能在“体育”岗位上就业。因此，本专业在人才培养规格上，应当注意克服“只注重专业技能、不注重全面发展”的偏向，坚持“文理兼修多专多能”的专业特色，坚持宽口径、厚基础、强能力，不断丰富体育专业人才培养的内涵；在人才培养目标上，应以知识、技能为专业载体，以能力、素质培养为最终目标，坚持知识、技能、能力、素质四位一体，把学会做人、做事与适应就业和创业有机结合起来。

### （二）制订培养方案中的几个基本问题

制订体育教育专业培养方案，必须遵循高等教育的基本规律，把握体育人才培养的特点。一般而言，在体育教育专业培养方案制订的过程中，必须涉及如下一些与课程体系相关的问题，即通识课程与专修课程、必修课程与选修课程、技术课程与理论课程、专长课程与普修课程以及传统课程与时尚课程的关系等问题，对这些问题的破解，具有一定的挑战性。

#### 1. 通识课程与专修课程

通识课程又称公共课程，或称思政课＋综合素质课，是涉及到人类文明中最根本、最重要和最不可缺少的素质和人格培养知识。在我国，通识课程主要涉及传统意义上的思想政治课程以及语言类、计算机类相关领域的知识。国家教育主管部门对本专业通识课程（公共课）有专门的规定，并规定总学时为 720 学时。该类课程具有典型的中国高等教育特色，是培养专业人才的基本训练课程。专修课程则是专业人才培养赖以生存发展的基础课程，其课程体系的门类和学术水平，是专业发展成熟的标志，也是经专业培养的大学生适应社会竞争需要的有力武器。

从目前本专业培养方案运行情况来看，学生对通识课程普遍存在着较严重的畸轻畸重现象。在总体上对通识课程不太重视的情况下，部分学生偏重于外语学习，部分学生偏重于计算机学习。这就说明，如何真正发挥通识课程在人才培养中的积极作用，如何促进通识课程的实用化以及课程内容学时的弹性化和个性化，具有现实的迫切性。专修课程对大学生职业能力培养的重要性不言而喻，但由于目前学生的就业渠道不够畅通，就业形势不够明朗，造成学生的学习目的不够明确，对专修课程的重视程度也各不相同。

#### 2. 必修课程与选修课程

教育部 2003 年体育教育专业课程方案中，将本专业必修课程的学时规定为 1 126 学时（60 学分），专业选修课程的学时为 880 学时（50 学分），必修课程与选修课程的比例大约为 5.6∶4.4。当代高等教育的基本趋向是稳定必修课程、增加选修课程，这种趋向在各方案中表现得十分明显。

必修课程大都为专业主干课程，对于体育教育专业学习最为重要，应当列为必修课程，即技术课中的田径、体操、健美操、武术、大球 1 项、小球 1 项；理论课中的运动解剖学、运动生理学、运动保健学、学校体育理论、教育学课程。选修课程为专业拓展课程，是根据学生个人意愿而自由选择的课程，与素质、人格培养和社会需求有关。如理论课中的运动心理学、体育统计学、运动生物力学、运动生物化学、运动训练学、体育概论、体育健身学等，技术课中其他球类、游泳、攀岩、定向、毽球、跆拳道等。

具体做法是：从总体上控制必修课的课程门类和课时总量，督促学生学精、学深，而将其他课程列入选修课程菜单提供给学生，让学生真正享有这类课程的选择权利。这样，学生自己主动选择了某门课程，就会认真对待和认真学习，少数学生中存在的厌学态度和“逃课”现象就会大为减轻。因此，应当在保证必修课程的前提下适当扩大选修课程。同时，必修课程需要强调整合，选修课程需要强调多样化。

**3. 技术课程与理论课程**

技术课程与理论课程（即术科与学科）的划分，是体育教育专业特有的课程划分方法，也体现出体育类专业的课程特点。在本专业学生的专业训练中，有必要强调学习领域的实践性质。体育运动具有丰富的操作性、技艺性、表现性和直观性，没有这些特性，也就丧失了体育和体育专业存在的价值。因此，应当把技术课程放在极为重要的位置上，在学时比例上给予充分保证。同时，体育教育专业以培养体育师资为己任，带有明显的师范性质，教师的理论训练是必不可少的。体育教育专业学生与运动员的培养目标有很大的不同，那就是对理论知识和综合素质的要求比一般运动员要全面得多。因此，将术科与学科二者的比例控制在合理范围内，是培养方案制订中不能回避的问题。

从20世纪80年代到2003年教育部颁布的5套课程方案中，似乎有一种偏向，即过分强调理论课程而对技术课程重视不够。比如，从1980年“课程方案”中技术课程与理论课程的比例基本持平，到了2003年，理论课程的比例竟达到60.8%，技术课程却只有39.2%，20多年来理论课程大约增加了11个百分点，而技术课程却减少了一成多。但由于当前我国生源的原因，很多学生在高中甚至高三时期才从事体育，运动基础薄弱，加之在大学由于运动场地、设施的匮乏，教学术科时数不够等原因，很容易形成学科与术科“两头”都不强的现象。当然，保证技术课程的学时，是同该类课程的教学改革联系在一起的，在技术课程教学中，要克服长期存在的“竞技中心主义”和“学科中心主义”倾向，加强能力培养、教法研究和学习指导，真正把专项教学发展到专业化教育的科学轨道上来。

**4. 专长课程与普修课程**

技术课程中专长课程与普修课程之间的关系也是长期以来争论不休和见仁见智的问题。所谓专长课程，即本专业学生通过专业培养和自身条件，在个别项目中运动能力突出和专业水平较高的实践课程，或理论学科中的优势课程。专长课程因人而异，各有各的专长，有更多的学时保障。由于几十年来专业人才培养的积累，体育院校与一般师范院校相比较，在专长课程方面具有优势，这已为业内所公认。所谓普修课程，则是大学生适应教师职业需要所必须具备的多项运动技能和理论课程。由于体育教师担任着多种体育课程教学和全面育人的任务，有必要掌握适应体育教学所需要的广泛的体育项目知识和技能。因此，正确处理好专长课程与普修课程的关系显得极其重要。

在培养方案制订的过程中，一种创新思维是将专长课程由原来的“一专”合理设定为“二专”，即使学生担当两个运动专项课程的学习和训练。其中，第一专项是学生本人所具备的运动优势项目，或是原先在中小学阶段所重点形成的体育运动优势项目，反映出体育技术训练中的核心竞争力。而设置第二专项的目的，则是灵活地反映学校体育课程改革的现代趋向，紧扣时代脉搏和社会需要，提高学生的适应能力，便于学生因势转轨和另辟蹊径。从目前的社会反馈意见来看，社会对“二专”设置构想和实践持充分肯定的意见。同时，在实践中还应当注意提高学生对普修课程的重视程度，防止专长课程学习面过窄而缺乏社会适应力的偏向。

**5. 传统课程与时尚课程**

传统课程，是指那些在体育教育专业培养体系中较为稳定并逐渐形成传统的体育技术课程。时尚课程，即随着社会发展和时代进步而逐渐开展或拓新的体育项目课程。由于体育运动生活化步伐的加快和现代人体育生活方式的确立，时尚运动项目在我国得到了极大的发展，许多过去称之为贵族性的时尚运动项目，正在逐步地回归到普通人群的生活中，并逐步演变成体育课程。任何一种专业培养方案都会存在传统课程与时尚课程的合理配置问题，人们需要保持传统的文化底蕴，同时也必须与时俱进和紧扣时代脉搏，既不离"源头"，又要有"活水"。

在传统体育课程中，占有主导地位的是田径课程和体操课程。田径运动是体育运动最基础的运动项目，它包含参加体育活动所必须具备的跑、跳、投掷等基本运动技能。然而，田径运动又较为枯燥，缺少像一般球类运动的趣味性和观赏性。传统体操课程基本上由一些竞技运动项目组成，这些运动项目由于其难度偏大而与普通中小学生渐行渐远。因此，对田径和体操课程，有必要对其进行改造创新，使其适合普通学生的体育活动需求。近年来在田径课程基础上发展起来的户外运动、定向越野、野外生活生存等课程，在传统徒手操基础上发展起来的健美操，为传统课程的现代性改造开辟了新路。

时尚课程是适应现代社会发展和学生个性培养的要求而开发的课程，如网球、高尔夫课程等。与时俱进地发展时尚运动课程，有助于提高体育在人们生活中的地位，促进体育运动生活化。许多时尚运动项目课程，由于其自身特点而得到广大体育教育专业学生的喜爱，成为确定运动专项时的首选运动项目。但是，学校毕竟不同于社会，时尚运动课程由于其受自身特点所限制，许多项目难以成为学生特别是中小学生的体育活动项目，更是难以成为体育课的教学内容。因此，对时尚项目必须有选择地加以利用，制订培养方案时要注意克服"跟风"和"赶时髦"的倾向。

### (三)小结

总体看来，改革开放 30 余年，我国社会市场经济体制逐渐发展成熟，社会处于转型过渡阶段，在此历史背景下，我国教育事业的发展受到社会转型与市场发展的巨大影响，体育教育自在其中，考虑到体育教育事业今后的发展，教育教学改革势在必行，特别是人才培养模式的变革显得格外重要，而就其培养过程中，培养目标的制订与课程的设置是人才培养模式改革的重中之重。

通过对近 10 年内相关文献的研究与分析发现，本时期关于人才培养模式的一系列探讨，其圆点是培养"高素质多元复合型人才"，出发点建立在培养目标的规定之上，而其发展的基础则是相关课程体系改革。主要体现了如下基本特色：第一，以社会需求为导向，瞄准现代教育和体育发展的前沿，不断完善专业教育体系和育人过程，努力培养适应时代要求和社会需要的应用型体育教育人才；第二，在重视基础理论、培养教育素养和发展全面能力的基础上，重点突出一两个运动专项的教学训练，使学生至少有一两个专项具有较高的运动技术水平和执教能力；第三，加强实践性环节，强化教育实习过程，注重培养学生具有宽厚知识、全面能力、创新思维和综合素质；第四，坚持以人为本，积极创造条件强化教学过程，努力为专业建设和学生发展提供优质服务。

当然，目前的培养方案在运行中也暴露出整合性、实践性和前瞻性不足的弱点，忽略了在深化课程体系改革的进程中建立适宜的操作模式，教学资源的开发利用缺乏新的举措，需要在实际教学中进行调整和优化。因此，进行体育教育教学改革，在对现行的体育教育专业人才培养模式研究现状进行分析与探讨、集各家所长、析现行之道的基础上，构建能够适应社会发展与市场需求的体育教育专业人才培养模式，并建立相应的操作模式。

## 四、体育教育专业的发展趋势

尽管世界各国的体育教师教育模式及其课程体系各具特色，在某些具体问题上也存在争议，比如欧洲的很多国家在体育教师课程模式是采用“整合模式”还是“分段模式”上就分成两派，但总的看来，发达国家的体育教师教育具有很多共同的特征和发展趋势。

**1. 推行教师专业化运动，凸显体育教师职业的“专业性”**

职业专业化是近现代社会的重要特征之一，目前世界各国纷纷兴起的教师专业化浪潮，极大地推动了体育教师教育新理念和新制度的建立。19 世纪末 20 世纪初，确认教师职业的专业性、推进教师专业化进程一直是有关国际教育组织和各国政府努力的目标，也是世界各先进国家当前教育战略的共同措施。1966 年联合国教科文组织（UNESCO）和国际劳工组织（ILO）在法国巴黎通过了《关于教师地位的建议》（以下简称《建议》）。《建议》对教师的职业明确指出：“应把教育工作视为专门性职业，这种职业是一种要求教师具备经过严格而持续不断的学习和研究才能获得并维持专业知识及专门技能的公共业务；它要求对所辖学生的教育和福利具有个人的及共同的责任感。”20 世纪 80 年代以来，“教师专业化”成为许多国家关注的中心和焦点主题之一。1986 年，美国卡内基教育与经济论坛的教学作为一门专业之工作小组公布了《准备就绪的国家：21 世纪的教师》的报告以及后来霍姆斯小组从 1986—1995 年连续发表的《明日的教师》（1986）、《明日的学校：专业发展学校设计之原则》（1990）、《明日的教育学院》（1995）3 个报告中都不断提及这样的观点：教师是一个专门职业，教学是一种专业。20 世纪 90 年代英国进行了教师主导型的学校改进运动，通过“反思性行动计划模式”（RAP）促进教师专业发展。日本 1987 年 12 月由文部省发表的《关于教师资质能力的提高方策》中也提出了类似的观点。1997 年丹麦国会颁布教师教育法律，强烈推进教师教育专业化运动，提高教师地位。在各国推动教师专业化运动的大背景下，体育教师职业所面临的机遇与挑战并存，教师专业化运动为体育教师提供了一次重新审视体育教师职业专业性并逐步建立和完善体育教师教育制度的机遇，而同时专业化后的体育教师职业必然承载着社会大众以及学生的更高质量的体育教育期望。

**2. 实行培养模式多元化，辅以严格的教师资格认证制度**

跳出“小师范”，走进“大教师教育”。从国际体育教师教育的趋势看，各国普遍打破了“学师范、当教师”这一职业定向模式，代之以“大教师教育模式”，即实现体育教师培养的开放化和多元化，以扩大体育教师队伍的来源。体育教师不一定非要出自师范院校体育教育专业，其他各类学校各种专业的毕业生只要有志于体育教师职业，通过多种培养模式的教师教育后就可应聘体育教师岗位。这样使得体育教师的选聘、任用范围更宽阔了，充分利用社会上的优秀人力资源，使体育教师群体与社会各专业人员群体之间、不同地区的体育教师群体之间都能进行良性的人才交流与互动，而且多样化的体育教师教育模式还有利于群体内部人员的发展与提高。由于社会上具有教师资格的人在年龄、所学专业、特长等方面各不相同，能够满足不同学校、不同地区对不同学科、不同年龄段教师的选择，从而有利于改善教师队伍学历、年龄、学科和地区分布等方面的结构，提高教师队伍的整体质量。在开放式的教师教育背景下，以推行教师资格认证制度把住教师入口关是全面提高教师素质的有效途径。在体育教师职业走向开放与流动的过程中，教师资格认证制度充当了必要的“过滤器”或“阀门”。通过资格认证制度肯定教师职业的专业性和不可替代性，规范教师的培养模式、评价方式和物质待遇，以确保教师的专业地位和专业权威，使人才培养的开放性与教师遴选专业性保持了必要的张力，保证了体育教师专业群体的良性发展。严格的教师资格认证制度有利于从源头上解决不合格体育教师问题，提高体育教师队伍的整体素质，是实现多渠道培养和聘任教师的重要环节和制度保障，有利于推动教育人事制度改革。教师资格认证制度的出现是社会分工多样化和随之而来的职业资格认证制度发展的结果。随着各国教师教育以及教师专业化的发展，教师资格认证制度具有更加深远的意义。

**3. 拓宽专业口径，深入健康教育领域**

体育教师教育普遍注意拓宽体育教师专业口径。专业放宽的实质在于增强人才的适应性，专业口径的拓宽或业务范围的扩大，为增强体育专业学生的适应性创造了十分重要的条件。然而从国外体育院系的具体做法来看，也不是片面强调那种广泛意义的包罗万象的“通才教育”，而是明确在多种职能中要以一种职能为主，体育教师专业学生除能充当体育教师外，还能竞聘健康教师岗位、社会体育指导员等岗位。拓宽专业口径是在一定的专业范围内对体育工作的适应面宽，而非对什么工作都能适应。在美国、加拿大、英国、日本等国家，体育教师专业一般都会被要求辅修健康教育专业。一方面，学生身心健康的协调发展是整个教育的核心任务之一，而且体育教育与健康教育有着天然的亲缘关系，体育教师辅修健康教育课程对体育教学无疑有着积极的作用；另一方面，就教师教育而言，体育教师培养与健康教师培养有着共同的或相近的专业基础课程，这其中包括生物学科、保健康复学科以及教育学科等。将体育教师专业的口径拓展至健康教育领域无疑是各发达国家体育院系非常成功的做法。

**4. 优化课程结构，重视学科融合并突出教育学科课程**

教师教育改革最根本的变化是由以“行为科学为基础”的教师教育转变为以“认知科学和质量之研究为基础”的教师教育，所期待的教师由过去“作为技术员的教师”变成“作为专家的教师”，相应教师教育的演变是由过去的“训练模式”(training)转变为“发展模式”(development)。体育教师也不例外。各发达国家在体育教师教育课程设置上不断进行着探索，并始终围绕体育教师职业的专业性不断优化课程结构。课程设置小型化与课题化，将原有的学科课程进行分解或整合，增加可供学生选择的课程门数，学生根据自己的需要进行选择，避免在知识膨胀的压力下不断增大总课时数；在教学管理上实行学分制，充分发挥学生的主体性和积极性，实行灵活管理，注重学生的差异；增大院系的课程决策权，使之可以灵活地根据自身的优势和特点开设课程，如在日本、美国、俄罗斯等国家的体育教师专业的术科课程中不仅开设常规运动项目，还开设了民族传统体育项目，并普遍重视开设健身、娱乐、休闲、医疗、野外生存等个性化课程。而在国外的体育教师专业课程体系中，教育学科课程进一步得到重视，这类课程不仅所占比重大，达到或超过总课时或学分数的 1/3，而且课程门类齐全，课程形式多样，而教育学院或教师教育学院与体育院系的合作培养模式无疑更能提高教育学科课程质量。

**5. 注重教育实习，强调教师教育机构与中小学的有效联系**

从世界各发达国家近些年针对体育教师教育的改革措施来看，进一步加强体育教育专业的教育实习比重，强调教师教育机构与普通中小学的有效联系是一个共同的发展思路。各国普遍认识到“学院主义”的纯理论的教师培养存在着很大缺陷，不仅学生感觉在校理论学习空洞无用，而且即使记住了这些教师教育者所倡导和讲授的知识和理论却仍然不会教学。无论是美国的“教师专业发展学校模式”、英国的“学校为本的教师教育模式”，还是新加坡的“理论-实践课程系统”（林燕平，2001），无不是着眼学生在校所学理论向教学实践的转化，强调学生在教学中学会教学。教师教育部门要落实学生的教育实践，就必须与普通中小学建立长期、频繁、有效的联系。20 世纪 80 年代中期以后，随着学校改革思潮和教师专业化运动的兴起，各发达国家都开始推行“以中小学校为基地”的教师教育模式，将教师培养的重心下移，强调教师教育机构与中小学校建立伙伴关系。这种培训模式强化了教师专业的实践性，加强了教育理论与教育实践之间的联系，即教师教育机构负责理论方面的培训，而学校则提供教育实践的场所，双方合作，共同完成培养师资的任务。

**6. 强化教师的继续教育，全面提高体育教师专业化水平**

教学水平无极限，教师教育无终点。现代教师培养体系无论多么完善，但它终究是个终结性的体系，它具有一定的时间限制，而继续教育体系是无限性的体系。对教师群体而言，继续教育是教师职业不断进步和发展的动力之源，是教师职业真正走向专业化的保障体系，而对于个体教师，他在其一生的教师职业生涯中，要胜任或者提高教育教学水平，他就会始终具有接受培训的潜在需求。特别是对于以“技艺性”为特征的体育课程，体育教师的身体状况以及体能状况是随着年龄的增长不断自然退化和下降的，如果单凭曾经运动水平如何来应对体育教学的话，显然是无法适应新时期体育课程与教学发展要求的。因此，体育教师的继续教育不单是一种获取学历补偿性的教育，也不单是一种获取从教的资格性教育，而是一种适应体育教师职业的提高性教育。

## 第二节 社会体育专业发展现状与趋势

### 一、国内社会体育专业发展现状

一切专业的开设，应该以需求为前提，包括社会的需求和本专业的发展需求。社会体育专业的开设同样离不开这两个条件的限制。我国已进入了全面建设小康社会的历史阶段，而改变生活方式、提高生活质量是小康社会的重要标志。体育是健康的生活方式，文明、健康、休闲的体育运动是提高生活质量的重要内容。随着经济水平的稳步提高，国民在物质生活得到满足的前提下，开始追求多元化、高质量的精神享受。

但中国的疆域辽阔，各地的经济发展水平很不平衡，地区差别很大，因此，社会体育的发展也各具特点，对人才的培养也存在不同的要求。在东部沿海和大中城市等经济发达地区，经济收入的增多、意识的增强、体育人口的快速增长，产生了庞大的体育消费群体，形成了潜在的体育市场，很自然地，社会对相关体育人才的需求就迫切。所以，从社会需求的角度来看，结合中国的国情，各高校在社会体育专业的办学过程中，应该根据各地社会体育的发展特点，办出特色，办出水平。如清华大学经济管理学院针对 2008 北京奥运高级体育经营管理人才奇缺的现状，与澳洲悉尼科技大学（UTS）联合培育体育 MBA 人才就是一个很好的例子；华南师范大学体育科学学院针对广东社会体育的发展趋势，以运动休闲作为社会体育专业的办学特色，成立了国内第一家运动与休闲学系，这也是很好的尝试。

在我国经济持续稳定发展的过程中，体育产业正在成为国民经济的重要组成部分，并发挥着其独特的作用。竞技体育的产业化捷足先登，已形成了一定的规模，取得了一定的效益。社会体育的产业化接踵而至，也显示了其广阔的市场空间和巨大的市场潜力，特别是随着全民健身活动的深入开展，"健康第一"的观念已深刻地影响着人们的生活，"花钱买健康"已成为人们的一种自觉行为，社会体育的发展呈现了前所未有的繁荣景象。但是，我国的体育无形服务市场的发展明显落后于体育有形产品市场，体育产业的经营管理理念亟待更新，经营管理人才奇缺，现有的政策法规对规范体育产业市场的运营和管理显得力度不够，因而形成了我国体育用品业先行发展的格局。从社会的发展对体育的要求看，社会体育专业的办学应着眼于中国体育无形服务市场的未来发展，培养高起点、高层次、高质量的专业人才。

社会化程度愈来愈高是现代体育发展的一个重要特征。随着社会主义市场经济在我国的深入发展，生活水平的提高和余暇的增多，加上体育意识的增强，我国体育人口呈现出快速增长的态势，因此，对运动场馆、专业人才的需求日益增多，也决定了体育必须改变过去福利型的做法，走经营型的路子，要培植体育市场，大力发展体育产业，按市场的规律来发展我国的体育。体育是社会文化的重要组成部分，随着东、西方文化的交融和碰撞，在继承传统东方文化精髓的基础上，西方文化的冲击也在逐步影响着人们的文化观念和内容，高尔夫球、网球、保龄球、汽车越野、野外生存等休闲运动项目的传入，"以人为本"新思维理念的出现，社会化、产业化体育发展新格局的形成，所有这些，极大地丰富了体育的文化内涵，人们对体育进行了多元化的思考，体育得到了多元化的发展，

然而，由于长期的重竞技轻群体，造成中国体育发展的失衡，社会体育明显落后于竞技体育，意识淡薄、无法可依、场馆不足、人才奇缺等成为制约社会体育发展的"瓶颈"。近几年来，随着《全民健身计划纲要》《中华人民共和国体育法》的颁布和实施，社会体育领域呈现了良好的发展势头，为了适应社会发展的需要，于 1995 年开始在高校设立社会体育专业，到目前为止，全国已有将近 70 所高校开设了社会体育专业，达到了一定的办学规模。但是，由于受观念、地域、办学条件等因素的影响，使得各高校在办学的过程中存在着很大的差异，有些甚至从培养目标、规格到课程设置，基本按照培养体育教师的模式来安排，无形中把社会体育专业办成了传统的体育教育专业，在办学目标上存在着迷茫的状况。

针对这种情况，如何明确我国社会体育专业的培养目标，更好、更快地为社会体育领域培养高层次、高质量的实用型人才，是目前国内社会体育专业发展亟待解决的迫切问题。

## 二、港、澳、台地区社会体育专业发展现状

运动休闲化、休闲运动化是当今社会体育发展的大势所趋。我国港、澳、台地区基本上都是以休闲为主线进行课程设计。20 世纪 90 年代，台湾一些高等院校为了满足社会日益增长的社会体育人才需求，推动体育运动内涵的拓展，纷纷调整体育专业的办学思路，相继开设了运动与休闲方向的专业。到 2003 年止，台湾的 150 余所大学中，已有 47 所开设了运动与休闲方向的院系，涵盖了与休闲密切相关的运动、管理、观光、康复保健等领域，形成了不同层次的培养规格。

20 世纪 70 年代台湾经济的快速发展，台湾一跃成为亚洲"四小龙"之一，这为休闲运动的发展奠定了雄厚的物质基础。随着民众双休日对健康休闲生活需求的增长，台湾当局制订了

一系列对体育、健康及休闲计划的推动措施。其目的在于落实全民体育，提升民众体能，促进台湾民众休闲活动的开展。从而推动了台湾地区运动与休闲教育的发展。

20 世纪 80 年代中后期，台湾当局、民众、工商界对运动与休闲活动的互动支持，推动了台湾运动休闲服务业的蓬勃发展。一方面，加大了公益性休闲运动设施的投入，发展观光设施，倡导民众积极参与登山、攀岩、海水浴场、漂流、蹦极、草地滑板、急速运动、自行车、滑雪等休闲运动。同时，通过设立专门机构积极推广休闲运动，制订"阳光健身方案""运动人口倍增计划"等方案，开展了"阳光健身计划系列活动""社区体育总体营运"等活动，积极参与到运动产业的规划和运作中来。另一方面，台湾的经济体制决定了民营和私人企业直接面向运动产业市场，他们踊跃投资休闲运动产业，如健身俱乐部、高尔夫球场，多功能运动休闲中心等。这些种类繁多的休闲运动场所在进入广大民众生活领域的同时，也带来了对各院校运动与休闲教育专业人才的巨大社会需求。

台湾地区运动与休闲专业院系名目众多，如"运动与休闲学系""休闲事业管理学系""运动健康与休闲学系""运动与休闲教育研究所"等。在培养目标上呈现多元化特征，在课程规划上突出了休闲领域的课程规划，包括对休闲、娱乐、游戏、健康养护、人类服务的理解，也有运用休闲和运动原理进行有关休闲活动的策划和规划、需求评估、人力资源管理、设备管理、营销管理、财政管理、公共关系、职业沟通、立法等方面的课程。台湾高校运动与休闲教育在借鉴美国培养经验的基础上，强调博雅的通识教育，将"造就整个人格"的理念贯穿在专业核心课程与选修课程等方面，形成了运动与休闲学科群(表 4－1 至表 4－3)。他们在人才培养的过程中非常注重与社会资源的密切配合，积极与知名企业和机关团体合作，为学生的能力培养和未来创业、就业打下良好的基础。

**表 4－1　国立台湾体育学院休闲运动学系课程设置**

| 专业名称 | 培养规格 | 专业特色 | 课程设置 |
|---|---|---|---|
| 休闲运动技术专业：落实专长训练，选手竞赛成绩提升的目标<br><br>休闲运动指导专业：迈向教练、指导人员养成，领导训练，证照资格完成的目标<br><br>休闲运动管理专业：休闲运动组织、经营管理之理论探讨及实务研习为目标<br><br>休闲运动公关专业：休闲运动相关之媒体信息研究，配合各事件推展所需的公关技术学习为目标 | 1. 培养休闲活动经营管理人才<br><br>2. 培养社区全民运动指导人才<br><br>3. 培养工商企业员工运动及休闲活动管理及指导人才<br><br>4. 培养各级运动及休闲社团领导人才 | 1. 课程系统化：将休闲运动按照类别、难度、普及度作区分，编列各年级之课程及教材需系统化，符合高等教育之规模体制<br>2. 教学专业化：兼顾学科、术科及术科专长之培养，由教师指导学生实际参与休闲运动项目，并观摩专业人士之技能与经验，使校内与校外教学融为一体<br>3. 教学设施普及化：专长训练、体适能训练均针对个别不同的设备需求，配合各项教学逐步添购器械及用品，补强教学设施之功能，使每位同学都能分享教学资源 | 全人教育的课程设计<br>1. 共同必修学科：分为语文学群、哲学与思想、文学与艺术、应用外语、科技与生态、历史与社会等领域，作为休闲运动通才教育的基础。<br>2. 专业基础学科：包括了运动社会学、运动生理学、运动心理学、体育行政与管理等体育的基本学术领域以及术科的健康体适能及体操游戏<br>3. 专业核心科目：侧重于休闲运动基本原理和必备专长。①在学科方面包括了休闲活动概论、休闲运动经营管理、休闲运动与公共关系等课程；②在术科方面则兼备了民俗运动、水上运动、韵律活动、户外活动、球类运动、健身运动、技击运动及个人专长术科<br>4. 校订的选修科目：分为休闲教育、管理指导、应用、基础四大学群及必修学科和选修科目七大项，其中前两者之休闲教育、管理指导学群，必须择其一为主修学群，作为个人执行休闲运动事务能力与专长的依据；另外两个学群则具备了休闲运动各个独立的专业知识领域，例如像职工休闲运动、老人休闲运动、公园设计与发展以及环境保育、休闲礼仪、运动伤害与急救等实用课程 |

表 4－2　台湾东华大学休闲运动学系课程设置

| 专业名称 | 培养规格 | 专业特色 | 课程设置 |
| --- | --- | --- | --- |
| 运动与休闲专业：每年招收 50 名学生，学制四年 | 方向以培育运动、休闲事业所需之管理人才为主，着重于领导、规划能力之发展，辅以运动科学之训练，以结合人文与自然科学之涵养 | 与公、私立休闲观光机构建立教学合作计划，使学生汲取实际经验，并协助合作机构提高经营品质 | 专业必修 57 学分：<br>机能解剖学(3)、休闲学概论(3)、运动科学导论(3)、体能活动(1)、人体生理学(3)、运动休闲管理学(3)、体育运动史(3)、运动技能学习(3)、韵律活动(1)、游泳(1～2)、运动生理学(3)、运动生理学实验(1)、体适能(3)、休闲活动领导(3)、运动伤害防治与急救理论(3)、运动伤害处理(3)、休闲活动理论与实务(3)、运动休闲心理学(3)、测验与统计(3)、研究法(3)、休闲活动设计(3)、专题讨论(1)<br>专业选修 39 学分，通识课程 39 学分：<br>运动休闲社会学(3)、户外教育(3)、专长运动教学训练法(2～8)、休闲活动史(3)、休闲教育(3)、运动场馆经营管理(3)、幼儿休闲活动设计(3)、人力资源管理(3)、中学体育教学(3)、环境生理学(3)、运动休闲专题(2～8)、休闲设施与规划(3)、休闲活动危机处理(3)、特殊族群休闲活动(3)、运动营养与药物(3)、运动社团经营(3)、老年休闲活动设计(3)、运动处方(3)、休闲活动效果评价(3)、适应体育教学(3)、运动休闲行销学(3)、运动保健医学(3)、环境解说(3)。共计 79 学分 |

注：括号内的数字表示学分。

## 三、国外社会体育专业办学状况

自 1878 年以来，日本高校体育专业一直以培养各级各类学校的体育教师为其宗旨，同时也担负着培养教练和社会体育指导者的任务。日本高校传统的专业设置只有 4 个，即保健体育、健康教育、社会体育和武道教育(表 4－4)。进入 20 世纪 80 年代，随着中学对体育教师需求的减少以及社会对体育专业人才需求的不断增长和日趋多样化，开始增添一些新的专业，且社会体育专业也开始分化，一般都细分为 2～3 个专业方向(曲宗湖等，1999)。如大阪体育大学社会体育专业就设有运动与健康、社会教育和室外休闲 3 个方向。为了适应社会对体育人才需求的变化，日本高校社会体育专业的人才培养目标定位在培养各行各业都能出色工作且具有实力的毕业生。在课程设置方面，将基础教育课程和专业基础理论课程进一步加强，这类课程主要由人文、社会和自然科学组成，旨在保证学生获得必要的基础知识。同时，大幅度提高选修课的比例，改革后将选修课程的比例提高到 70%。此外，运动经营管理和终身体育及信息技术教育等课程在日本体育院系的课程设置中也受到不同程度的重视。

表 4－3　台湾体育学院运动管理学系课程设置

| 专业名称 | 培养规格 | 专业特色 | 课程设置 |
|---|---|---|---|
| 运动管理学专业：每年招收 50 名学生，学制四年 | 本系宗旨在于培育具备运动与管理学识专业人才，以促进运动产业的升级 | 1. 教导企业经营知识与灌输体育运动事务之常识，将现代企业化管理理论与方法应用于运动事业与运动企业之经营管理<br>2. 建立系所发展特色，加强宣导对运动产业之认识以及不同行业运动企业所需之经营管理专业素养<br>3. 力求教学、研究与实务训练结合，深入了解运动产业之最新趋势，以促进运动产业的学术与实务之发展<br>4. 强调运动自然科学与运动人文社会科学之融合，研究出更符合人性化的运动产品，以促进生活的品质<br>5. 透过产学合作，在实际情境中获得理论之印证，并提供运动企业人员教育的机会及经验的累积<br>6. 结合现代计算机及国际网络科技以发展运动媒体事业，提升运动节目制播能力与加强运动信息管理之服务 | 一、专业核心课程 68 学分（必修）<br>1. 管理学基础课群：如企业概论、管理学、经济学、微积分等；2. 运动基础课群：如体育史、运动科学概论、运动心理学、运动伦理学等；3. 运动管理学基础课群：如运动管理学、运动行销管理、运动财务管理、运动场馆规划与设计等；4. 信息与媒体基础课群：如信息管理、运动信息管理、传播学、运动传播等；5. 企业管理与运用课群：如人力资源管理、组织行为学、消费者行为学、商业谈判等；6. 运动技术与科学课群：如运动生物力学、休闲运动概论、运动工学、体育测量与评价等；7. 运动管理与行销课群：如运动产业经济学、运动俱乐部经营管理、运动赞助与募款、职业运动专题讨论等；8. 运动信息与媒体课群：如国际网络应用、数据库管理、采访写作、运动新闻播报等<br>二、校订共同必修科目：<br>1. 专业共同必修科目：8 学分。<br>体育原理（2）、人体解剖生理学（2）、体育行政与管理（2）、田径（1）、游泳（1）。<br>2. 通识课群：28 学分。<br>语文学群、哲学与思想、文学与艺术、应用外语、科技与生态、历史与社会等领域<br>三、系订选修科目：30 学分<br>1. 企业管理与应用课群：人力资源管理、人际关系、组织行为、消费者行为、劳资关系、运动英文、商业谈判、投资分析、税务法规、公共行政等<br>2. 运动技术与科学课群：运动生物力学、体育测量与评价、运动负荷与疲劳研究、休闲运动概论、休闲行为、运动员健康管理、体适能与运动处方等<br>3. 运动管理与行销课群：运动产业投资分析、运动产业经济学、运动预算编列与控制、运动俱乐部经营管理、运动行销研究、运动赞助与募款、休闲活动设计与规划、休闲服务管理等<br>运动信息与媒体课群：国际网络应用、公共关系、广告学、运动广告学等 |

注：括号内的数字表示学分。

表 4－4　日本体育大学和大阪体育大学必修课课程设置表

| 大学 | 专业 | 专业必修课程设置情况 |
|---|---|---|
| 大阪体育大学 | 社会体育 | 现代娱乐、体育经营管理、职工体育经营学、体育指导概论、终身体育指导论、中老年体育指导论、体育方法实习 |
| 日本体育大学 | 户外体育 | 终身教育总论、现代余暇论、生态学概论、旅游管理学、休闲产业论、户外活动论、高尔夫球、户外活动指导、企业经营管理论、劳动法、市场调查论、网球 |

据：国家体育总局科教司，1999。

20世纪70年代,由于美国社会经济和人口结构的变化以及健身、娱乐和职业运动的兴起,向美国高等教育提出了挑战。面对社会对健康、娱乐、职业运动人才需求的变化,美国高校从实际出发,不断寻求对策,他们对体育院系结构、专业和课程设置等进行了大胆的革新,其社会体育专业正是在这样的背景下产生和发展起来的。20世纪90年代以来,健康和娱乐学科从体育中分离出来,成为独立的院系组织和课程体系,而培养社会体育人才的相关专业如运动管理、健康与身体素质管理等也应运而生。

美国的高等教育一般都会根据社会需要进行专业设置并确定人才培养目标。在美国,与社会体育关系较为密切的是体育科学专业和体育管理专业,其中体育科学的培养目标是在企业的体育部门、医院、健康俱乐部、心脏康复部门及公立或私立的体育组织中担任体育专家,在通过美国运动医学院考试后担任运动技术测试员、运动专家、体育规划人员和健身指导,从事医治、手术、矫形前的体育医疗工作,进入研究生院进一步的学习和科学研究。体育管理专业,也成为体育和健身管理专业、公共娱乐管理专业和体育研究管理专业,其培养目标是各种健身和运动部门的经理或主任、运动器材商品市场销售和信息人员、体育管理员、国家公共娱乐管理员、城市娱乐部门及工厂企业娱乐部门的管理人员等(张细谦,2005)。

美国高校社会体育专业的课程设置非常重视公共基础课,其门类繁多,学分所占比重较大,涉及到人文、社会和自然科学领域。专业课程的设计思路由过去重视增强体质和掌握运动技能转向提高生活质量,进行健康和终身运动教育;由以运动技术教学为中心转向重视理论学习;由指导方法的学习转向运动基础科学和人体学方面的学习和研究(韩会君,1998)(表4-5)。

**表4-5 美国部分院校社会体育专业课程设置情况**

| 春田学院<br>运动管理专业 | 印第安纳大学<br>体育营销与管理专业 |
|---|---|
| 商业入门、会计学原理、管理原理、管理会计学、营销原理、财务管理、训练原理、运动行政、运动心理学、体育新闻学、公共关系、体育社会学、体育法、设施管理 | 体育管理导论、运动科学导论、娱乐体育计划、美国体育历史、运动环境危险处理的法律问题、运动推进与公共关系、财政与预算、运动心理学基础、校际体育计划、急救与急症护理、公园与娱乐设施管理、体育营销学基础 |

据:国家体育总局科教司,1999。

英国没有独立的体育院校,最初的体育专业多属短期性质。现在英国的高等教育体育专业已经发生了较大变化,无论在人才培养目标、培养规格、课程设置、研究条件、场地设施以及师资水平等方面都有了长足的进步与发展。英国高校体育专业设置主要有体育与运动科学、体育运动科学与娱乐管理专业、娱乐管理专业和复合型专业。这些专业的毕业生有多重就业机会,学生毕业后可以到艺术、娱乐、运动和休闲中心、剧院、旅游机构就业,从事计划、管理、营销和咨询等工作。

由于社会体育的发展和职业体育的兴盛,英国高校体育专业由培养体育教师为中心逐渐转向以培养社会需要的各种体育人才为重点。近几年来,随着娱乐业等体育相关行业的发展,培养适应社会发展需要的各种体育人才已成为英国体育专业的重要培养目标,例如,著名的曼彻斯特大学体育教育与娱乐中心设置的娱乐管理专业的培养目标是:学生毕业后可以到艺术、文娱、运动和休闲中心、剧院、旅游机构谋职,可从事与娱乐相关的计划、管理、营销、咨询等工作。

英国高校社会体育专业课程设置首先特别注重和强调基础课程，力图为学生打下坚实基础；其次是把娱乐、休闲和旅游置于非常突出的位置，保证所培养的学生紧密结合社会需求。第三是开设的课程对儿童和残疾人体育给予一定的地位；第四是在课程设置中兼顾了边缘学科（表 4－6）。总的来说，英国高校社会体育专业的课程设计充分考虑国家和社会的需要，符合市场经济规律，把娱乐置于非常突出的地位。这样培养出来的学生在就业中不再局限于学校的范围，而是拓展到整个社会、整个市场乃至整个欧盟，学生在激烈的市场竞争下有较强的适应和生存能力。

**表 4－6 英国部分院校社会体育专业课程设置**

| 学年 | 伯明翰大学<br>运动与娱乐专业 | 曼彻斯特大学<br>娱乐管理专业 |
|---|---|---|
| 一年级 | 机能解剖学、信息技术、运动技能与技术、认知心理学、应用人体心理学、研究方法导论 | 财务管理、社会学、心理学、研究方法、经济学、娱乐史、娱乐法导论 |
| 二年级 | 人体运动心理学、研究方法、应用运动科学、生物力学、体育史、运动生理学、体质测试、应用运动心理学 | 管理科学、营销学、国际娱乐、当代社会娱乐、继续学习研究方法和娱乐法 |
| 三年级 | 生长发育与衰老、娱乐与管理、健康心理学、运动中的肌肉与肌腱的相互作用、研究计划、文献综述、运动焦虑、农村娱乐、运动营养 | 继续学习管理和营销学课程、通过选择专门题目更细致地学习某些课程、参加广泛的实习、编写研究报告 |

据：国家体育总局科教司，1990。

## 四、运动休闲健身类课程体系的设计

社会体育专业从创办到发展壮大，适应了我国社会体育产业迅速发展和全民健身活动蓬勃发展的需要。经过 10 余年的探索与办学实践，一些院校逐渐明确了人才培养目标的定位，积累了一定的办学经验。为了更好地实现人才培养的目标，强化学生的综合素养，提高学生的职业技能，培育能更好的服务地方经济、满足企业发展需要的体育专门人才，不同类型院校都力图突显出社会体育专业的办学特色。我们在人才培养方案设计过程中，借鉴国外发达国家和地区的社会体育教育经验，充分体现运动与休闲的特点，在课程设置和教育模式上突破了传统教育的束缚，将人文科学与自然科学有机地结合起来，专注于提升学生的实践能力，满足社会体育行业发展的新需要，如户外教育模式、学徒式教育方式、团队领导者教育目标、多元化教育项目，将体育教育由单纯的运动理论、技能教学扩展到多元化的运动与休闲教育领域，为社会培养多元化的社会体育人才。

### （一）人才培养方案设计指导思想

为了适应 21 世纪社会经济发展和市场环境对社会体育本科专业人才培养的需要，遵循高等教育规律，注重基本技能和专业能力的培养，突出专业素质和综合素质的教育，以“大类培养、夯实基础，多向发展、专业定位，能力训练、注重素质”为培养方针，同时贯彻国家社会体育专业本科专业目录的要求，结合社会发展和市场需求对休闲体育专业人才培养模式进行了修订和调整，采取 2＋2 的培养模式，学生在两年的社会体育平台之上，按照社会和自身需求选择健身会所管理、健身休闲两个方向进行培养，进一步提高本专业人才的社会竞争力。同时我们注重加强本专业学生的基础教学、实践教学和创新能力培养，突出人才培养的个性化需求，不断适应社会发展的需要，使本专业学生成为具有宽厚基础和较强适应能力的复合型体育人才。

## (二)课程内容及体系的构建

构建由通识教育、专业基础教育和专业方向教育的三级课程体系，并按宽口径、厚基础、高素质的要求分板块设置，采用基础培养和专业培养相结合的途径，课程板块整体优化、循序渐进：基础培养以公共基础课和学科基础课为主体，面向本院所有学生开设相同的公共课和学科基础课，重在夯实学科理论基础；专业培养以专业必修课和专业选修课为主体，确定专业口径、突出个性发展。

课程内容的选择紧密结合社会发展需求和满足学生的择业要求。如根据当前国内大众体育的发展趋势和特点，增设健身健美指导等课程内容。课程内容的确定坚持科学性和先进性。要求教师在选择教材内容时不断更新授课内容，掌握研究信息，及时补充新内容，重视教材的教育文化价值，保证所用的教材版本富有新意，推陈出新。课程内容的配置坚持以扩大学生的知识容量，注意知识、能力和素质的协调发展，在德、智、体、美全面发展的基础上，实现学生知识、能力和素质协调统一。适当调整必修课、专项选修课和公共选修课的比例，压缩必修课，增加选修课的比重，扩大选修课的内容，提供文化素质课程模块和公共选修课程板块给予学生自主选择，体现多学科综合和交叉的特征，丰富学生的知识，开阔学生的视野，增强学生的就业适应能力。

### 1. 课程体系与教学要求

培养方案从课程门类的设置、课程内容和课时数量、课程教学顺序安排等方面都经过全盘考虑，具有先进性、科学性、可操作性，能体现德、智、体全面发展，有利于人文素质、科学素质提高以及实践能力、创新精神和创业精神培养的要求。本专业的课程体系由公共基础课、学科基础课、专业必修课、专业选修课、公共选修课5个层次组成，该课程体系具有如下特点：

(1)按学科大类招生培养、专业多向发展的原则设置课程，公共基础课和学科基础课与学校其他专业设置相同，有利于夯实基础，拓宽知识面；专业必修课和专业选修课按专业特点和要求设置，有针对性地培养学生的专业能力，提高专业素质。

(2)课程体系注重宽口径、厚基础的培养要求，公共基础课、学科基础课、专业必修课、专业选修课、公共选修课5个层次循序渐进、整体优化。

(3)提高选修课课时的比重，选修课占总学时的30%左右。学生除了选修本专业开出的选修课外，可以跨专业、跨学科选修课程，注重人才的个性发展，增强学生的就业适应力。

(4)注意知识、能力和素质的协调发展，将文化素质教育放在一个重要的地位。面向全校的文化素质选修课模块，不仅能增长学生的见识，提高学生的文化品位，陶冶学生情操，也可以营造学校的文化氛围，丰富学生的课余生活。

在课程内容、教学方法与手段方面，任课教师紧密结合社会发展和学生需求，不断更新教学内容，改进教学方法和手段，努力提高教学质量。很多教师在教学中积累了丰富的教改经验，撰写了许多教学改革文章。如由张先松教授主持共四位老师参与的湖北省高等学校省级教学研究项目《体育健身保健专业方向开设的可行性探讨及学生的社会需求研究》于2007年11月5日进行了结题鉴定。这些研究成果运用于教学中后，提高了该课程的教学效果，受到了学生的一致好评。

在教学过程中，我们积极进行教学方法改革的探索与实践，在理论课程教学中注意改变单一的教师讲授、学生记笔记的教学模式，采用教师提出问题或由学生自己提出问题，然后，师生共同研究讨论、分析问题、解决问题的方法，帮助学生建构符合自己实际情况的学习方式，提高学生自主、创造学习的积极性。

在技术学科的教学过程中，将教师讲解示范与学生的思考、默念、实际练习、相互观摩分析等有机结合起来，学生在学习过程中，学练结合、脑体结合、知识与技能结合、掌握技能与培养能力结合，能收到较为明显的教学效果。

**2. 课程设置与专业特色**

社会体育专业的课程体系以管理与休闲类课程为中心，本类课程分基础课程、休闲管理课程和户外休闲及救生课程三大模块。社会体育专业课程体系的架构分为如表 4－7 所示的课群。

**表 4－7 社会体育专业课程体系架构**

| 课程模块 | 主要课程 |
|---|---|
| 通识教育 | 马克思主义哲学原理、毛泽东思想概论、邓小平理论概论、政治经济学原理、思想品德、应用写作、大学英语、计算机基础、心理学、实用口才 |
| 专业基础 | 专业导论、运动解剖学、运动生理学、体育概论、体育统计学、体育管理学、体育社会学、田径、体操、体育史、奥林匹克运动、篮球、足球、排球、武术、游泳与救护、健美操、乒乓球、网球、羽毛球 |
| 休闲体育管理方向 | 休闲体育学、体育健身原理与方法、体育保健学、体育经济学、体育市场营销、体育经纪人、运动与健康促进、消费心理学、体育赞助、体育服务标准化、运动处方原理、健身会所管理、普拉提、网球、健身健美运动、武术、健美操、羽毛球、乒乓球、体育舞蹈、旅游资源开发与规划、运动竞赛学、体育公共关系、体育场地与设施、体育法学、体育美学、体育传播学、体育科研方法、中国传统养生文化、体育绘图、体育专业英语、全国导游资格证 |
| 户外休闲与救生方向 | 体育健身原理与方法、体育市场营销、体育保健学、运动创伤学、休闲体育学、野外生存与急救、户外拓展项目、羽毛球、网球、乒乓球、健身健美运动、定向越野、跆拳道、沙滩排球、散打、太极拳、街舞、体育游戏、体育舞蹈、康复心理学、运动处方原理、体育经济学、社会体育导论、运动与健康促进、推拿学、运动营养学、社区体育指导、体育传播学、体育美学、体育科研方法、体育专业英语、旅游资源开发与规划 |

为了强化学生的专业技能，休闲体育管理方向可设立 7 个专项教练课程：普拉提、网球、健身健美运动、武术、健美操、羽毛球、乒乓球；户外休闲与救生方向设立野外生存与急救教练、户外拓展项目教练专项课程以及羽毛球、网球、乒乓球、健身健美运动、定向越野等副项课程。

**3. 实践教学课程体系**

根据对社会体育人才能力的需求，结合各院校的师资现状等方面的实际，应重视实践课程和实践教学环节，并在教学计划中合理安排实践环节和教学。本专业实践教学设计的基本思路应该让学生在掌握专业基本理论和基本方法的基础上，通过校内实验和实践教学，增强学生的感性认识；通过校外专业见习和社会调查，调查社会体育工作现状，使学生能在毕业前事先接触社会、感知社会；通过毕业实习，加深对体育教育基本理论的理解、基本知识的融会贯通、基本方法的运用和基本技能的训练，提高学生的业务能力、思维能力、社会能力、表达能力4个方面的素质能力；通过毕业论文，检验学生的体育教育学习水平，培养学生基本的科研素养和能力；通过课外创新实践，增加学生参与多种形式和内容的社会活动，培养体育管理、社会体育指导及体育竞赛裁判工作等方面的能力。

通过表4－8所列的实践性教学，使学生所学的理论知识与实践相结合，培养学生体育健身指导及体育科学研究的实际能力。

表4－8 社会体育专业实践教学环节设置

| 序号 | 课程编号 | 课程名称 | 周数(学时) | 学分 | 修读性质 | 备注 |
|---|---|---|---|---|---|---|
| 1 | S9001001 | 军事训练 | 2 | 2 | 必修 | 按学校对军训工作的统一要求执行 |
| 2 | | 技能训练 | 1 | 1 | 必修 | 参与公共体育课部户外“小教练”模式培养及训练，并完成实习报告 |
| 3 | | 专业见习 | 1 | 1 | 必修 | 到居住地体育休闲企事业单位各部门了解管理服务实况，在假期完成 |
| 4 | 1301610 | 社会调查 | 2 | 1 | 必修 | 选择相关企事业单位进行休闲体育管理与服务实习，由各实习单位根据具体情况酌情安排，可能占用假期 |
| 5 | | 专业技能实训 | 2 | 2 | 必修 | 根据专业要求，选择时间与地点(含健身俱乐部)，参加专业实践活动，完成报告 |
| 6 | | 创业方案设计 | 2 | 2 | 必修 | 该设计为本专业学位课程《休闲体育学》的延伸，待相关理论课程完结后，学生到企事业单位有关部门进行实战训练，并最终形成对策性创业方案规划 |
| 7 | 1301608 | 毕业实习 | 10 | 10 | 必修 | 培养学生体育健身指导与体育经营管理等方面的实践能力，并掌握休闲体育产业资源调研方法与开发原理 |
| 8 | 1301609 | 毕业论文 | 12 | 12 | 必修 | 按学校要求进行 |
| 合计 | | | 31 | 31 | 要求学生至少完成31个学分 | |

## 第三节 运动训练专业的发展状况与趋势

### 一、运动训练专业办学现状

#### 1. 办学规模和质量

目前，我国运动训练专业招生院校有70多所，主要分布在有体育院系的150多所学校之中，招生对象是二级以上的运动员。从目前的生源情况来看，在2001年以前，许多院校(特别是师范和综合性大学)二级运动员生源超过招生总数的80%，为此，2002年国家体育总局对运动训练专业招生提出了一级运动员的比例必须达到新生总数15%的要求，即使是这样，二级运动员的数量还是远远大于一级运动员，可以说，二级运动员是目前运动训练专业生源的主体。每年报考运动训练专业的考生达3万人以上，生源状况在运动水平、文化基础、自身素养方面差异较大，招生人数的剧增、未来的生源竞争可能非常激烈，但不能以降低生源质量和牺牲人才培养质量为代价。另一方面，运动训练专业的就业面相对较窄，就业市场客观上决定了办学规模要适度发展。目前，国家教育职能部门和国家体育总局对运动训练专业的发展已经有了明确的指导性意见，要提高教学质量。

**2. 人才培养方向**

现阶段我国大部分体育院校的办学重心已发生转移，在训练、竞赛上的投入不大，把主要精力放在大学本科教育上。各高校也在人才培养规格定位方面动脑筋、想办法，改革人才培养模式，使毕业生具有符合时代需求的知识和能力结构，具有广泛的社会适应能力，注重一专多能，通过完善人才培养方案、优化课程设置，将选修课程模块化，拓展专业人才培养的口径。

**3. 探索多种形式办学模式**

为了扩大办学空间，各学校都在积极探索多渠道、多模式的办学方式。如成都体育学院选择特色项目与四川省体育局联合办队，利用国家办学政策建立新的校区；上海体育学院在上海地区建立了高水平运动员的校外班；首都体育学院设立了竞技体育系，学生基本上是北京市体育局的一线队员；武汉体育学院设立了以水上项目为主的竞技运动学院(孙世明等，2005)；江汉大学体育学院与广西体育局合作设立了江南训练基地教学点。这些举措在提高办学院校运动技术水平的同时，也提高了招生的生源质量。

**4. 课程设置有待进一步优化**

运动训练课程设置中必修课与选修课比例不合理，必修课学时偏大和门数太多，选修课总学时和门数偏少，课程设置与学科发展、社会需求以及学生自主创业脱节，重理论、轻实践；课程体系的系统性有待加强，课程设计既要考虑纵向顺序和横向连接，又要保持课程内部的系统性和完整性，避免与其他体育专业特别是体育教育专业重复过多；公共基础课设置过于教条未能充分考虑学生实际，范围狭窄，内容主要涉及政治思想教育类、工具类、教育类，而缺少自然科学和应用学科的课程；实践教学学时比重较低，没有体现本专业训练的特点，实践教学形式仍沿袭体育教育专业模式，难以体现专业特色和学生特长的发挥。

而美国等国家运动训练专业在课程设置上则紧紧围绕运动和练习进行讲授，训练理论方面的内容覆盖领域更为宽泛，包括运动中的道德规范、竞赛管理、器材设备管理、急救与心肺复苏术等内容，实用性很强，这些思路都值得我们学习和借鉴。

**5. 毕业生质量及就业状况**

当前国外运动训练专业人才培养及学生就业正在由传统的体育教师培养转向多方向的人才培养，学生就业不仅分布在教育系统，更多的学生分布在企业、与健康相关的部门、商业部门以及其他相关部门(王丽娜等，2004)。

在国内，各院校对毕业生就业工作都非常重视，从多渠道安排和推荐学生就业，但总的就业形势仍然较为严峻。从各院校提供的就业情况来看，学生就业的主体主要是党政机关及企事业单位，这部分比例不到40%，而大多数学生的去向是灵活就业，也包括部分自主创业和升学深造，毕业生就业率的高低与生源有关。在役或已退役的优秀运动员毕业后的就业率较高，其他生源的就业率不尽理想，尤其是专业对口率较低，其主要原因是社会相关行业已形成稳定的就业渠道，专业的社会认可度不高以及人才培养质量和规格难以满足用人单位的需要。据调查反映，用人单位对学生的思想表现、敬业精神、专业知识、工作能力、协作能力等方面的评价较好，但对学生的创新能力和文化素养方面的评价较低。

## 二、运动训练专业发展趋势

### 1. 进一步处理好规模、特色、效益和质量之间的关系

目前，高等学校运动训练专业办学规模发展很快。由于专业设置和招生人数不断扩大，在各校办学条件和学生的运动水平、文化基础等方面的差异较大，人才培养方案难以制订，制约了人才培养质量。因此，必将适度控制专业发展规模，处理好规模、特色、效益之间的关系，牢固树立质量意识，从而保证运动训练专业健康、持续地发展。

### 2. 突出专业特色，拓宽专业口径

更加关注运动训练专业办学特色，并把着眼点放在发展竞技体育及相关人才的培养上，根据各校的办学条件、优势资源、地域特点等形成各自的办学特色，以特色求发展。适应运动训练专业管理体制由国家体育总局向教育部的转变，不断拓宽专业口径，探索体教结合、培养高水平运动员和体育后备人才的新模式，加强对竞技体育人才培养的服务。加强专业自身的建设与发展，根据运动训练专业的办学实际，制订多规格、多层次的人才培养方案，深化教学内容与课程体系的改革，拓展人才培养思路，使学生毕业后不仅能从事教练员职业，而且可以凭借自己的知识结构参与相关行业的竞争。

### 3. 加强优秀运动员的文化教育和学生的能力培养

运动训练专业在优秀运动员文化教育中的重要作用将进一步得到发挥，重视建立与完善优秀运动员文化教育的运行机制、教学形式、管理方式和评价标准等，拓宽优秀运动员文化教育的途径，逐步确立高等学校对优秀运动员文化教育的“主渠道”地位。根据运动训练专业学生的特点，更加高度重视并加强实践教学环节，采用校内与校外互补、教学与训练并重等多种措施和手段，培养学生的实际工作能力，提高学生的综合素质。

### 4. 加强师资队伍建设

拥有相对稳定的专业师资队伍，注重教师的培训和优秀人才的引进，逐步改善现有教师的学历结构和知识结构，调动教师的积极性，保证专业师资队伍的高质量和高水平。

# 第五章　体育专业人才培养面临的机遇与挑战

## 第一节　体育教育专业人才面临的机遇与挑战

进入21世纪特别是近年来，随着我国高等教育的逐步大众化，国内创办体育教育专业的高校数量剧增，规模日益扩大，加之基础教育开始收缩、融合，导致体育师资的培养逐渐趋于饱和，人才市场开始面临激烈的竞争压力，体育教育专业人才培养必须走“精兵之路”。另外，体育人才也呈现出与社会同步发展的态势，社会愈是进步，经济愈是发达，愈是对各类体育人才呈现出多样化的需求态势，愈是为体育人才扩大了生存空间，也就是说，社会对“广义体育人才”的需求总体将会呈上升趋势。这就导致许多在体育教育专业就学的学生，尽管不能在体育教师的岗位上就业，却完全可以在“广义体育”位置上谋职，这就决定了本专业必须拓宽专业培养口径，以适应广大体育人才的社会需求。体育教育专业人才需求的变化，必然会从根本上影响到整个体育教育专业人才培养方式的转变，带来人才培养模式的更新。为此，可以认为，本专业在今后一段时间的发展出路在于(孙义良，2011)：第一，优化本专业人才培养过程和方式，提高学生的社会竞争力，进一步优化体育教师队伍的专业化素质；第二，拓展学生的全面能力和综合素质，扩大专业口径和就业面，提高就业率和体育人才占有率。

### 一、新形势下体育教育专业面临的机遇

#### 1. 终身体育思想的普及和全民健身运动的蓬勃开展

目前，“终身体育”思想和全民健身运动已引起世界各个国家包括我国在内的广泛重视。2009年8月30日温家宝总理签发国务院第560号令，正式颁布了《全民健身条例》，并从2009年10月1日起正式实施。终身体育思想的普及和全民健身运动的蓬勃开展，势必需要一大批热爱体育、懂体育的专门体育工作者。仅从目前的社会体育指导员来看，需要补充的数量就为数不少。根据我国社会体育指导员发展规划，到2015年我国社会体育指导员数量要达到100余万名(体育总局，2011)。从目前的情况看，达到这一目标还需要全国共同努力。

#### 2. 中共中央国务院关于加强青少年体育增强青少年体质的意见

2007年4月，中共中央政治局专门召开会议，研究部署青少年体质健康问题，并于2007年5月7日下发了《中共中央国务院关于加强青少年体育增强青少年体质的意见》(简称“中央7号文件”)。中央7号文件向全国各级党委和政府及教育行政部门与学校提出了总要求，并明确指出：“确保学生每天锻炼1小时。中小学要认真执行国家课程标准，保质保量上好体育课，其中小学1—2年级每周4课时，小学3—6年级和初中每周3课时，高中每周2课时。要切实加强体育教师队伍建设，按照开设体育课和开展课外体育活动的需要，配齐、配强体育教

师。”资料显示：“我国大中小学体育教师总量约有50多万人，相对其他学科教师数量较少，根据测算，我国体育教师总体数量缺额约30万人，并且四分之三在小学。”（李凯，2009）从目前的情况看，达到这个要求还需要各级政府共同努力。

**3. 国家中长期教育改革和发展规划纲要的实施**

2010年7月29日，中共中央、国务院印发了《国家中长期教育改革和发展规划纲要(2010—2020)》。该纲要是今后一个时期指导全国教育改革和发展的纲领性文件。该纲要明确提出要“加强体育，牢固树立健康第一”的思想，确保学生体育课程和课余活动时间；在义务教育阶段，要配齐音乐、体育、美术等学科教师，开足开好规定课程；要提高教师地位，维护教师权益，改善教师待遇，使教师成为受人尊重的职业；国家对在农村地区长期从教、贡献突出的教师给予奖励。该纲要的出台并实施将切实提高中小学教师的社会地位，也将为体育教育专业的毕业生提供更多的就业机会。

**4. 体育产业的蓬勃发展和展现的巨大潜力**

近年来，随着我国经济、社会以及体育事业的蓬勃发展，体育产业呈现出良好的发展态势，为经济、社会发展作出了应有的贡献。据统计（江和平等，2010）：2008—2009年，我国体育产业的发展速度超过了20%；2009年，体育产业在GDP所占的比重已经超过了0.5%。而在发达国家，体育产业已成为国民经济的支柱产业。美国体育产业的年产值达到两千多亿美元，是汽车制造业总收入的两倍，占GDP的2%，澳大利亚体育产业对GDP的贡献超过1%。目前，我国的体育产业在国民经济中的比重还远不如发达国家，而且地区和城乡差距很大。中西部地区及中小城市体育产业还有巨大的发展潜力。

## 二、体育教育专业就业面临的挑战

### (一)高等教育的扩招

**1.体育教育专业招生规模扩大、毕业人数逐年增多**

体育教育专业最初设立于专业体育院校和部分师范院校，中等教育体育教师一直是其主要培养目标。扩招以前，虽然其培养目标主要定位于中等学校教师，但实际上，高等院校、政府机关、企事业单位等都是就业的去所。但自1999年高校大幅度扩招后，开设体育教育专业的高校急剧增加，体育教育专业的招生人数和毕业人数也直线上升。截至2010年1月，我国开设体育教育专业的高校由扩招前的111所增加到295所（唐东阳等，2011）。无疑，招生规模的不断增大给体育教育专业的就业带来了严峻的挑战。

**2. 其他相关体育专业毕业人数逐年增加**

20世纪，我国体育专业比较单一，以体育教育专业为主，只有个别体育学院开设诸如运动训练、运动人体科学等专业，但这些专业的毕业生与体育教育专业毕业生在就业竞争上，当时还未形成气候，对体育教育专业的就业冲击不是很大。时至今日，其他相关体育专业也得到了巨大的发展。截至2001年3月，体育学科各类专业中，体育教育专业招生点317个，只占体育专业点总数的38.4%，其他体育专业所占比例超过60%。另据数据显示：“2001年我国运动训练、社会体育、民族传统体育3个专业招生人数为10 562人，体育教育专业招生人数为16 996人；到2008年这3个专业招生人数为25 407人，体育教育专业招生人数为30 325人”（顾小霞，2011）。

从教育部《关于公布2010、2011、2012年度普通高等学校本科专业设置备案或审批结果的通知》中显示："2010年增设社会体育专业14所；2011年增设社会体育专业11所，运动训练专业5所；2012年增设社会体育25所。"相比较，在这3年里，社会体育和运动训练两个专业增设了55所高校，而体育教育专业只增设了22所。与此同时，社会体育、运动训练等其他体育专业的招生规模也日见增长。以前用人单位在选择体育毕业生时没有其他太多的选择，而现在选择面大大扩展。

**3. 综合性高校和非体育单科性高校创办体育专业**

体育教育专业曾经是师范院校和专业体育院校的特有专业，但自1999年高校扩招后，这一格局逐渐被打破，很多综合性院校和非体育单科性院校也相继开设体育专业。教育部每年都要对高等院校本科专业设置进行调整，数据显示："2004—2007年全国共有53所学校增设体育教育专业，综合性学院31所，综合性大学9所，其他院校8所，师范院校仅5所。"(张文普，2009)可以发现，一些综合性大学包括刚升本科的综合性学院以及其他专科性院校，占到了新增体育教育专业点的90.6%。在原有体育院校和绝大部分师范院校都已经拥有体育教育专业点以及在体育教育专业人才社会需求已经趋于饱和的情形下，仍然在非师范类院校大量增设体育教育专业教育，使体育专业毕业生越来越多，工作岗位越来越少，人才供给的急剧增加和社会需求的减少，势必会造成供求关系的严重失衡，无疑给专业体育院校和师范院校的体育教育专业的就业带来了巨大的挑战。

**(二)教育体制的变革和用人单位对学历要求的提高**

**1. 中等专业学校的撤销或并入高等院校**

普通中等专业学校曾经也是体育教育专业毕业生的重要去向之一。但从20世纪90年代末至21世纪初期，许多普通中等专业学校撤销或升格为职业技术学院。统计资料显示："1997年普通中等专业学校数为4 143所，2004年减少到3 047所。"(唐东阳等，2011)这些学校升格成职业技术学院后，为了提高教师学历层次，在新进体育教师时，也很少考虑本科生。依旧保留的普通中等专业学校，在研究生充足的情况下，也会优先考虑研究生。

**2. 高校对体育教师学历要求的提高和研究生数量的增加**

在21世纪前，我国体育硕士研究生毕业人数不多，各高校在新进体育教师时对学历要求也不是太高，本科学历即是合格学历，专业体育院校的本科毕业生备受青睐，毕业生有很大一部分进入高校从事教学工作。随着招生规模的扩大，体育专业研究生招生和毕业人数逐年增多。据有关研究结果显示，体育专业硕士毕业生绝大部分集中在高校从事体育教育工作。

**3. 普通中小学数量的减少和招生人数的减少**

中学体育教师一直以来是体育教育专业本科毕业生的主要职业选择。进入21世纪后，大中城市的小学教师也逐渐成为部分体育教育专业本科毕业生的职业选择。但由于国家人口政策的原因，目前我国中小学阶段适龄人口开始逐渐下降，普通中小学学校数和招生人数开始呈逐年下降趋势。而且，到21世纪上半叶，我国各级学校适龄人口的规模都将有25%左右的减少(段成荣，2000)。中小学数量和招生人数的持续减少，一方面，直接导致对体育教师的需求量减少；另一方面，为了应对即将到来的生源减少，部分学校宁肯让目前数量不够的体育教师超负荷工作，也不愿意补充新的教师。

#### 4. 县、市级青少年业余体校的发展困境

进入 20 世纪 90 年代，随着我国社会主义市场经济体制的逐步建立和日臻完善，计划经济体制下建立起来的市、县级业余体校逐渐失去了其创建之初所具有的经济、社会和体制优势，传统的办学模式和人才培养方式受到严重冲击。“招生难、办学难、经费不足”一时期成为市、县级业余体校所面临的普遍难题。目前县一级还能够正式办体校的为数极少，即使是地区一级甚至是省级的体校也只能处于勉强维持阶段。国家体育总局竞技体育司的统计数字表明：“在少体校最鼎盛的 1992 年，中国拥有少体校 3 700 多所，1993 年统计全国体委系统各级、各类业余体校 3 236 所，在训学生 71 万人，教育系统办的高水平运动队试点校 347 所，业余体校 415 所，行业系统创办的体校达 200 多所。到 2003 年各类少体校减少到了 2 762 所，包括体育中学和各类单项体育学校，在训学生近 30 万人。”由此可知，1993—2003 年仅 10 年的时间里，我国基层体育运动学校减少近 500 所。

以广东省惠州市的业余训练工作开展为例，2003 年，除市体校外，惠州市六县(区)尚有惠城区业余体校、惠东县业余体校、博罗县业余体校和龙门县业余体校 4 所县级业余体校开展训练(惠阳区业余体校已停办)，在训人数 140 多人，训练项目涉及田径、篮球、举重和乒乓球 4 项；到 2006 年，由于办学经费不足、生源紧张等原因，4 所业余体校中只有博罗县业余体校和龙门县业余体校尚在艰难维持，但在训人数已不足 100 人。

### (三)专业体育院校培养质量的降低和培养特色的淡化

体育教育专业毕业生的就业除了受到其办学质量的影响外，还受到其办学特色的影响。扩招以后，绝大多数高校在招生数量增长的同时，教育质量的提高受到了一定的影响，甚至在一定程度上造成了教育质量的下降。各专业体育院校也不例外，而且专业体育院校的特色也不再明显。以前，专业体育院校体育教育专业学生的特点是：“师范基本功扎实、术科专项技术水平较高、综合身体素质好”，很受各级各类学校欢迎。而现在，出现了专业设置、课程设置、培养目标等和其他院校相同专业“同质化”现象。专业同质化的直接结果是人才培养上“千人一面”，最终导致结构性失业。

### (四)专项设置和选择的不合理

不同用人单位在选用体育专业毕业生时有不同的专项要求。群众基础比较好的专项毕业生就业机会更多。但也有些单位由于某些特殊原因，对一些冷门专项也有少量需求。而且正如专业一样，专项的冷热也会随着社会发展的变化而变化。体育学院学生的专项选择时间一般定在进校后的第一学期。但是，由于学生刚从中学进入大学，对专项的特点、社会的需求、本人的技术基础还没有一个明确的认识，在专项选择上往往出现预测不准、不顾自己的兴趣和身体条件盲目跟风等现象，从而造成有些专项人满为患、有些专项无人问津。

### (五)家长及毕业生的择业观念

体育教育专业学生择业观念不当或职业方向迷失也对就业造成影响。如目前高校毕业生普遍存在综合能力不强，在实践中分析和解决问题的能力较差，使用人单位对这些“眼高手低”的“高材生”敬而远之，而毕业生则认为自己已经大学毕业，理应成为社会“精英”，必须在条件好的大中城市工作，不但专业要对口，而且待遇要高于“蓝领”。资料显示：“40％以上的毕业生都有在就读的大学所在地或同级别城市寻找工作的要求，30％以上的大学生欲往国内一二线大城市就业。一部分毕业生贪图安逸，不愿到比较艰苦和收入相对较低的乡镇工作，更不愿意

到边远地区、西部地区工作，造成人为的待业”(易三平，2006)。这种盲目的择业观念和行为方式使得一部分毕业生失去了就业机会，且加剧了大中城市的就业负荷，导致大中城市的人才需求高度饱和，而一些小城市或者不发达地区却求贤若渴。许多家长也希望自己的孩子毕业后能有一个比较舒适、稳定的工作，不希望自己的孩子去民营企业、去农村中小学。他们的这种观念在一定程度上影响了孩子的就业。

## 三、专业体育院校体育教育专业就业对策

**1. 教育行政部门根据市场需求情况，宏观调控体育专业招生规模**

由于近10年的连续扩招，高校体育专业学生规模空前发展，专业数量不断增加，运动训练、民族传统体育等限制招生专业数量也在迅速增加，社会体育专业在理、工、农、林、医类等院校加快布局，体育教育专业数量还在膨胀，整体感觉比较混乱，有宏观调控失效的嫌疑。教育行政部门有必要针对目前和将来社会对体育专业人才的需求量，组织力量进行研究，从而对体育专业的招生规模在宏观上进行合理控制。

**2. 加强毕业生就业和创业教育，加大就业、创业宣传和服务工作力度**

2006年中共中央办公厅、国务院办公厅就印发了《关于引导和鼓励高校毕业生面向基层就业的意见》，鼓励有志大学毕业生积极投身西部和农村基层建设。其后又陆续出台了一些鼓励大学毕业生去西部和基层就业以及自主创业的优惠政策。专业体育院校应该针对目前大学生就业观念中的误区，加强毕业生就业和创业教育，切实做好就业、创业的宣传和服务工作，确保就业毕业生就业、创业观念与国家政策保持一致，就业、创业信息渠道畅通，保障服务工作到位。

**3. 提高培养质量，突出专业体育院校的培养特色**

《国家中长期教育改革和发展规划纲要》(2010—2020)中提出要促进高校办出特色，建立高校分类体系；发挥政策指导和资源配置的作用，引导高校合理定位，克服同质化倾向，形成各自的办学理念和风格，在不同层次、不同领域办出特色，争创一流。专业体育院校必须要有自己的特色，应根据自己不同的校情，采取差异化发展的办学策略。专业体育院校的体育教育专业一方面要下大力气，通过调整课程设置、提高教学、训练质量，以达到不断提高学生培养质量的目的；另一方面不但要突出专业体育院校的特色，还要尽可能结合本校的特色和优势学科，使自己的体育教育专业办出不同于别的院校的专业特色来。

**4. 避免盲目跟风，合理调整不同专项招生比例**

专业体育院校的体育教育专业在专项设置上一定要有前瞻性，对目前市场就业好的专项，可以适当扩大规模，对于目前就业形势不是太好的，也不能完全砍掉，要做到人无我有、人有我精。在专项选择中，一定要根据学生的实际情况，让学生选择最适合自身发展的专项，避免学生盲目跟风。

# 第二节　社会体育专业人才面临的机遇与挑战

## 一、体育专业人才面临的就业问题

随着市场经济体系的建立和完善，高校毕业生就业体制走向市场化是社会发展的必由之

路。然而，现实状况是许多学生感到所学知识在工作中作用有限，与实际工作脱离现象严重。因而，为学好社会体育专业技能，应深入体育市场，与众多体育经营管理者交流，了解体育市场发展动态和对体育经营管理人才的最新素质结构要求，使该专业的课程设置能够与社会发展相适应，与社会用人单位的需要相适应。

随着我国经济社会不断发展，社会对体育人才的需求也发生了较大变化，对体育毕业生提出了更高的要求，体育人才需求出现多元化的趋势。只满足从事体育教育工作的毕业生，已不能适应当今社会的需求，但是当前我国高校体育专业结构还基本停留在过去的水平，变化相应较少，不能满足市场需求。因此，在抓紧体育教育学科结构调整的同时，更需要增加适应社会需求和科技发展潮流的课程。以体育专业为基础，增加自己选择人生道路和实现自我价值的渠道，努力学习文化知识，扩大自己的知识面，达到跨专业、多才能的复合型要求。只有不断提高学生的综合素质，从社会发展的需要出发，从用人单位聘用复合型人才的要求出发，才能在人才竞争中始终站在就业选择的最前列，才能在竞争中求生存、求发展。

目前，国内体育类高校和院系培养的该类人才侧重于从事教学科研的理论型人才，与市场所要求的具有高水平实际操作技能的人才相差甚远，能同时从事休闲运动组织策划、经营管理、教学训练的实用型人才仍相当匮乏。社会体育专业是沿袭本科教学目录下的专科设置，从目前的情况来看，已经在一定程度上影响了办学特色的宣传和发展，就业情况并不理想。从目前已开设该专业的兄弟院校就业情况分析，总结出以下几点经验：

(1)社会体育专业的人才培养目标定位要随着社会需求的变化而及时调整。社会体育专业创建之初定位于培养各级政府体育部门工作人员和社会体育指导员，但由于多种原因从理论上预测的就业岗位目前还只是潜在人才市场。

(2)专业人才培养的知识体系和培养质量尚不能很好地适应社会需求岗位对毕业生知识、能力和素质的要求。

(3)多数毕业生的就业观念和择业标准与当前的市场需求不相吻合。

(4)目前尚不成熟的社会体育市场无法满足毕业生的就业需求，供他们就业的单位和岗位较少，使很多毕业生只好从事与本专业无关或关系不大的工作，造成了人才的极大浪费，反映出就业市场不规范。

鉴于此，有的院校已停止了招收社会体育专业本科生(如较早开办该专业的天津体育学院)，有的院校则改换门庭(如华南师范大学改为运动与休闲专业、上海体育学院改为体育与休闲专业等)。

## 二、运动休闲化与休闲运动化

### 1. 以运动休闲健身为主导的课程体系的理论基础

休闲的英文是 leisure，来源于古法语 leisir，古法语源于希腊语。“休闲”，在希腊语中为“schole”，意为休闲和教育，认为发展娱乐，从中得益，并与文化水平的提高相辅相成。在法国，休闲用作单数时，它可有两种含义：第一，是将休闲与休闲的时间等同起来；第二，休闲首先是独立于可能填补这一可自由支配时间活动的空闲时间。而另一些作者，如罗歇·苏(1996)把休闲定义为：任何能自由选择并能使个人在进行这一活动的过程中谋得自由这样一种感受的活动都属于休闲范围，由此，休闲将首先是个人的一种心理态度。

“休闲”一词意义的异化，是基督教文明兴起之后，尤其是近代工业文明兴盛以后的事情。

基督教会有关于“礼拜日”的规定，只有这一天，人们才停止劳作，得以休息和去祭奉上帝，由此开始了日常生活与休闲活动的分离。而宗教改革以后，新教伦理强调“工作伦理”，休闲如同“浪费时间”一样，成了一个贬义词。而工业革命以后出现的“经济崇拜”和“效率崇拜”浪潮，更强化了人们追求效率的念头，以至人们也像利用各种资源一样地去利用空闲时间，空闲时间要么是成为恢复体力与脑力疲乏，以便更有效率工作的手段，要么人们在空闲时间拼命地追求各种刺激和放纵自己，以至空闲时间的利用也如同劳作一样的匆忙和紧张。因此，近代以来，力图恢复希腊人关于“休闲”之古义的声音仍不绝于耳（胡伟希，2000）。在《国际休闲宪章》中认为，休闲就是人们在完成工作和其他任务之后，在自由支配的时间内所进行的活动，是以补偿性活动为基础的活动。休闲娱乐的社会化、终身化的发展，是因为科学技术的进步及其在生产、生活中的广泛运用，为休闲时代的来临奠定了雄厚的物质基础，提供了充裕的闲暇时间。第二次世界大战结束以后，以美国为首的西方经济得到了飞速发展。特别是 20 世纪 60 年代以来，随着电子计算机的大量使用，出现了第三代工业革命。从 1951 年到 1970 年中，联邦德国和日本工业生产平均每年增长 7.5%～14.1%。这种经济发展速度，为休闲娱乐的发展提供了逐年增多的经费，休闲娱乐场地设施日益增加，收入的提高使休闲娱乐参加者迅速增加。在信息社会里，人们对于工作和休闲更是分不开了，人们在家里上班，免去了上下班舟车之劳，通过 Internet 就可以足不出户地进行电子商务、网上购物，衣食住行玩乐都可以在家中进行，此时可以达到在工作中休闲，在休闲中工作。

信息革命的结果使工作在人一生中所占的时间越来越少。一项对英国公众所作的调查显示：尽管现在一般人的职业生涯仍然要持续 40 年左右，但一生有效工作时间已由 1856 年的 124 000 小时缩短至 1983 年 69 000 小时，一生用来工作的时间所占百分比已由 50%减少到 20%。美国《未来学家》杂志（1999 年第 12 期）撰文说：随着知识经济时代的来临，未来的社会将以史无前例的速度发生变化。也许 10～15 年后，发达国家将进入“休闲时代”，发展中国家将紧随其后。新技术和其他一些趋势可以让人们生命中 50%的时间用于休闲。休闲的中心位置将会进一步突出，人们的休闲观念也将发生本质的变化。

休闲表现为个人或集体的积极实践，由于这些实践的扩展及其所需的基础设施，使休闲成为重要的社会现象。以法国旅游业的发展为例：每年外出度假的法国人越来越多，外出率已超过了 60%。周末或短期假期外出的增加更说明问题。体育娱乐发展更令人吃惊，法国人自发参加体育活动的人数无法统计。在这方面，慢跑的例子是很有趣的，刚开始是一种时尚现象，但却出乎人们预料地延续和发展起来。在美国，休闲通过渗透于社会、经济、文化来影响整个社会。人们通过休闲来实现自我追求的目标。目前，越来越多的美国人都以属于自己支配时间的多少和能否从事自己感兴趣的事，来判断其生活质量。今天的美国社会，在使人们工作时间不断缩短的同时，还为人们提供了多种公共性的、私人非盈利性的、商业性的场所和设施，使人们能参与各种各样的休闲活动。休闲文化的繁荣与一个民族的创造力密不可分。在英文中，Recreation 这个词是一个合成词。Re，作为前缀，是“不断、反复”的意思，creation 的意思是“创造”。不断地玩，才能不断地创造，创造依赖于游戏。它喻示人通过休闲、放松身心来获得自己的一种精神的解放，因为创造和精神自由是密切相连的。人在一个沉重的负担下，就没有什么创造力。

**2. 中国休闲时代的到来**

1978 年中国共产党十一届三中全会以后，中国历史揭开了新的一页，在政治路线上实现了从“以阶级斗争为纲”到以经济建设为中心的拨乱反正，在经济体制上逐步进行了一系列改革，开始了由计划经济到市场经济的过渡，对外则实行了全方位的开放政策。我国自 1995 年 5 月起，开始实行 5 天工作制；1999 年又开始实施春节、“五一”、“十一”3 个长假日。一年当中，中国有 114 天是法定休息日，这就是说，一年中我们有 1/3 的时间都在休假，这给人们的休闲生活带来了更多的发展条件。

小康社会的建设，使休闲作为一个新的社会文化现象和经济现象浮出水面，并成为我国社会进步面临的新课题。但是，我国城市居民怎样分配时间呢？以中国人民大学教授王琪延博士为首的“生活时间分配”课题组的抽样调查显示：我国城市居民平均每日工作时间为 5 小时 1 分，个人生活必需时间为 10 小时 42 分，家务劳动时间为 2 小时 21 分，闲暇时间为 6 小时 6 分。4 类活动时间分别占总时间的 21%、44%、10%和 25%。从终生时间分配来看，正规学习时间约为全部生命时间的 7%，工作时间仅仅占人生的 1/10，生活必需时间几乎占去了整个生命时间的一半，闲暇时间约占 1/3。毋庸置疑，我们正在进入休闲时代，休闲已在人们的生活和社会经济中越来越重要。休闲，其实就是如何利用以前我们很熟悉的“业余时间”。休闲文化开始渗入到了人们的日常生活中，假日经济已经成为一个新的经济增长点。休闲有它缘起的文化背景和社会背景，与经济发展相协调。中国现在到了应该关注休闲文化和休闲经济的时候了。

由于运动休闲市场巨大，所以在西方工业国家，运动休闲作为休闲产业的重要部分已经发展为一个独立的增长部门。在社会生产力极大提高与科技飞速发展的今天，社会必要劳动时间越来越短，人们的空闲时间越来越多，但人们并不因此而越来越会“休闲”。物理意义上的“空闲”，并不能给人们带来真正意义上的“满足”，迫切需要休闲娱乐的理论研究，解决在实践中凸现的问题。由于现代休闲活动对个性发展和社会文明建设具有极其重要的作用，因此受到社会各界的重视。我国在开展社会主义精神文明建设和全民健身活动中，将体育休闲活动作为重要方面来积极组织和引导人们参与，充分享受美好生活，并通过休闲活动增进健康，陶冶情操，丰富生活，促进社会稳定和发展。

**3. 中国的休闲发展**

随着知识经济时代、休闲时代的来临，如何看待中国百姓休闲生活时间的增加？中国的休闲产业怎样才能良性发展？我们怎样学会“聪明地休闲”？2002 年 10 月，由中国软科学研究会、《自然辩证法研究》编辑部、中国文化研究所休闲文化研究中心联合举办的“2002—中国：休闲与社会进步学术研讨会”在北京召开。来自国内各高校及研究院所著名学者们的目光首次聚焦于中国百姓休闲生活方式变革的话题上。研讨会的主题是：休闲——一个新的社会经济文化现象。会议就“休闲产业与经济结构、产业结构、消费政策、劳动时间的关系及对策”“转型期城乡（社区）居民休闲时间的利用、特点及存在的问题”“2008 年奥运会与中国休闲产业发展”“休闲产业相关社会条件支持系统在我国的现状、特点及发展趋势”“休闲的文化价值与对人文关怀的意义”“休闲旅游与自然文化遗产的保护”“休闲与教育以及休闲政策的考察”等一系列有关问题进行了讨论。这是国内首次有关休闲理论和相关发展问题的学术研讨会。此次会议直面休闲已成为我国社会、经济、文化生活的重要内容的现实，从理论上深入探讨了休闲的本质、人与休闲的关系和休闲在中国的发展等重大问题，并就如何认识以文化引导的作用和人文关怀的力量来推动社会的进步、如何认识休闲与社会发展的互动关系、如何认识休闲产业在推动现阶段我国经济发展和产业结构调整中所具有的功能、如何认识社会转型期我国人民大众休闲生活的价值取向和发展现状、如何用先进文化引领休闲发展等问题进行了学术研讨。

学者关注休闲理论的焦点之一，是如何看待休闲时间的增加。成思危认为，大约 1 万年前，当人类进入农耕时代，人类只有 10%的时间用于休闲；当工匠和手工业者出现时，则省下了 17%的时间用于休闲；到了蒸汽机时代，由于生产力水平的提高，人类将休闲时间增加到 23%；而到了 20 世纪 90 年代，电子化的动力机器提高了每一项工作的速度，譬如从烧饭到交通……因而使得人们能将生活中 41%的时间用于追求娱乐休闲。知识经济时代的来临，使未来的社会以史无前例的速度变化着，我们的休闲需求、休闲价值观、休闲方式都在潜移默化地发生变化。毋庸置疑，休闲时间的增加，是社会进步的标识，是国家综合实力的体现。我国自改革开放以来，在不到 20 年的时间里，就拥有了发达国家经历了近一个半世纪奋斗才拥有的休闲时间拥有量。根据国外学者的预测，到 2015 年前后，随着知识经济和新技术的迅猛发展，人类将有 50%的时间用于休闲。越来越多的休闲时间的获得，必然带来大众需求结构的变化——由对物质的追求转向精神享受的渴求，同时必然促进产业结构和消费市场的变化。

**4. 国内运动与休闲状况**

关于运动与休闲的研究，国外从 20 世纪 60 年代起初见端倪，很快传到台湾。台湾习惯称为运动休闲。从时间的角度定义休闲，是普遍且易接受的观点，即指从事休闲活动所使用的时间，是生活当中可自由、随心所欲运用的部分。黄中天及洪英正(1994)认为可以把人的时间分成三大部分：①生存所需的时间，如睡眠、饮食；②维持生命所需的时间，如工作；③休闲的时间，意即可从事其他活动的时间。陈彰仪(1986)以剩余说的观念定义休闲活动是工作以外时间减去生存所剩余之自由时间中所从事的活动。有学者把休闲活动分为两类，一类是动态，一类是静态。动态的休闲活动就是休闲运动(蔡贞雄，1987)，有学者把另外一个与运动休闲相类似的概念——“运动性休闲”定义为：根据个人自由意愿与个人特定之参与目标，于课余时间之内主动且积极所从事具有运动性质之活动，包括动态性与体能性之体育活动(陈克宗，2003)。

台湾学者把 Leisure 称为休闲，把 Recreation 翻译成游憩，把 Play 译为游戏，而把 Game 这类活动归为竞技游戏(涂淑芳译，1996)。20 世纪 90 年代后期，有更多学者关注人们自觉自愿地参与体育活动，以休养体力、精力、解脱精神压力、排遣消极情绪的这种社会现象。但一直以来，对这类现象的叫法不一。有休闲体育、休闲运动、余暇体育、娱乐体育、快乐体育、轻体育等。虽然我国对运动休闲整体上缺乏系统的理论研究，但在实践上运动休闲已经呈现出蓬勃发展的态势。目前也有刊物在进行这方面的分析和引导，如由中国体育杂志社和中央电视台体育部主办的《运动休闲》，就对一些新兴的运动项目进行过介绍，如高尔夫球、保龄球、钓鱼、网球、壁球等。

体育休闲是在闲暇时间里从事具有运动性质且能愉悦身心的活动，也就是说体育运动是休闲的一种很好的方式。由于概念模糊，有研究者给休闲体育下过这样的定义：“休闲体育是人们遵循人体的生长发育规律和身体活动的规律，以身体练习为基本手段，结合日光、空气、水等自然因素和卫生措施，达到增强体质。”(朱大修等，1997)

有人认为，体育休闲，并非是一种新的体育形式，是指人们利用余暇时间为了达到休闲、健身、消遣、娱乐等多种目的所进行的各种身体活动方式(孟凡运等，1999)。

也有人认为，休闲运动是指人民在余暇时间里，积极自主地、轻松愉快地、毫无心理负担地进行的一些娱乐健身活动。休闲娱乐体育，即人们利用余暇时间去参加那些能引起人们快乐的一切体育活动。休闲体育是人们为协调身心全面发展，自觉、自由地利用闲暇时间参与体育活动的行为方式或生活方式。这个定义体现了人的“生存—享受—发展”的生活模式。可见，休闲体育蕴含着浓厚的生活气息，富有很强的生活价值。

还有人认为：“所谓娱乐体育，是指人们在余暇时间进行的以寻求放松、愉快的情感体验为主要目标，从而在心理上得到满足的身体活动形式。”（肖谋远，2000）

有人对休闲、娱乐、余暇等词进行了剖析，认为“休”既可作动词，又可作名词，主要是用作动词，它与“闲”字连用，则有既“闲”又“做”的意思，正好符合体育行为方式概念中既有观念又有观念指导下的行动这层含义。用“休闲体育”一词标记哲学意义上的 Leisure Sport 含义，符合汉语的习惯。休闲是指人在完成社会必要劳动后，为不断满足人的多方面需求而选择的一种行为方式，它也是一种价值取向（于涛，2000）。他们还分析了休闲体育产生的后现代主义文化背景，指出空闲时间和物质财富并不是休闲体育的必要条件基础，认为正是由于现代体育的异化，休闲体育在反映人与自然、人与社会、人与自身等关系上才表现出鲜明的后现代特征（于涛等，2000）。

对于休闲体育的特点研究，概括为如下 3 点：①个体选择性特征。休闲体育是在工作、学习之余参加的体育锻炼，不需要按计划或技术动作要求去做，也不需要按规定时间、地点和场地进行体育锻炼。人们根据自己的性格、兴趣和能力选择体育活动项目。②竞赛性不强。③以有氧运动为主。郭晶归纳的休闲健身运动的特点是：①有自主性；②高度娱乐性；③锻炼效果实效性；④具有很强的社会性。周奕君认为休闲娱乐健身体育的特点是：自由性、娱乐性、趣味性（朱大修等，1997）。

运动休闲具有如下功能：

（1）改善社区生活的总质量。在大城市里，人们感到孤立、孤独、烦躁，人与人之间的交流和沟通显得极为重要，运动休闲可为人们增加社会交往的机会；维持人们的心理健康；不同种族、宗教信仰、阶级背景的人通过共同的运动休闲改善他们之间的关系；替代了一些人的不良生活方式；运动休闲可获得最佳体验，实现自我价值。

（2）经济功能。运动休闲在西方经济发达国家产生了巨大的经济效益。在英国，运动休闲对国民生产总值的贡献率为 1.7%，而在俄罗斯为 1.9%。

（3）与人们的健康息息相关。“文明病”通过运动休闲加以调节；在运动休闲方面的投资，可以防止疾病。

（4）减少少年犯罪。运动休闲可帮助少年释放过剩的能量，发泄暴力，使他们远离街道，并且离开赌博场所。

（5）回归大自然。运动休闲成为现代人休闲生活的主旋律，大多数人喜欢到大自然中去运动休闲，现代都市人疯狂地迷上了极限体育运动也可见一斑。

**5. 运动休闲内容的研究**

休闲体育活动的内容丰富多彩，既有对场地和经费投入要求不高的传统体育内容，如武术、气功、散步、跑步、徒手体操等，也有需要一些专门场地和设施、需要一定投入的现代体育内容，如网球、游泳、旅游、家庭器械健身等，还有对场地、设施、投入要求都很高的新潮体育，如高尔夫、保龄球、赛车、摩托艇、登山攀岩、热气球、滑翔翼等。适合不同年龄、不同生活水平、不同爱好的人们，主要分为 3 个方面：陆域——以山林野外为背景的登山、攀岩、定向徒步越野、郊游、山地自行车运动、野外旅行、探险、滑雪、滑冰、雪上摩托等；水域——划船、赛艇、帆板、水上摩托、潜水、冲浪、滑水、钓鱼、游泳、木筏漂流等；空域——滑翔、跳伞、热气球等活动（刘华平，2000）。

## 案例:2010行业热点——户外运动产业面临新机遇

据相关部门统计数据显示,2009年中国户外用品的销售量达53亿多元,同比增长40%。为追求健康、时尚和自然的生活,越来越多的人走向户外,激活了户外用品强大的市场需求。

1. 户外运动催生运动品牌面临新机遇

目前我国国内市场内拥有400余个专业户外品牌,其中本土品牌约占其中的3成;专业户外用品零售店达到了近2 000家,百货商场零售点达到了1 600余个,其他销售模式也在以不同的方式迅速发展着;专业户外运动俱乐部超过400余个。据不完全统计,我国每年参与有组织的户外运动人群达到了70余万人次。由此可见,我国的户外运动产业不仅是一个新兴的产业,而且是一个充满活力、保持着高速增长率的产业,其未来不仅被业内人士普遍看好,近年来也吸引了大量产业外人士的关注。根据产业发展的规律来看,中国户外用品产业在未来的3～5年内仍将保持10年以来的增长势头。同时,随着行业的不断成熟,这一充满朝气的产业也将会不断朝着正规化的方向发展。同时,在运动服饰发展的过程中,整个产业也成就了大批成功的运动服饰企业,这些企业反过来也在不断地推动整个运动产业的发展和进步。这种企业与运动二者构成相辅相成、共同发展的模式,促成了我们今日看到的"运动帝国"。

2. 户外运动产业呈"口红效应"

在户外用品中,户外纺织品占了较大比重。户外纺织品应用广泛,主要包括突袭服装、滑雪服、旅游鞋、登山帽、睡袋、帐篷、双肩背包、袜子、手套等,且具有较高的附加值和技术含量。高科技的时尚用品更容易给人们带来心理安慰和满足感。著名户外零售商Bean L L全球品牌市场总监扎恩说:"越来越多迹象表明,当前的经济萧条促使更多人走到户外去散心缓解压力。"在金融风暴中,户外运动产业就是这样一支"口红",不仅产业销售额没降,反而得到了大幅的提升。

3. 家庭露营3年后将成主流

中国青年旅行社首席执行官蒋建宁表示,在未来3～5年内,在经济形势不确定的情况下,旅游者将更加注重自助游、休闲游与体验游。一份名为《最活跃的美国人》的报告也显示,78%的受访者表示计划将夏季假期提前1个月甚至几个月,50%的人表示打算外出3～5个月;在所采集样本人群中,11%的人表示正考虑多进行露营活动。盛发强已经敏锐地感受到这样的趋势,"我们不久前刚刚发布了家庭户外旅游装备计划,可以说3年后家庭露营将成为大众户外运动的主流,根据我们掌握的国际市场调查数据,家庭露营也是最近3年来增长最快的户外活动,因此将来我们的市场重点就是与家庭露营结合起来的"。

4."低碳"成户外装备基本指标

时下,低碳经济、低碳生活、低碳达人等词汇纷纷现诸媒体,低碳理念也融入了健身当中。低碳健身作为一个新鲜的组合概念受到越来越多的人关注,他们选择慢走、骑车、登山、游泳等低碳健身方式,同时低碳环保的户外装备也成了当下时尚人士的必备。在2010年,"环保"将不再成为一个需要特别提及的卖点,可回收材料、再生材料、有机棉、天然材料的使用将成为户外装备最基本的指标。在第六届亚洲国际品牌体育用品及运动时尚博览会上,低碳概念频频现身。美国老牌户外用品巴塔哥尼亚采用日本在2002年研制出的ECOCIRCLE面料,将回收的聚酯类衣物经过粉碎、化学反应、聚合等步骤制成再生的涤纶纤维面料。这样,户外用品就可再生循环利用,真正实现环保低碳。"低碳生活"正成为时尚。(来源:慧聪运动休闲网)

## 三、思考与借鉴

我们认为体育学院社会体育专业应确定对健身休闲运动人才培养的新模式。相对于传统教育模式，社会体育专业下的休闲运动方向应强调运动项目设置的时代性、时尚性以及社会接纳度。在课程建设上突出休闲运动特色并与市场需求相结合，重点突出实用性。同时在培养过程中对实践环节具有前所未有的重视。另外，在人才的培养形式不局限于校内传统的理论课、技能课教学，还要求同时结合“师徒式”、“体验式”培养以及“订单式”进行针对性教学，建立整个人才培养的“多元化”模式。

反观自身，现在拟订的人才培养方案要更多地为当地社会经济服务，社会体育专业应有自己的路子、定位要准，不能脱离实际。社会体育是一个大概念，专业口径相对于专科教学的要求显得过于宽泛，不能明确突出培养目标和专业方向。而休闲运动是专门指以身体活动为基本形式，以健身、娱乐、消遣、放松和探寻刺激等为主要目的的社会休闲活动，是一种能给人们带来身心愉悦的运动，它不仅仅追求强身健体，更注重获得一种精神上的兴奋感和愉悦感。更强调健身和娱乐功能，特色也更鲜明。因此，在已有的保健康复方向经验基础上，应建立有特色化的健身休闲专业服务与管理培养体系。

# 第三节　运动训练专业人才面临的机遇与挑战

据教育部统计，2013 年全国高校毕业生规模为 699 万人，当前毕业生就业形势复杂严峻，宏观就业压力增大，且当前国内针对高校毕业生的有效用人需求呈下降趋势。作为创办于 20 世纪 50 年代的运动训练专业，在人才培养及毕业生就业等方面也存在着许多问题，如学生就业方面就存在着专业口径窄、学生综合素质不高、适应能力差以及就业观念陈旧等问题。1999 年以来，由于我国高校扩招，导致运动训练办学规模和招生数量扩大，也使得运动训练专业学生的就业变得更加困难，竞争更加激烈。

## 一、运动训练专业面临的机遇

### 1. 体育产业的蓬勃发展为毕业生提供了就业机会

随着我国经济的发展，我国体育产业对经济的贡献率不断提高。2010 年 3 月，国务院办公厅发布了《关于加快发展体育产业的指导意见》，首次从国家层面明确了体育产业的地位，要求各级政府把体育产业纳入经济社会发展规划，并制订和组织实施体育产业发展规划。中国体育产业的发展迈出了新的步伐。据国家体育总局提供的相关资料显示，2009 年 1—11 月，我国体育用品制造行业规模以上企业实现主营业务收入 646 亿元，比上年同期增长了 6.29%；实现利润总额 19.75 亿元，比上年同期增长了 56.09%。2010 年我国体育产业从业人员已超过 500 万人，实现增加值已超 5 000 亿元，较 2009 年增长超过 20%，明显超过了经济增长速度。体育产业真正成为为民服务、为国增利的朝阳产业，成为国民经济新的增长点。

从世界范围来看，我国体育产业与发达国家相比仍然存在差距。如美国，体育产业作为十大产业之一，已经占到了 GDP 的 2%；澳大利亚体育产业提供的就业机会超过了农业、铁路、保险、电力等主要行业。目前,欧美每年人均体育消费300～500美元,而我国年人均体育消费不足100元人民币。如果人均体育消费能达到欧美的一半,就将形成一个每年2万亿元人民币的巨大市场(2010年7月4日中国经济网-经济日报)。由此可见,体育产业蕴藏着巨大的商机,为毕业生提供了广阔的就业空间。

**2. 全面健身需求提供了广阔的就业空间**

20世纪以来,随着科学技术的迅猛发展,极大地促进了生产力水平的提高,提高生活质量、追求健康已经成为现代社会不可逆转的发展趋势。作为娱乐、保健、交流的重要内容,体育锻炼已经成为人们日常生活中的一项重要内容。为此,党和政府在《全民健身计划纲要》中就明确提出,要建成具有中国特色的全民健康体系,使体育成为人们生活中不可或缺的组成部分。社会体育指导员是发展我国体育事业、增进公民身心健康、提高生活质量、建设社会主义精神文明的一支重要力量,对推动全民健身事业的发展起着积极作用。国家体育总局在《社会体育指导员发展规划》(2011—2015)中就明确指出:社会体育指导员已经成为推动全民健身事业发展的重要力量和宝贵的人才资源,要扩大社会体育指导员队伍,建立和完善全民健身公共服务体系,满足人民群众日益增长的体育健身需求,明确提出获得社会体育指导员技术等级证书的人员注册数从目前的65万人增加到100万以上。城市达到每1 000人至少拥有1名社会体育指导员;农村达到每2 000人至少拥有1名社会体育指导员。随着全民健身运动的不断发展,大众体育对社会体育指导员的需求量越来越大,这为运动训练专业拓展培养渠道、服务大众体育提供了新的契机。

## 二、运动训练人才培养面临的挑战

**1. 学生就业难与办学规模的协调**

运动训练专业的创立,其目的不仅是为了培养高水平的运动员和教练员,更重要的是提高现役运动员的文化素养、提高运动训练效果;增强运动员退役后的社会竞争力,为运动员解决后顾之忧;选拔优秀青少年运动员到高校深造。近年来,随着运动训练专业办学规模的逐步扩大,毕业生逐年增多,客观上造成了学生就业困难等实际问题,运动训练专业一度成为红色预警专业,这直接影响到运动训练专业的建设和发展。对于如何控制招生规模和招生学校数量,必须认真调研,从体育事业的全局考虑。运动训练招生政策应与奥运战略紧密联系,鼓励优秀青少年积极投身到运动训练中,拓宽青少年学生今后的出路,同时调整运动训练人才培养目标,让学生具备当前社会急需的知识和能力,提高专业的社会认知度和学生的社会适应能力,促进本专业的可持续发展。

**2. 生源质量低与招生政策的调整及人才培养的改革**

随着运动训练专业招生学校的增多,出现了招生规模迅速扩大、学校之间相互争夺生源、生源质量整体下降的局面。招生入口的影响直接导致部分学校学生素质良莠不齐,影响专业人才培养方案的有效实施和人才培养质量的下降,如何解决这一矛盾是当前运动训练专业面临的实际问题。各院校应在现有招生规模的基础上,完善人才培养计划,制订适合学生发展的个性化培养方案,并充分考虑学校学科和专业发展优势及社会的实际需求,尽可能为广大学生创造优良的人才培养环境,为学生的成才和成长提供优质的服务,努力提高人才培养质量和效果。

## 三、运动训练专业可持续发展的对策

**1. 控制招生规模与数量**

目前，全国150多所体育院系中有70多所开设了运动训练专业，招生人数规模较大，在校生人数近4万人。按照国家规定，本专业招生对象是二级以上运动员，主要来源于各专业队现役与在役运动员，体育运动学校、传统体育项目中学和普通中学的优秀运动员。现在，我国每年审批的二级运动员约为1.5万人，但每年报考人数达3万人以上，由于种种原因，新生中二级以上运动员不足60%（金季春，1998），生源状况在运动水平、文化基础、自身素养等方面差异较大，影响人才培养方案的制订，制约了人才培养质量。因此，在当前高校招生规模的基础上，可通过提高生源文化素质和综合素质等方式进一步提高生源质量，管理和决策部门应及时审视运动训练专业的布局和规模，不断调整专业定位，提高办学要求，稳定办学规模，提高办学质量。

**2. 突出专业特色**

我国运动训练专业由于受到学生就业的影响，许多高校在人才培养目标定位上瞄准复合型人才的培养思路，结果导致与其他体育专业课程相近，专业特色不突出，影响了本专业的建设和发展。管理部门应注重引导各学校根据自身学校专业和学科特点，充分体现各类学校的办学优势，形成各自的办学特色。如综合性大学具有多学科、学习氛围好的优势；体育院校具有专项教学、专业信息通畅、学生运动技能突出、与体育系统关系密切的优势，各校就应该结合这些优势设计适合学生成长的人才培养方案，并在人才培养过程中注重办学条件和教育环境的配套，为学生成才提供良好的机遇。

**3. 拓宽专业口径，提高人才培养质量**

运动训练专业在人才培养过程中，应该结合社会发展和市场需求，尽可能拓展专业口径，加强对社会紧缺体育人才的培养。在培养方案设计过程中，可根据办学实际，结合学生个体差异性，体现个性化培养的要求，制订出多规格、多层次的人才培养方案，为学生的成才和成长提供更多的和便利的机会。也可以创新人才培养模式，实现校内外结合、学校与运动队结合等方式，教学和训练并重，不断提高学生的综合素质和社会适应能力。

**4. 课程设置紧密联系市场需求**

相关研究表明，我国运动训练专业毕业生虽然在文化基础知识、运动基本知识和专业理论方面有一定的基础，但专业理论知识水平不足，尤其在专业知识掌握的深度和广度上均不高，业务工作能力和运动技术水平下降，这些都严重影响专业人才培养的质量。当今高等教育培养的人才应当具备全面的素质和较高的综合能力，课程设置是实现专业培养目标的保证，是深化教育改革不容忽视的重要环节，应该在数量和质量上进行优化，注重课程的实用价值，多开设具有专业特色和应用性较强的特色课程，改变重技术、轻理论的倾向，合理设计术科和学科的课程比例（王丽娜等，2004）。

# 第六章　体育专业学生成才路径

体育专业的学生，作为高校学生的一部分，其本质上和其他的学生一样，没有差别。但因其专业的特殊性，他们在思想、行为、情感等方面还是表现出明显的不同。体育专业学生的特点首先表现为性格外向，思想活跃，反应敏捷，勇于承担责任，但往往对自己估计过高，倔强固执，喜较量，好冲动，遇事争强好胜，易于和他人发生冲突(杜春斌，2006)。其次，自尊心极强，过于敏感，怕别人低看自己，渴望得到别人的承认和鼓励，但不拘小节，比较散漫，基本文明程度较差。还有，体育专业学生在各项竞技运动的训练和竞赛中形成了好动、好强、好胜的性格，容易导致在文化学习时难以入静，产生坐不住、学不进的现象。如不正确地引导教育就会出现不爱学习、爱出风头、容易激动甚至产生心理问题。体育生的这些特点决定了他们是学校中的一个特殊群体。对他们的教育管理如果方法得当、措施对路，就可以不但培养合格的体育人才，还能为活跃校园文化活动输送组织管理和参与力量，否则，就有可能成为一群有问题的学生，他们因其自身特点，易在打架、旷课、酗酒、考试作弊等方面违纪，同时还会对学校的管理工作造成一定的不良影响。因此，必须抓住学生的特点，采取有针对性的措施，引导与制约相结合，不断提高他们的整体素质。

## 第一节　素质培养

素质的经典定义是指人的先天解剖与生理特点，即神经系统和脑的特征及感觉器官的特点，这是从生理、心理角度界定的。从现代人的素质构成看，素质已经扩展到人的品质和人的社会品质领域，要全面认识素质概念，必须从人的发展角度考察，即从人的自然化和社会化两方面考察。人在自然化和社会化的同时发展中，形成了一系列生理的、心理的和社会的相对稳定的特征，就是素质。关于素质的定义目前有五种说法(朱峰，2009)。

**1. 要素说**

人的素质是由品德、智力、体力等多种要素组成的。

**2. 构成说**

人的素质是由自然生理素质(天生遗传)、社会文化素质、后天习得和心理素质(个性品格)等方面构成的。

**3. 发展说**

人的素质是由3个发展阶段形成：由心智全面发展(观察、思维、想象、实践能力等)—身心全面发展(生理与心理素质的统一)—个性与社会协调发展(形成思维、能力、品格等)。

**4. 能力说**

人的素质不是各因素静态的总和，而是动态的，其中任何一个因素的变化都会影响整个素质的变化。

**5. 统一说**

人的素质是构成要素的“质”与“量”的统一，静态与动态的统一，具有整体性、社会性和适应性。

总之，人的素质是人在先天的基础上通过教育和社会实践而发展形成的人的主体性品质，即人的品德、智力、体力、审美等方面品质及其表现能力的系统整合。

## 一、体育教育专业学生的素质培养

高等师范院校体育教育专业肩负的主要任务就是培养合格的中小学体育教师，但根据学生的教育实习和毕业生反馈的信息得知，许多学生走上工作岗位后，通过多年的摸索，才能逐步地适应中小学体育教学的要求，才具备了中小学体育教师的素质，而这些专业素质完全可以在大学期间培养。

### (一)体育教育专业学生必备素质

高校体育教育专业作为培养中小学体育教育人才的摇篮，造就中小学体育教师的“工作母机”。那么，作为高校的体育教育专业如何适应新的中小学《体育与健康课程标准》(以下简称《新课标》)，首先就要了解和掌握体育教育专业人才培养应该具备什么样的素质，然后再根据这些素质进行有针对性的培养，以期达到最佳的效果。

**1. 具备丰富的理论知识**

《新课标》要求在中小学体育中培养学生社会适应能力，就是要强调体育与教育、文化相结合，把体育当作一个育人的过程，这个过程不仅包括育体，而且要育心、育群，培养学生不断追求卓越、挑战自我的精神；磨炼学生坚忍不拔的意志品质；培养学生的竞争与合作意识、集体情怀和爱国情操；培养学生公正、公平的价值观念、高尚的道德情操以及良好的心理品质和心理调节能力等(宋彩珍，2010)。体育教育专业学生只有掌握了教育学、教育心理学、运动心理学、运动生理学、运动医学等专业乃至与专业相关的各方面先进动态，才能实现《新课标》的要求，并达到良好的效果。因此，丰富的知识是体育教育专业学生毕业后顺利实施《新课标》的基础。

**2. 具备对课程的决策和开发能力**

《新课标》的实施不再把教科书作为唯一的课程内容的来源，它需要学校和教师积极地开发体育课程的内容资源，自主地选择学生喜欢而又能促进他们健康成长的课程内容。《新课标》虽然也规定了课程的各种目标和教学建议，但它只是从宏观上规范我国体育课程，而把具体的教什么、怎么教和怎么评价的选择权交给学校和体育教师。《新课标》的实施，要求体育教师打破旧的课程时空，努力开发课程的空间、时间、人力、物力等条件性资源，以保证课程目标得以实现。体育教师应成为课程资源的开发者。课程开发应根据本地、本校的实际情况和学生的需要，既可以引用新兴运动项目，也可以开发民族、民间传统体育资源和自然地理课程资源，关键是教师要具有对课程的决策、开发能力。因此，体育教育专业学生只有具备对课程的决策、开发能力，才能够在以后的工作中科学地、创造性地开发体育课程资源，使体育课程得以科学地实施。

**3. 具备教学和研究能力**

《新课标》的实施强调体育教师要更新观念，从过去单一的知识、技术的传播者，转为引导学生主动学习的指导者和协作者。传统的体育教学突出的是教师的教，却忽视了学生的学，使教师在教学中处于绝对的权威地位。而《新课标》则要求教育要全面、全体和自主性。教学中以学生为中心，面向全体学生，尊重学生的需要，充分考虑学生的个体差异，重视学生的情感体验，使学生自觉主动地学习，教师要在学生学习技术、技能和素质的提高上对学生加以指导并协助他们掌握各种技能。

《新课标》的实施，给体育教师提出了新的课题，那就是沿用现有的理论和自身的经验将满足不了教学要求，这就需要教师具备一定的研究能力，不但能独立开展教育研究活动，还能灵活地解决教学中出现的各种各样新问题。因此，要求体育教育专业学生要具备研究性学习的能力，在改革创新中寻找到解决《新课标》实施中问题的办法。

### （二）体育教育专业学生的素质培养

#### 1. 转换观念，改革传统的教学模式

高校体育教师转变旧的观念，重新定位学生的培养目标，由过去培养“运动员型教师”转变为面向基础教育、培养合格的中小学体育师资观念。

（1）在高校专业课程中应强调“技能的形成与发展”的一般理论知识和实际分析的能力，加强“中小学体育教材教法”的学习，在此基础上增设各种有群众性基础的健身运动、中国传统的体育项目和户外活动等课程。

（2）结合学校自身的特点，丰富选修课的内容。目前，体育高考生人数不断增加，扩招的力度加大，体育教育的学生都来自于五湖四海，不同的地方有不同的体育爱好，如开展多项体育俱乐部，以提高学生的专业能力，不断提高学生自己的综合运动能力。

（3）在课堂教学中充分调动学生学习的积极性，让学生处于思考与研究的学习环境中，逐步培养学生研究的习惯、科学的精神和态度，提高他们在人数多、场地器材缺乏情况下的教学能力，培养学生的创新才能尤其是教学创造力。

（4）加大学生的社会实践能力，适当地加长教育见习和实习的时间，提高学生学科理论的综合能力。

#### 2.增强学生的组织管理能力

体育教师必须具备较强的组织管理能力，才能使教学工作得以顺利进行。因为体育教学和其他学科的教学形式不完全一样，有它的特殊性（郑巧玲，2003）。首先，利用的场所不同，室外教学所占比重大；其次，是组织形式不同；第三，活动方式不同。因此，学生的组织管理能力应在学校学习期间加强培养。

（1）由学生自行组织系、年级、班级的各种活动。如演讲、文艺活动、体育竞赛、班会、辩论会、团队活动，等等。教师只作指导，锻炼学生的组织能力。

（2）在平时专业技术课教学中，让学生自己准备活动部分，教师对其进行指导和讲评。

（3）在校和系组织的球类、田径、象棋、体操、武术等教学竞赛中，都由学生组织队员参加训练、比赛，组织编排裁判工作，各教研室给予指导，使其掌握正确的方法。

#### 3. 提高讲解示范能力

体育教学要求精讲多练，讲解要抓住重点，精辟简练，通俗易懂，逻辑性强。直观教学在中小学教学中有重要的作用，优美的示范动作能激发学生的学习积极性。因此，讲解示范是合格体育教师必备的基本技能。

（1）在平时的体育技术课教学中要求学生学习技术动作要规范，这在对体育教育专业的学生技术课考试中已经体现出来，其中技术评定占60%，达标只占40%。

（2）利用课余时间培优补差，对技术掌握较好者进一步培养；对技术掌握差者，在教师的指导下，由优生带领重点进行训练，使其能较好地掌握技术动作。

**4. 培养学生观察、分析、判断、解决问题的能力**

体育教学，需要教师善于观察学生在学习过程中出现的问题，然后进行科学的分析、判断，再采取相应的手段进行解决。培养学生观察、分析、判断、解决问题的能力，是提高教学质量的重要途径，是合格体育教师的主要标志之一。

（1）在教学中，教师首先要把动作的各个环节给学生讲解清楚，在哪个环节容易出现错误，让学生在学习中有意识地去观察他人，教师要纵观全局。

（2）在教学中，对出现的错误动作产生的原因，要求大家进行分析讨论、判断，教师最后总结。

（3）多对问题进行分析，从而加深学生对问题的理解，在教师的指导下采取相应的方法去纠正错误的动作。

**5. 口令和哨子能力**

口令和哨子是体育教学中特有的专业性语言，是体育教师必须掌握的基本技能之一。口令和哨子运用得恰当与否，直接影响教学的质量，吐字清晰，声音洪亮、有力，节奏感强，运用时机恰到好处的口令，能振奋学生的精神，调动学生的积极性。哨声具有非语言所能表达的语言功能，它丰富了教学语言。哨声次数的多少、轻重缓急、长短搭配都传递着不同的信息，代表着不同的指令，是合格体育教师必须掌握的基本功。

（1）在技术课教学中，要注意培养学生的节奏感，并进行分类示范，使学生掌握口令和哨子的运用时机、发音方法、节奏快慢。

（2）在各科教学中，利用准备活动部分让学生进行口令和哨子练习。

（3）利用早操、课间操、课外活动、集合等场合轮流进行实习。

**6. 课余训练能力**

课余训练是中小学向上一级学校或运动队输送优秀体育人才、参加各种比赛不可缺少的手段，是取得学校领导对体育专业支持的重要途径，是提高运动水平的关键，也是显示一名合格体育教师能力的重要标志。

（1）通过理论课教学，让学生掌握多年训练计划、年训练计划、季度训练计划、月训练计划、周训练计划、日训练计划的制订方法，对各阶段的训练目的和任务、应采取的训练手段、要达到的目的，以及对不同水平、不同性别、不同年龄阶段的运动员应如何采取相应的训练方法和措施等作出系统的安排。

（2）新生入校后，每人可选一项训练项目。每周进行两次训练，教师要把每次训练课的任务、手段、内容讲解清楚，使学生在思想上理解教师的意图，通过业余训练来体会理论教学中所学到的知识，掌握业余训练的方法。

（3）在专选课教学中，应突出学生课余训练能力的培养，教师在每个单项、每个技术动作、每个战术上和不同项目心理训练上，都要向学生详细讲解训练方法、运用时机以及纠正错误技术的措施，并总结训练体会，使学生真正地掌握训练方法、手段。

**7. 裁判能力**

裁判工作是体育教师所必备的基本功，体育教师每年都要组织不同类型的体育比赛，如春季田径运动会和秋季球类运动会，其担负着本校及社会体育活动中的裁判工作。因此，裁判能力的培养是体育系学生的必修课程。

(1)通过各门理论课教学，让学生对各类项目的竞赛规程的制订方法、秩序册的内容、竞赛日程的编排原则和方法以及裁判工作方法和技巧有一个正确的概念，在大脑中初步形成运动会完整的程序。

(2)在技术教学中，让学生对裁判方法的具体操作进行实习，特别是在教学比赛或技能考核中，把学生分成若干组，一部分做裁判工作，一部分比赛或考核，然后进行交换，使学生对比赛的裁判方法、各类表格的填写能熟练地掌握，结束后各组对存在的问题进行总结，最后教师作总结发言。

(3)通过省、市、学校、系以及社会活动中各类比赛，进一步提高学生的裁判水平。正规大型的比赛及高中会考和初中升高中体育加试工作，都是体育院校学生裁判实践的大好机会，可以通过这些活动，使学生能够掌握运动会正规的裁判方法和技巧，进一步提高学生的裁判能力。

**8. 运动场的设计与运用能力**

体育场地多而复杂，设计方法和画法都不同，通过理论课教学让学生掌握标准场地的画法。特别是在具体的工作环境中，不是所有的中小学校都具有标准的操场，让你去画一个标准场地。因此，在教学过程中除了要掌握在标准操场设计和画各种标准场地外，还必须学会在操场较小的、各种不规则场地上设计和画场地，并且合理地运用场地，以适应条件较差的基层学校的需要。

## 二、社会体育专业学生的素质培养

从《社会体育指导员发展规划 2011—2015》中可以看出，到 2015 年我国的社会体育指导员至少应配备 100 万人，到 21 世纪中叶应达到 500 万人以上(体育总局，2011)。然而，与供需两旺形成鲜明对照的是，艰难的就业形势始终是社会体育专业难以摆脱的梦魇。2008 年全国社会体育专业本科毕业生的专业与工作对口率为 40%，居所有专业倒数第 3 位。一边是缺口较大的人才需求，一边却是艰难的就业形势，问题根源在于教育与实际脱节、专业与职业脱节。2009 年 7 月制订的《全国高等学校社会体育本科专业指导性专业规范》(以下简称《专业规范》)适时地提出了高校社会体育专业的建设问题，为明确社会体育专业的社会责任、促进专业培养与人才需求接轨、提高各高校办学质量提供了指导和有力的支撑，但从社会体育专业人才职业化培养的角度看《专业规范》，仍然存在诸多不足。

### (一)社会体育专业学生必备素质

从社会中来，到社会中去，这就是最基本的途径。根据社会体育的特殊性，社会体育专业学生应具备的职业素质可综合表述为专业能力、社会能力和学习能力(邱斌，2007)。

**1. 专业能力**

专业能力是指职业岗位所需要的专业理论知识、专业技能和专门技术的应用能力等。它是基本生存能力，是社会体育专业毕业生胜任职业工作、赖以生存的核心本领，强调专业的应用性、针对性，包括从事职业活动所需要的技能与其相应的知识。

**2.社会能力**

社会能力既是学生的基本生存能力，又是基本发展能力，它是社会体育专业学生在未来职业活动中，特别是在一个开放的社会生活中必须具备的基本素质。社会能力包括组织协调能力、交往合作能力、适应转换能力、批评与自我批评能力、口头与书面表达能力、心理承受能力、正确处理和化解矛盾的能力、主动适应和承担风险的能力、社会责任感等，也是用人单位对学生就业能力、决策能力、应变能力、融合能力和创新能力的总体评价。随着《全民健身计划纲要》的深入和体育《新课标》的推进，对未来体育工作者而言，社会需要越来越多的“复合型”人才，这不仅需要学生具有良好的社交能力、组织协调能力、开拓创新能力等综合能力，而且要掌握多个专项技能，这样才能对不同类别和兴趣的群体进行有针对性的体育指导。

**3.学习能力**

学习能力是指适应现代社会的发展和现代企业用人单位的需求，具有终身就业的机会和能力，主要包括适应变化和自我开发等综合素质能力。目前，我国社会正发生着巨大的变化，特别是社会体育本来就是社会发展催生出来的社会职业，当然会随着社会的发展变化，其职业内容也会产生变化。社会体育学生应有较强的就业弹性和工作适应性，当职业岗位发生变更或劳动组织发生变动时，他们不会因原知识与技能的老化而束手无策，能在变化的环境中积极寻求新坐标，进而获得新知识与新技能。因此，重视学生学习能力的培养，为学生的终身就业打下基础，应成为未来社会体育教育的基本趋势。

### （二）社会体育专业学生的素质培养

**1.高校社会体育专业培养方案要符合社会发展的需要**

以培养德、智、体、美、劳全面发展的并能主动适应21世纪社会需要的“复合型”人才为目标。按照“厚基础、宽口径、强能力、熟技能、懂实践、高素质”的复合型人才规格要求，高校社会体育专业培养方案要符合社会发展对人才的要求，在教学内容、课程体系、教学方法、评价体系、质量监控等方面进一步加大改革力度。从学生的发展和就业、创业适应能力出发，针对目前体育产业的经营和管理、体育市场的营销和开发、各类体育俱乐部的经营管理人员和健身教练人才的需求，培养有现代经营管理知识和研发能力的社会体育专门人才，加强社会体育专业目标建设，突出社会体育专业建设特色和优势。要注重从办学定位、发展类型及办学特色与优势等实际出发，不断加强社会体育学科建设与人才培养的特色性。

**2. 构建与人才培养机制协调的社会体育专业课程体系**

课程体系反映着人才培养的具体内容。社会体育必须适应不断变化的社会需求，满足市场经济，跟上时代的步伐，围绕社会体育专业的培养目标和人才模式构筑具有一定前瞻性和弹性的课程体系，不仅要以社会需要为前提，以市场为导向，同时还应注意社会人文科学与技术教育的结合，要兼顾学生综合素质和可持续发展能力的培养。

我国高校社会体育专业“多元整合型”的课程体系，可以按照社会需求增减课程数量和种类，重点建设能体现地方特色的课程模块框架结构。由必修课和选修课两部分组成，必修课下辖公共课、专业基础课和专业课；选修课下辖限选方向选修课和任意选修课，根据地方社会需求，设置相应的限选方向，内容应包括大众健身管理与组织、体育产业经营与管理、休闲娱乐、养生健身体育、体育新闻和特殊人群等限选方向。

加强社会体育专业课程体系建设，是培养和提高学生职业能力的有效途径，而课程设置是教学计划的核心，也是教学改革的核心。因此，突出构建科学合理、结构优化的课程体系，以“高素质、厚基础、精专业、强能力、实用广”的原则为指导，采取主辅制、选修制和学分制等综合课程改革措施，做到公共课程、专业基础课程、专业方向主干课程建设相结合；突出思想道德和职业修养等理论课程的建设，重点了解、掌握实用的人体科学和人文知识，经济学与管理学知识、科学锻炼指导知识以及外语和计算机等基础课程。

**3. 建设与市场同步的实践基地**

建设与市场同步的实践基地是实践职业能力培养观念的基础，对社会体育专业学生职业能力培养有着至关重要的作用。实践基地的建设不仅应与专业培养方向一致，还必须考虑与社会需求、市场要求一致，建立一种学校、基地、社会三位一体的“实践共同体”模式（董茜，2010）。例如：与城市社区建立合作关系，帮助进行社会体育指导，引导进行健康的体育运动，组织社区体育文化活动；与城市街道建立合作关系，了解街道体育活动情况，协助制订体育活动计划，进行体育活动指导；与城市社会群众体育管理部门建立合作关系，可了解城市社会体育最新状况，参与城市社会体育活动计划设计，参与城市社会体育活动赛事策划；与经营体育产业公司合作，可协助产品的策划与宣传，了解体育产业公司的运作内容和模式。学生通过与实际就业环境相一致的社会实践活动，正面感受社会竞争激烈和人际关系复杂等特点，能有效地培养克服困难、不怕挫折的意志品质，以及良好的团队精神、合作精神、竞争精神，使心理适应社会的要求；培养学生社会公益意识、助人为乐的品德和吃苦耐劳的精神；将所学知识付诸实践，便于巩固提高和创新，有利于开阔眼界，了解社会，锻炼社会交往能力，提高社会适应能力。

**4. 加强教师的实践教学能力，提高社会体育专业学生职业素质**

学生要掌握的某种知识，教师应首先掌握；学生要具备的某种技能，教师应首先具备。从社会体育专业教师队伍建设和整体知识结构现状来看，绝大多数师资来源于体育教育专业，从事过社会体育工作经历而又有一定实践经验的专业教师严重缺乏，尤其缺乏在社会体育专业实践教学中，具有针对性、实用性和指导性极为有效的案例式教学、模拟教学的师资队伍和学科带头人。

社会体育本身就是一门实践性很强的学科，教师如果没有实践教学能力和一定的实践经验积累，那么他对实践中发生的问题就没有解决的能力，学生不仅无法进行实践，这样的学生到了工作单位，怎么能受到欢迎？目前，最为缺乏的是学识修养深、知识面广、洞察力强、有理论、有实践经验的教师。要培养学生的职业能力和全面素质，师资水平的提高是关键。当前应重点抓好教师能力的培养，提高教师的实践教学能力，使他们既有较强的市场经济意识，又有一定的经营管理能力，这样才能更好地完成教育教学任务，把学生培养成适应市场经济需要的体育人才。

## 三、运动训练专业学生的素质培养

由于运动训练专业在招生过程中生源的不同，入学后这些学生又分为“运动员学生”和“学生运动员”。“运动员学生”是指第一身份是专业运动员又有学籍的学生。他们从小被选进专业队，脱离学校而进行专门的运动训练，一般具有较高的运动技术等级，并以此为职业（有薪酬）。其特征是文化学习不系统，学习过程有长期的间断或连续性较差，实际文化程度与在普通学校接受教育的同龄学生相比差距较大。“学生运动员”是指第一身份是普通中学和大学的学生、一直参加训练竞赛的运动员。他们首先是学生，其次才是运动员。学生运动员的基本特征是，相对于“运动员学生”而言运动技术等级偏低，他们在学校不间断地进行系统的文化学习，而且能达到所在学校对学生在学业上的基本要求(张弛等，2010)。

### (一)运动训练专业学生必备素质

随着社会的发展，生活水平的提高，大众体育蓬勃发展，社会对高校所培养的专业人才的质量要求越来越高，加强素质教育，培养学生的综合能力已引起全社会的高度重视。体育教育专业的教学目的主要是培养今后的教师队伍，对技术训练只是初步的了解和掌握，综合素质要求不高，这就造成了最近几年体育教育专业学生就业难的现状。所以根据社会的需求，运动训练专业新的培养目标除了加大训练力度、提高运动成绩、熟练掌握专项训练技能外，培养学生今后的教学能力、组织管理能力、科研能力等也将成为重要内容。这就要求高校要培养出既具有体育教育专业学生较高的教学能力，又具有运动训练专业学生较高的专项训练能力的“一专多能型”综合性人才(马明坤，2008)。

#### 1. 体育基本理论知识

运动训练专业学生的理论知识各有差异，且普遍较差。据调查，他们的基本理论知识只有相当于初中生水平，有些还更低。对于一个大学生，这种理论基础无法适应高等学校教育，不得不让各体育院校担忧。对运动训练专业学生来说，失去了体育基本理论知识，就失去了体育人才的意义。

#### 2. 教学能力

教学能力是教师在教学实践中有意识、有目的、有计划地制订教学计划，组织教学的一种能力。运动训练专业学生的素质培养性强，技术过硬，但是为适应今后的教学，必须要把技术技能转为实践教学。因此，对教学能力的培养必须高度重视，组织教学能力是综合能力的重要内容之一。

#### 3. 专项训练能力

运动训练专业学生最大的优点就是运动技术能力强，中学作为体育后备人才的储备库，要想有更优秀的运动员产生，教师的专项训练能力必须过硬。这就要求运动训练专业学生具有过硬的专项训练技能，能够制订科学的训练计划，合理安排业余训练。

#### 4. 组织管理能力

组织管理能力是指组织人们按照明确的计划，充分发挥每个人的积极性，最大限度地完成既定目标的能力。其中包括组织各种比赛、指导群众开展全民健身活动、管理比赛、协调各方关系等多方面的能力。合格的体育工作者对后备人才培养的质量和运动技术水平的高低起着至关重要的作用，要使一个队伍达到更高的水平，就必须具有管理能力、组织能力、协调能力等多方面素质。

#### 5. 科研创新能力

科研创新能力是更高层次的能力，素质教育要求运动训练专业学生应具备科研创新能力，懂得科研方法，而这也是更好地完成教学和业余训练所必需的。教练员是训练活动中的主要组织者和指导者，是科学选材、制订计划、组织计划的实施者，是培养并指导运动员参加运动竞赛、争取优异成绩的专业人员，良好的专项技术素质和文化素质是现代教练员必备的条件。

## (二)运动训练专业学生的素质培养

从我国目前普通高校运动训练(本科)专业学生来看,他能迅速适应社会发展的需要,但是社会的发展需要有更高的体育文化素质作为依托,才能与时俱进,为了进一步提高我国高校运动训练专业学生能适应社会的需求,我们根据目前高校运动训练学生逐步完善当前对运动训练专业学生的学习体制,加强其体育文化素质的培养,才能更有效地促进素质教育目标的实现。

### 1. 掌握运用工具能力的培养路径

针对运动训练专业学生的文化基础较差和语言表达能力情况,为了加强语言及文字表达能力,教师在课堂上应多采用提问的方法,让学生多有发言的机会,学生发言时要求有条理地阐述出所要求回答的问题,在三四年级中,应多让学生上讲台,所采用的方法是:课前教师先让学生写出教案,经教师批阅辅导后,学生才能上讲台上课。每次课后教师应针对存在的问题,给学生布置作业,让学生按时完成。

### 2. 体育教学能力的培养路径

从教学实践和对毕业生工作情况的追踪调查来看,大多数学生都能基本胜任教学工作,这也是普通高校运动训练专业培养师资的成功之处。但存在的不足之处是,有些教学大纲的教材内容与基层中小学教材的内容存在着脱节现象;另外,注重运动技术的教学较多,而对教材教法的教学研究较少,尤其是根据教育对象的情况,采用具有针对性教法的教学就更少了,这也是有待改进和提高的方面。

### 3. 运动训练能力的培养路径

(1)根据教学进度和内容的安排,教师可将学生分成若干组,如篮球、排球、足球、田径、武术、体操等训练小组,并进行有关技战术、素质等内容训练计划的编写及辅导工作,要求利用课余时间由学生自己按所订计划对其他人进行训练指导,然后再进行人和项目的轮换,并通过研讨的形式从中发现问题,提高其分析问题和解决问题的能力,使之达到共同提高的目的。

(2)与体育部、室相结合,对在教学中不能完成教学内容和任务的学生,将其分项分组根据情况写出训练计划,在教师的指导下由体育专业的学生进行辅导训练。

(3)走出去与附近的各类基层学校的体育教研室相结合,担任助理教练和实习教练,协助教师开展课余训练工作。采用上述几种方法,能较好地提高学生指导训练的能力,在将所学的知识运用于实践之中的同时,也能从运动训练的实践中发现问题并反馈于教学中,使学生能带着问题进行有针对性的学习,有利于教学质量的提高。实践证明这些手段和方法是行之有效的,并受到学生的肯定和欢迎;另一方面,由于工作往来增加了与用人单位的接触,有利于学生的就业选择。

### 4. 体育社会活动能力的培养路径

为培养学生这方面的能力,可将学生分成若干组,与各系学生会负责文体的学生干部及各学生社团相结合,利用课余和节假日的时间组织开展各种内容广泛、形式丰富多彩的群众性文体活动,在可能的情况下考取国家有关部门规定的大众体育指导员等级标准的资格,在具备有关的知识技能的同时,具备合格的相关资历,为将来走向社会打好基础,提高自己参与社会竞争的能力。

**5. 体育保健能力的培养路径**

首先,引进或招聘具有扎实的理论基础同时又具备较丰富的实践能力和资格的教学人才,通过课堂教学掌握相关的专业理论知识,打好坚实的理论基础;然后,创造条件与校医室挂钩或独立开办与运动损伤、康复、健康咨询等相关内容的诊所,对内和对外开放,根据市场经济原理实行有偿服务。通过教学选拔组织那些学习成绩好、对本学科有较强兴趣的学生利用课余时间分期分批到诊所,在教师的带领和指导下进行相关内容的临床实习。这种培养人才的路径和方式能有效地提高学生的理论知识基础,同时提高学生的临床实践能力,较好地改变了现在理论与实践相脱节的现象。

**6. 体育科研能力的培养路径**

定期撰写教学心得和教学论文是培养和提高体育教师体育科研能力的最好方法之一。俗话说:巧妇难为无米之炊。闭门造车是写不出好文章的。要写出一篇好的文章,体育教师就必须要学会整理、分析大量的资料,并对材料进行思考,要学会将理论信息资料和上课实践经验积累进行有机的整合,而且还要经过定题构思、拟定提纲、撰写草稿、修改草稿、压缩文稿和打印定稿等几个步骤。

综上所述,体育专业学生职业素养的提升,需要多方面共同努力。在社会主义市场经济的新形势下,不断提升体育专业学生的职业素养,深入进行素质教育,把体育专业学生培养成为既能从事运动训练与体育教学、科研、管理等方面的工作,又能从事指导社会大众进行体育锻炼和运动竞赛的社区体育指导工作的体育人才,将使学生在激烈的市场竞争中占据主动地位。

## 第二节 品德修养

随着我国市场经济的深入发展,人们的世界观、人生观、价值观要想跟上社会变革的洪流,只有树立全新的思想观念,以适应 21 世纪的挑战。作为体育专业的教师和学生,为实施科教兴国战略,贯彻“健康第一”和“终身体育”的指导思想,完成好高等院校的教育教学任务,就必须加强学习,改革教育观念,树立新的教育思想与观念,树立正确的价值观、教育观与体育观,以适应信息社会的需要。

### 一、体育专业学生应具有的品德修养

#### (一)为人师表与理想

在体育专业的毕业生中,有相当一部分学生今后所从事的职业是各中小学校的体育教师。而以身作则、为人师表是我国教师的一种传统美德,社会主义的教育事业要求教师做到这一点,体育教师也不例外。古今中外的优秀教育家都认为教师必须以其模范的品行来教育和影响学生,这是教师职业道德的一个显著特点。战国时代的大教育家孟子认为“教者必以正”,自己“身不行道”就不能教育别人。在体育教师中间,有些人穿着不整齐,头发不梳理,说话粗鲁,动辄训斥,对一些不遵守纪律的学生采用罚站、罚跑圈或罚出课堂等不良的做法,显然在学生中无法树立起榜样的作用。德国教育家第斯多惠指出:“正如没有人能把自己所没有的东西给予别人一样,谁要是自己还没有发展、培养和教育好,他就不能发展、培养和教育别人。”

体育教师带领学生在操场上进行身体锻炼，不仅要用语言，还要用自己形体与学生进行广泛交流，在很大程度上礼仪、仪表、教态、语言的师表作用显得非常重要。学生大多喜欢体育活动，体育教师又能亲近学生，为人师表的作用有其特殊的重要性。当然体育教师的为人师表还不仅仅表现在上述内容上，尤其他们的道德品质以及知识渊博的程度等是影响其表率作用的重要方面。我们调查了一些中学体育教师发现，他们除上体育课外，又在开展第二课堂或开设第二门课程中大显身手，如有兼上计算机课、书法、编织艺术、英语课等，受到师生的尊重。知识的拓展为体育教师树立了很好的学术形象，未来的体育教师正是以其高尚的思想品德、雄厚的知识基础与丰富的实践能力，显示出体育教师为人师表新的形象与风貌。

体育教师是建设具有中国特色社会主义教育思想的传播者，是健康教育的执行者，为把青少年引上身心健康之路，必须树立为发展社会主义体育事业而奋斗的理想与信念，自觉地、努力地去完成党在新形势下对学校体育提出的任务与要求，努力构建促健康、强体质的健康教育大厦，使体育教师都具有优良的思想品德与崇高的理想。

### （二）责任感与观念的转变

体育工作的繁忙与劳累，只有亲临工作实践的体育工作者才能有深刻的体会。比如体育教师，从日出到日落，在学校的操场上都可见到他们矫健的身影，从室外到室内的课堂教学，从校内到校外的课外锻炼与体育竞赛，从教学到体质健康的研究工作，都显示了体育教师又“文”又“武”、体力与智力相结合的劳动特征。还有社会体育工作者指导青少年轮滑、组织企事业单位的拓展训练，攀岩、蹦极等项目的指导和帮助，无不体现出体育工作者的辛劳。如果他们没有对体育事业的无比热爱，那他们对体育事业也不会有所追求，责任感与事业心也就无从谈起。体育工作者对职业的责任感和事业心，很重要的是来自于对体育运动实践的热爱以及对体育运动实践的深刻领会。随着体育工作阅历的增加、工作经验的充实，他们的责任感也会得到升华，就会对体育事业更加热爱，从而不断为青少年的健康教育事业而献身。

体育工作者的责任感必然体现其对青少年身体健康的负责态度，同时必须具备对促进健康问题的教学研究能力。青少年的健康问题因素复杂，不仅受体育锻炼的影响，还受到遗传或后天所处的社会环境、家庭、营养等方面的影响，在青少年学生的体质问题上要取得成效，体育工作者必须提高这方面的研究能力，否则很难适应新形势的要求。因此，体育工作者的责任感体现在他们要具有科学的态度和科学的精神，具备对青少年健康问题的研究能力，这是时代赋予的新要求、新观念，是未来体育工作者责任感与事业心具体表现的重要方面。

### （三）孜孜不倦，学而不厌

对于体育工作者来讲，一方面要及时掌握并学习体育学科的新理论、新知识，使自己能走在时代的前列，另一方面要改变思想观念，不断适应教育改革的需要。从教育的宏观角度看，20 世纪 90 年代提出的“通识教育”“基础教育”到今天提出“素质教育”的思想，如果我们不学习就无法把握好各个时期教育工作的正确方向。德国著名教育家第斯多惠说：“哪怕你用天使般的语言说话，拥有一切人的聪明和知识，如果你不努力进修……那么你就始终是一种鸣锣和响音，但决不会属于能‘推动人类前进’的人们的行列。”今天人们经常提到的“终身教育”或“终身学习”不就是这个道理吗！随着教育体制改革的深入发展，从教育的人才观看，对体育工作者的学历层次要求越来越高，这也表明了对知识的重视程度。当教育岗位的人事制度改革引入竞争机制后，体育教师也同样面临着被淘汰的可能，未来的工作看谁拥有更为丰富的知识与技能,谁就更能适应体育工作的需要。

反映在工作中,当我们带领学生把体育课堂变成健身强体的欢乐海洋,广大学生兴趣盎然、自觉积极地投身于锻炼活动中;在体质与健康测试中,看到学生近视率、疾病发生率的降低,发育的正常,素质与机能的增长,一批批真正通过了锻炼达标的要求并养成了身体锻炼的良好习惯;在健身场所,一批批女性通过科学的锻炼达到了美体修身的效果;在拓展训练基地,一些蓝领、白领们通过轻松和愉快地休闲运动,感受大自然的新鲜气息,活络筋骨,达到修身养性的效果。这正是广大体育工作者贯彻"健康第一"的教育思想收到成效之时,是理论联系实际的学习效果,还体现出他们对事业高度的责任感。实践的成功来源于对理论的正确认识,正确的认识来源于孜孜不倦的学习态度和学习习惯,唯有学习才能提高并发挥出人的聪明才智,这种学习与实践的紧密相连,是品德修养的基本功,它在学习—实践—再学习—再实践的过程中不断升华。

### (四)体育道德与奥林匹克思想

体育道德是运动过程中各类有关人员如运动员、教练员、裁判员、体育教师、体育运动爱好者等在从事体育竞赛和参加体育活动时,所应遵循的行为规范和准则。中国女排的五连冠,是以其顽强拼搏、团结奋斗的团队精神,以其正当的竞技手段夺取胜利,在竞赛中表现出的道德规范与风尚为中国人引以为自豪,尤其"人生能有几回搏"的名言流传中国大地。体育工作者的体育道德,必须建立在其具有高度的精神文明表率作用上。在学生的眼里他们既具有强健的体魄、高超的运动技艺,更具有智慧与才华;他们做工作耐心细致,非简单粗暴;是遵守纪律的模范,非自由主义者;他们学识广博,非只知竞技项目的狭隘知识面者;他们彬彬有礼,衣冠整洁,非不拘小节、邋邋遢遢者。体育工作者的精神文明表率作用体现在工作的方方面面,这又是体育道德的基本素养。

从体育史到奥林匹克史中可以清楚地看到,近代体育的发展与奥林匹克运动的发展紧密相连而不可分割。对于体育工作者来讲,了解奥林匹克运动与奥林匹克精神实质,能更好地帮助我们理解体育的真谛,以充实体育理论和实践的内容。今天奥林匹克运动的教育价值,已远非顾拜旦创始现代奥林匹克运动时的那样。随着社会的发展,奥林匹克运动也成为追求国家利益、领导利益、个人利益的综合体,奥林匹克思想的发扬虽然也同样面临危机,但是,奥林匹克的优秀文化与其美好的理想,仍然成为人类为之奋斗与追求的精神殿堂。因此,要让奥林匹克大旗永远飘扬在广大青少年的心中,必须宣传奥林匹克思想,弘扬奥林匹克精神,作为体育工作者应该学习奥林匹克运动的有关理论知识,全面了解奥林匹克的思想,以便在实践工作中运用它。

### (五)团结协作与集体主义精神

当今社会事业的成功非个人英雄主义能达到的,一个部门,一个单位,一个集体,只有团结协作,发扬集体主义精神,事业才能获得成功。体育工作的效果和成就必然凝聚集体的智慧与心血,如一个学校学生的达标率与学生整体的健康水平的提高,都能表现出这个集体的体育教学及工作的最终效果。它建立在每一个教师对集体的关心、热爱程度的基础上,是团结协作与集体主义精神的重要表现。只有关心、热爱集体,对本单位的发展具有忧患意识的体育工作者,这种团结协作与集体主义精神才能充分发挥出来。

在现代社会中,团结协作与集体主义精神也是我们体育工作者的共同目标。比如体育教学,不断教育学生明确体育的任务是为了他们更好地学习和掌握文化知识,打下健康强壮的身体基础,使学生认识到只有身体好才能学习好,以至未来的工作好,以明确锻炼身体的重要意义。学校的各类竞赛活动,需要体育教师不仅具备强有力的组织能力,还必须与校领导、后勤等部门及其他学科教师共同协作、团结一致才能搞好。社会上的大型竞赛活动,其涉及到的不仅仅是体育工作者,还会涉及到公安、消防、电子仪器维护等一系列相关人员。只有通力合作,才会取得更佳的效果。

团结协作是双向的,不仅表现在本人去帮助别人,还应考虑为与他人的协作而作出努力。这又要取决于每个体育工作者的个性心理不断改造,使自己适应工作、学习、生活的环境,既要有纵向的联系,又要有横向的交往。往往一些性格内向者、沉默寡言者,平时不注意与他人交往,就会影响团结协作精神的发扬。可以说,团结协作与集体主义精神与个性心理特征有一定的关系。这需要我们加强学习,主动、大胆地去实践,不断地适应环境,更好地为体育事业服定务。

## 二、体育专业学生品德修养的培养

### (一)体育专业学生品德修养的缺失

#### 1. 失范行为偏多

由于种种因素的影响,体育专业学生文化素养一直较差,文化课不扎实,升入大学后,面对难度较大的专业技术课,再加上他们自身的一些弱点,致使他们无法像其他专业学生一样保持新时期大学生应有的仪表风范。与其他大学生相比,不文明行为偏多,如生活散漫、不拘小节、个人卫生差。

#### 2. 自我约束力差,易发生违纪行为

豪爽仗义,敢作敢为,是体育专业学生的一大优点,但同时又伴随着是非不清、好冲动、自控能力差的问题,一些学生在校期间发生严重违纪甚至违法行为。

#### 3. "自律"与"他律"要求差异较大,表现出明显的知行分离

体育专业学生高度认同"应该讲道德,做一个品德高尚的人",而且对自己的道德水平评价比较高,绝大多数学生自认为是一个道德高尚的人。但是,在关于周围同学是否讲道德的问题上,评价并不高。也就是说,体育专业学生在"自律"和"他律"的要求上存在很大差异。由于道德认识方面的差异,对自己道德水平评价高,使他们更容易放纵自己,在错误面前能够原谅自己。而对他人的道德水平评价低,要求高,容易使他们遇事不谦虚,不冷静,彼此之间易发生冲突。

### (二)体育专业学生品德修养的培养

影响体育专业学生良好道德素养的原因是多方面的,大致包括以下几个方面(张春雷,2009):一是学校内部因素,主要指体育院校德育工作指导思想、内容、方法、教师素质、管理等方面存在不足;二是体育专业大学生自身因素;三是校外因素,包括社会因素和家庭因素两个方面。为提高体育专业学生的道德素养,须做好以下几个方面的工作。

#### 1. 加强思想政治教育

(1)根据体育大学生的专业特点,充分利用国内外体育赛事、体育事业发展态势和日常运动训练开展思想政治教育工作。多方面宣传体育事业发展前景,通过我国在体育世界中取得

的辉煌成就，提高其审美情趣，激发和培养体育专业学生的民族自豪感与爱国之情。

(2)开展社会主义道德教育、法制教育和职业道德教育，培养学生良好的品德修养、高尚的道德情操、健康文明的生活方式和坚定的政治信念。提倡助人为乐、无私奉献，同时紧密结合学生在学习和生活中发生的一些违纪违法的典型事例，引导学生认清其实质、危害和根源，加深对遵纪守法重要性的认识，从中汲取深刻的经验教训，并采取实际有效的措施坚决纠正。

(3)增强职业道德教育，培养良好的职业习惯和社会责任感。推进体育道德教育对规范学生行为、让他们充分认识到发展体育事业是实现自我价值的必然选择，打牢从事体育专业的思想基础。体育院校可以通过组织各种体育比赛，尤其是全员参与的体育比赛，让每个学生都有机会体验运动场上的竞争、合作、拼搏、勇敢、自信心与进取。

(4)引导学生自觉接受思想政治教育，变被动为主动，完善自我。充分发挥体育大学生不怕苦、讲义气、不服输的特点，遵循尊重学生、正面教育的原则，积极鼓励学生，挖掘其潜力，增强其智力，不断提高文化水平，让他们在大学生活中，明确自己今后肩负的重担，为他们走上社会从事自己的职业奠定良好的基础。

**2. 加强德育师资队伍建设**

(1)专业课教师要树立教书育人的思想，寓德育于课堂、训练、比赛中。运动场上发生的不文明行为，多涉及德育与体育的关系，对诸如“故意犯规”、常见的暴力事件等不符合体育伦理的偏差行为，体育教师应本着“育人”的目的，严格纠正。

(2)培养一批专职德育工作者。建设好一支道德教育专业教师队伍和一支从事大学生日常管理的道德教育政工干部队伍。学校应在思想素质、业务能力、人格威信等方面严格把关，在编制人数、业务进修、政策待遇等方面给予一定的倾斜。

**3. 加强德育管理工作，坚持教育与管理相结合**

(1)建立一支强有力的管理干部队伍。管理干部队伍主要由作风踏实、素质高的专职人员组成，辅之以责任心强的辅导员队伍。他们不仅要有较高的思想政治觉悟和丰富的道德教育理论，而且要有广博的知识和丰富的管理经验以及较强的同体育专业学生交往的技巧。

(2)管理工作要做到“三不”，即不搞花架子、不搞形式主义、不浮在表面。从了解学生、尊重学生、关心学生入手，组织一些看得见、摸得着、目的性强、学生喜闻乐见且积极参与的活动，达到晓之以理、动之以情、导之以行的目的。

(3)建立一套科学、规范、完善、严格的管理制度，包括上课制度、考试制度、训练制度、寝室管理制度等，统一学生思想，规范学生行为。针对体育专业学生的特点，制订制度要考虑“严”字当头，并严格执行各项规章制度，对学生出现的问题，严抓严管，决不姑息，充分发挥制度对学生思想和行为的规范、激励、制约和导向作用。

**4. 重视学生自我修养，加强基础文明建设**

充分开发体育道德资源，开展各种体育比赛，组织各种有意义的活动，如文化讲座、名著导读、影视评论、文艺汇演、课外阅读、社会实践等，不断丰富学生的文化生活，陶冶情操，提高文化修养，为学生树立正确的世界观、人生观及远大的理想和人生追求奠定基础。

# 第三节　社会交往

现代社会广泛的人际交往，使得社交才能成为人才的基本素质之一。单就社交一词而言，乃是泛指社会上人与人之间或者群体与群体之间的相互交往。在体育活动中体育工作者需要与各个方面进行交往，一个组织能力强的体育工作者其社交能力也一定不会差，这是体育工作者开展体育文化活动必须具备的基本功。

体育与社会各行各业都有着紧密的联系，加强人际交往就显得尤为重要。它不仅是发展事业的桥梁、维系友谊的纽带，也是拓展视野、传递信息必不可少的。体育工作具有广泛的社会性、群众性和实践性，需要和不同行业、不同层次的人打交道，没有相当的人际关系，如何组织各种体育活动，更不用说去发挥体育的功能了。比如体育教师的工作不仅面向全体学生，也面向社会，不仅在校内要和学生、同事、领导建立关系网络，而且在校外还要同学生家长、教育局、体育局、体育用品供应商以及教学和学术活动研讨者之间建立关系网络。这样一分析，体育教师的担子可不轻，需要做的事情太多了。但是在实际工作中，一些体育教师并没有认识到人际交往与自己工作的关系，有时教学和训练投入了很多的精力，而碰到实际困难又难以解决，原因何在？有位社会学家说过："现代社会的基本特征之一是表现为开放性，而不是封闭式的生活方式。"只有扩大社交范围才能适应现代社会信息沟通、增长知识、探索问题、寻求新意的需要，才能有利于人创造性地发挥，社交能力是衡量现代人是否具有适应开放社会的条件和能力的标准之一。如果缺乏社交能力，就有可能在自身与社会环境之间筑起一道心理屏障，将阻碍工作的开展和进行。

## 一、社会交往应该具备的素质

**1. 诚信**

诚，就是诚实、诚心、诚恳。这是人们在交往中最基本的心理保证，保持诚实的美德，以诚待人，是获取信用、取信于人的积极方法。人们喜欢并乐意与心地善良而又诚实的人交往。信，就是守信与信任。常言道，无信不立，为人处事要守信用，凡已承诺过的就都要努力去实现，言必信，行必果，保持言行一致，说到做到是守信的基本要求。实际上，建立诚信是一件长期的事，而要毁灭这种诚信往往只需一天或一件事。比如，近年来由于体育竞争活动日趋商业化，体育比赛从内容到形式都发生了很大的变化，利益主体也日渐多元化，体育竞争中的不正之风也随之滋生，在足球比赛中，发生一系列的"假球""黑哨"等不诚信的腐败行为，如不尽快加以制止和打击，体育的公平竞争原则将无法体现，足球在人们心中的地位将会大打折扣。因而，诚信在现代社会中的重要性应摆在首要位置。

**2. 热情**

为人要有热情，热情洋溢的人往往是积极进取、乐观开朗的人，表现出对自己的生活、工作、同事及身边的人和事的一种积极乐观的态度。除此，一个热情的人，还会赋予一系列积极品质，像无私、公正、诚实、事业心和责任心强的性格特征。比如，著名的体育解说员宋世雄老师热情洋溢、充满激情的精彩解说，无不打动和感染着每一位体育观众的心。热情不仅能消除隔膜，而且便于沟通，能够给人一种良好的心理感受和情绪感染。

**3. 宽容和大度**

宽容是一种美德，爱便是宽容的出发点。通常在体育竞赛中，尤其是一些对抗性较强的比赛项目，场上队员之间常常会发生一些合理与不合理的碰撞现象，如果能表现出宽容大度，便会减少许多无谓的争吵，这样不但能体现出赛场风格和个人风度，同时还能让观众既欣赏到了高超的球艺，还会被场上队员宽容大度的表现所感动。在现实生活中，宽以待人的人往往更多地看到别人的优点，具有“三人行，必有我师焉”的谦虚态度；当对方有错时，也能用“金无足赤、人无完人”的辩证观点去对待。大度，也是气量，有远大志向的人决不会在个人小事上斤斤计较，心底无私天地宽，豁达大度的胸怀是良好社会交往所必备的品质。

**4. 原则与灵活**

为人固然要有诚信，要热情，要宽容大度，但必要的原则还要坚持，做到宽容而不放纵。体育比赛中，每次比赛都需要裁判的公正执法，赛事才能得以正常进行，体育的公平竞争才能得以体现，这就要求裁判员一定要把握好评判的尺度，原则性的东西要严格把关，非原则性的要灵活掌握，这样既能鼓励运动场上每位队员顽强拼搏，增强比赛的观赏性，又能使运动员在规则要求的范围内公平竞争。

**5. 现代感**

在现代社会中，要想建立现代交往的模式，体现现代交往的风格，除必须具备的素质外，还应当具有一个现代人应有的现代感。那就是现代人要乐于接受新的思想观念、新的行为方式，乐于接受现代社会的改革与变化，不断学习新知识、新技能，调整传统的交往方式，只有这样，才能使自己的步伐跟上时代的要求。

## 二、体育专业学生的社会交往

**1. 与班主任、其他任课教师之间的关系**

学校体育是学校教育的重要组成部分，它同智育、德育一样并不是孤立存在的，而是相互联系、相互促进的，搞好学校体育工作应是学校教师的集体职责。体育专业学生要想顺利、有效地在学校开展工作，应尽力争取班主任及其他教师的支持。长期以来，体育在学校教育中的地位没有一个正确而合适的评价，有些学校依然把体育作为副课对待，特别是初三年级和高中阶段的体育课总是让位于高考科目，更不用说安排其他体育活动了。因而体育工作者必须与班主任及其他任课教师协调好关系，争取他们的支持和理解，并通过频繁的交流和沟通，使其他教师对体育有正确的认识，让他们明白学生参与体育活动不但不妨碍文化课的学习，而且能起到积极的促进作用。特别在对待学生运动员文化学习的问题上，更需要班主任和其他任课教师的关心与配合。

**2. 与工作单位领导之间的关系**

任何一项工作能得到领导的支持，都能提高办事的效能。一个单位的体育工作没能摆在合适的位置上，与这单位领导对体育工作的重视程度有极大的关系。领导层对体育工作的认识和观念决定着我们体育工作发展的趋势和程度。领导重视，对体育工作舍得投资，从硬件上首先保证体育工作的顺利进行。其次体育工作者也能从领导那里得到理解和支持、关心和鼓励。相反，倘若单位领导认为体育可有可无，体育工作者要想求得发展几乎是不可能的，所以争取领导的支持尤为重要。取得领导的支持可通过两种途径：首先是体育工作者要经常地、主动地向领导汇报工作情况，请负责的相关领导参加活动，参与体育工作的规划与构想。第二种方式，是通过体育工作者的积极工作，干出成绩来，以业绩来争取领导的重视，让广大参与者和领导看到和体验到体育在社会交往中的价值及意义，有助于他们对体育形成正确的认识和评价，从而得到他们对体育工作的大力支持，这也是最为有效的宣传手段，是改善体育工作者与单位领导关系最好的办法。

**3. 与学生或参与体育活动者之间的关系**

指导与被指导关系是在整个体育活动过程中，为实现一定目标进行交流而产生的关系，并在体育活动中不断地发展、变化，它对实现体育目标关系非常密切。体育教学或指导社会体育工作的关系受一定社会政治、经济、文化因素的制约，表现出不同的类型。就同一社会性质而言，这种关系也有不同的表现形式。在多种表现形式中，有 3 种从属关系类型应引起体育工作者的注意和反思。第一种是高压型。这是受师道尊严思想的支配，过分突出自己教育者的角色与地位，以高压手段对待学生，这种关系不但会影响学生的心理健康，而且还会导致学生厌学情绪的产生，危害极大。第二种是放任型。对学生或参与者缺乏必要的责任感，采取一种顺其自然的放任态度。这种关系表面上呈现出“和谐”的特点，而实质上会导致学生纪律松散、学业上不求上进、参与体育活动得不到有效的锻炼等问题的产生。第三种是管制型。教师具有责任感，善于通过各种方式管束体育爱好者，手把手地传授知识、技能，他们也习惯于按照体育教师安排好的步骤进行学习。这种关系能取得教学效果，但它的严重不足在于参与体育活动者的依赖性很大，适应新环境的能力差，缺乏创新精神。因此，指导与被指导之间必须形成一种良性关系。体育工作者要热爱自己所指导的人群，有执著的事业心和育人的责任感，在此基础上形成民主的学习关系。

**4. 与青少年学生家长之间的关系**

家长能否支持学校体育工作主要体现在两个方面：一是对学生课外体育锻炼是否支持；二是对学生运动员的业余训练是否支持。按要求，学生每天至少要有 1 小时的体育锻炼时间。除了学生在校内有体育课或体育活动课外，其他时间，特别是节假日，就要靠家长进行监督配合了。如果家长有积极参加体育活动的意识，学生自然会受影响，坚持锻炼身体也就不成问题。家长对体育工作是否支持，还体现在对业余训练是否支持。学生选择参加运动训练，极有可能就会影响他们今后的发展，甚至决定他的一生，所以家长能否支持很是关键。在从事运动训练的过程中，除给予孩子精神上的支持和鼓励外，还需要保证孩子的营养需要，安排合理的作息制度，这些因素都是不容忽视的。因此，体育工作者必须和家长建立密切的联系。如果体育工作者能处理好这层关系，能得到家长在各方面的支持，不仅不会影响学生的学习成绩，反而会有所促进。如果通过参加业余训练，学生成绩有所提高，家长不仅不会反对，反而会大力支持。如果形成这样一种良性循环，对体育工作者开展工作十分有利，更能促进学生健康、全面地成长。

## 三、体育专业学生社会交往能力的培养

体育专业学生作为高等院校的大学生，正处于一种渴求交往、渴求理解的心理发展时期，良好的人际关系，是他们心理正常发展、个性保持健康和具有安全感、归属感、幸福感的必然要求。大学阶段是大学生个性品质形成和发展的极为重要的时间阶段，在提高学生社会交往能力方面也有着一些有利条件。第一，现在的学生思维比较活跃，接受能力较强，如能正确引导，

一定会有明显提高。第二，教学手段、方法的多样化可以在很多方面使学生得到训练，从而间接获得能力的提高。第三，转变教育观念。现代教学已由单纯知识教育转移到知识能力并重，更重视能力的培养。第四，与高中期间比，学习的压力减轻，学生自己选择的余地增大，可以使学生根据自身特点和需求来决定学什么、怎么学，从而为提高能力创造更好的条件（李磊，2009）。根据大学生的实际情况，可以从以下几个方面着手提高学生的社会交往能力。

**1. 要发挥好"思想品德课"教学主渠道的作用**

通过对学生人际交往中存在问题的调查，我们认识到大多数学生都有良好的交往愿望，乐于交往，希望搞好自己的人际关系，但对于怎样培养自己的人际交往能力感到茫然，影响了自己的学业。对此，思想品德课教师在课堂教学中要有意识地给学生讲清，要求学生必须明确人际交往的重要性及应遵循的一些基本原则与技巧，这些原则和技巧不但在大学期间"管用"，将来走上社会也一样"灵验"。这些原则包括平等尊重的原则、诚实守信的原则、宽容待人的原则等。在课堂教学中要让学生重点讨论如何处理好竞争与合作的关系。

教师要在提高学生人际交往能力方面发挥重要作用。特别是入学新生对高校老师的印象是一片空白，老师及学生管理部门的管理人员真诚地关心学生、爱护学生、尊重学生、相信学生，那么这种良好的师生关系本身就具有教育功能。教育是一项事业，事业需要献身；教育是一门科学，科学需要探究；教育是一门艺术，艺术需要创造。教师应将这三者完美地结合在一起，教师要对学生的未来发展负责，对学生适应社会的能力负责。不论是政治辅导员、班主任还是任课教师，不论是行政管理人员还是教学科研人员，都应如此。

**2. 要注意体育专业学生语言文字素质的培养**

无论从一个中小学体育教师从事的体育教学工作的特点，还是从一个教师应具备的综合素质，或是从体育专业学生自己的具体情况，都要求体育院校在教学中应注重对学生语言文字表达能力的培养。目前，在体育院校的基础理论课的教学中，《大学语文》《职业汉语》《应用文写作》《书法》等课程，固然对提高学生的语言文字表达能力发挥着重要作用。但这些基础课程的教学，无论教学目标、教学方法、考核内容等都是培养书面语言文字表达能力。同时，体育专业学生对这些课程并不重视，只在开始前看一下应付了事。因此，实际上，对学生口头语言表达能力和文字书写能力没有发挥太大的作用。所以在这里我们主要从体育专业课教学中，再谈一点如何提高学生语言文字能力的肤浅看法。

(1)提高认识，端正态度，只有使学生明确体育教师的语言文字表达能力的重要作用，他们才能从思想上重视自己语言文字表达能力的培养，把提高语言文字表达能力作为自觉的行动，像对待自己的专业一样，主观上多努力，才可能对《大学语文》等与提高语言文字能力有关的基础课程认真地学，在生活和教学中自觉地为自己创造各种锻炼的机会。

(2)使学生知道语言文字从低标准到高要求所具备的条件，语言文字表达能力也是一个从低到高的渐进过程，学生在这个过程中要明白语言表达能力所具备的标准，才能明确方向，逐步提高。如我们认为一二年级语言表达能力应具备（李磊，2009）：①自然大方；②简单易懂；③讲话清楚；④主题明确。学生达到这些低标准后，三四年级应进一步对自己的语言表达能力提出更高的要求：①说话清晰，注重眼神、姿势、表情、站立等的配合，提高语言表达的立体感；②语言表达简练，主体思想明确；③富有情趣性；④通俗易懂，用词准确，专业术语规范；⑤能用普通话。对于文字表达能力，一定要多写多练，提高文章的逻辑性，减少文章中的错别字和病句等。

**3. 学校共青团及学生会等组织要有针对性地开展相关活动**

在大学生中，有相当多的独生子女被包围在长辈的呵护下，他们没有交往的欲求、动机和机缘，推迟了他们社会化的进程。同时，社会上生活态度的主流、价值观对大学生的交往能力也潜移默化地起着作用。大学生交往能力与知识经验本身的不足，人生期望的某些偏颇，心理不完全成熟，导致学生到了大学阶段仍然缺乏独立处理人际关系和生活难题、人生挫折的能力。

作为共青团及学生会等组织，要有针对性地开展相关活动，可以使一些性格内向的学生走出“自我封闭”的状态，慢慢融入同学与集体之中。此外，在不影响学生学习的情况下，也可以鼓励学生走出校园，到社会上去锻炼，或去做勤工俭学，这样做也可以有一定的经济收入。

要重视情商的培养。“学习好”或者说“智商高”的学生未必都能在工作中得到重用和提拔；而那些“情商”高的学生往往能很快得到领导和同事的认可。当然如果情商与智商的水平都很高，在工作中就会游刃有余，如鱼得水。体育专业学生的情商都相对比较高，这和经常参加体育运动有很大关系，因为体育运动本身就会对大学生社会交往起到积极的推动作用。

**4. 专业的教学中要渗透社会交往的思想**

通过思想品德课或一些专门培训，注意交际能力和技巧培养。也可以结合其他的专业课如组织行为学模拟课来培养和提高学生的人际交往能力，特别是培养学生的协作精神。

这里主要从专业实践课的教学中如何给学生提供更多的实践机会谈一点初步体会。①实践课教学中，运用启发式教学，使学生参加技术的分析和讨论。②在练习中，让学生互相观摩，提出意见。③课后小结时多提问，让学生发言。④复习课时，回忆动作要领然后让学生讲述，不全面的或不妥当的由别人补充纠正或重讲。⑤理论课上，讲解内容先让学生预习，教师提问题，学生回答，讨论发言，大家共同补充或复述，教师答疑和总结。⑥到高年级，有意识安排课的某一部分，由学生组织安排，如准备活动，放松活动等给学生实际锻炼的机会。也可让学生先预习新教材，然后让学生按要求讲解教材的某一部分，如定义、作用分类，技术分析某个动作环节等，然后教师补充。这些措施开始实施时，可让学生在队列中讲，逐步适应后，站在队前或站在讲台上，面向学生进行讲解；⑦专门进行语言表达竞赛。事先规定讲话内容，如都讲解某一动作的一个环节，或一个部分，或都对课堂教学中某一事件的讲评处理，或是练习中出现某种问题时的讲评，或者课前动员或课后小结等。

体育专业学生一定要经常反思自己的所作所为，善于发现和总结自己在社会交往中存在的问题，同时，要善于向那些人际关系好的同学学习，取人之长，补己之短，使自己的人际交往能力逐步提高。只有在实践中反复地总结，不断地修正自己，才能日趋成熟。

## 第四节　人生目标

目标是人们以自身活动为目的的预定设想和安排，它通常指人们在社会活动过程中作出努力所期望达到的目的，它是由人们的需要按一定规律转化而来的。作为学生，只有具备明确的人生目标，才可以使自己在学习、生活中有明确的方向，并产生学习的动力，不断地朝着自己的目标努力奋斗。因此，我们应当看到人生目标等非智力因素对大学生成才和发展的重要意义。首先，由于我们面对的现实生活具有不确定性，这就需要人生目标为自己从这种不确定性中找出确定性，作为自己安身立命和安心立命之所在；其次，在茫茫人海、纷繁复杂的生活中，我们需要人生目标为我们指明前进的道路和奋斗的方向；最后，人们在生活和奋斗的过程中会遇到各种意想不到的困难和挫折，这时就需要用人生目标来激励自己，从而克服困难，继续前进。

## 一、加强以明确人生目标为重要内容的新生入学教育

大学一年级是大学生至关重要的基础学习阶段。引导大学生树立正确的人生目标应该是新生入学教育的重要内容。我们认为，教育和引导的内容应该包括以下 3 个方面（产兵华，2007）。

**1. 让学生明确大学培养人才的目标**

大学培养人才的目标是：培养德、智、体、美全面发展的社会主义合格建设者和可靠接班人。大学期间，大学生应该学习马克思主义的基本观点和以马克思主义为指导的有关社会主义科学知识；具备较高的思想道德和政治素质，确立正确的政治方向；具有能够运用马克思主义的理论、观点和方法分析实际问题的能力和初步参加社会实践的能力；具有逻辑思维能力和辩证思维能力，为逐步树立科学的世界观、人生观和价值观打下良好的基础，从而成长为社会主义事业合格的建设者和可靠接班人。概括地说，大学培养人才的目标是成为社会主义事业合格的建设者和可靠接班人。这也是大学生树立正确的人生目标的基本要求。

**2. 协调大学生的人生目标和社会需要**

大学的培养目标是一元的，但是社会多元化的发展趋势必然带来大学生的价值观念和思想认识的多元化。所以在教育和引导大学生确立人生目标的时候，必须引导他们做到个人志趣和社会需要相统一。必须让学生认识到，确立人生目标时，首先要考虑的是社会需要，使个人志趣尽量与社会需要相一致。在这个框架下，学生实现自己目标的途径可以是多元化的，即通过不同兴趣爱好的培养，有意识、有选择地参加自己喜爱的校园文化或者社团活动，从而在自觉或不自觉之间锻炼自己各方面的能力，从而为实现自己的人生目标打下坚实的基础。

**3. 确立人生目标的原则**

大学新生人生目标的确立应该把握以下 3 个原则：一是现实性与激励性相统一的原则。这是指个人人生目标的确立必须从自身的实际出发，不能定得太高、太不符合实际；但也不能太低，即是指目标在可达到的前提下，实现它必须要付出一定的努力。二是以学生为主体的原则。这是指老师在充分尊重学生自己的爱好和兴趣的基础上，凭借自己在经验、阅历、知识等方面的优势，对学生进行积极引导。但最根本的还是学生自己的兴趣爱好。三是目标的阶段性原则。具体的人生目标是不可能一步就实现的，因此学生在确立自己目标时，应该将其分解为若干阶段，针对不同阶段的目标，采取不同的措施和途径，一步一个脚印地去实现它。

## 二、引导大学新生树立人生目标的具体途径

**1. 利用好军训第一课，加强新时期大学生社会化教育**

新时期的主要特征可以概括为价值观念多元化、社会竞争激烈化、角色转换经常化、信息特征明显化等。大学生社会化教育是指在向学生传授专业知识的同时，主动、系统地研究时代和社会的规律，并引导学生把其纳入个人的自我成才体系，从而保证高校与社会的发展相协

调。大学生社会化教育正是引导大学新生树立人生目标的有效途径。

军训是新生入学的第一课，也是大学入学教育中的重要一课。军训可以使大学生受到严格的组织纪律性教育，吃苦耐劳教育，集体主义、国防意识、爱国主义和正确的世界观、人生观、价值观教育。军训要与大学生社会化教育有机结合。在军训期间，可以开展“我心中的梦想”主题班会讨论、“扬起理想的风帆”新生演讲比赛、内务大评比等活动，一方面丰富新生的军训生活，另一方面也可以对其确立正确的人生目标起到引导作用。因此，抓好军训第一课的意义重大。

**2. 指导学生适应新的学习环境**

进了高校，许多新生总是觉得，他们理想中的大学与现实中的差距较大，大学的学习与中学的学习也有很大的区别。大学里课堂学习的时间不会像中学那样排得很满，自己自由支配的时间非常多，而且各门课程上课的教室也不再固定，尤其是选课制和学分制的施行，更是使得班级的概念很模糊，这都会令大学新生感到不习惯，甚至觉得沉闷、没劲。同时，大学里课程学习的理论性强、学习难度加大，也可能使部分学生产生消极情绪。这就要求老师，尤其是学生思想政治辅导员要通过思想上的引导、生活上的督导、心理上的疏导、成才上的教导，指导新生适应大学的学习环境。

**3. 引导和帮助学生掌握正确的学习方法**

大学里经常是大班上课，课堂上老师的个别指导和教育少，师生接触和交流的机会也很少。大学教育是精、少、快，一讲就是几章几节，教师一节课讲的内容，学生下来往往需要花几倍的时间才能消化和理解，这也是大学新生极其不适应的地方。如果不能及时地引导学生掌握科学合理的适应大学学习的方法，势必会影响他们的学习态度，并可能会导致新生学习目标的丧失。因此，要引导新生学会合理地安排自己的时间，学会利用图书馆的资源，学会做课堂笔记，积极开展学习讨论，从而找到适合自己的学习方法。

**4. 引导学生培养兴趣爱好**

兴趣爱好是个体在无内、外界压力的条件下积极探究、认识、掌握某种事物并经常从事某种活动的个性心理倾向，对人们的工作、学习和生活具有非常重要的意义。对大学生来说，兴趣是直接推动学习进步的动力因素，是促进他们树立人生目标、发展个性的有效途径。兴趣是在需要的基础上产生和发展的。要培养新生的兴趣，就应从激发他们的求知欲和好奇心入手。同时，兴趣形成之后，有一定的持久性和扩散性。老师要及时给予指点，帮助他们在广泛的兴趣中，形成中心兴趣，而当这种兴趣发展到一定阶段的时候，就可能升华为事业心，从而与他们今后的人生目标相结合。

**5. 强化宿舍文化建设的功能**

宿舍具有学生的第一社会、第二家庭、第三课堂等特点，是学生集生活、休息、知识学习、能力培养、思想交流和信息沟通等功能为一体的综合性场所。积极向上、健康高雅、丰富多彩的宿舍文化会使广大学生身心愉悦、情操高尚、视野开阔；相反，腐朽落后、低级趣味、枯燥单调的宿舍文化则会使广大学生意志消沉、精神颓废、失去进取心。因此，营造团结、文明、友爱、积极向上的宿舍文化环境，加强以审美文化、思想道德文化、人际交往文化、行为文化、心理文化、制度文化等为主要内容的宿舍文化建设，是引导大学生树立人生目标的重要途径。

## 三、体育专业学生人生目标的培养

高校培养出来的体育人才，要适应社会需求，既能从事教学又能从事科研，既能从事训练又能从事体育管理、社会体育指导等工作。因此，体育专业学生要实现一个好的人生目标，必须具备良好的体育道德素质、体育专业文化素质、专业技术技能、语言表达能力、较强的社会适应能力、良好的人际关系和团队合作精神等。

由于体育专业学生大多从事的是合作性的集体活动，这种活动有利于人际间的沟通和交流，有利于学生建立社会支持网络，因此，他们的社会适应能力、人际关系和团队合作精神较强。但体育专业学生在讲义气的同时，争强好胜、易冲动，个人道德修养和体育道德素质欠缺。同时，体育专业的一些学生在专业学习方面有畏难情绪或不求甚解、不求上进，没有养成良好的学习习惯，专业知识不扎实，书面表达能力差，外语能力较弱，这些都导致了学生的体育专业文化素质、语言表达能力较差。因此，在提倡终身体育，开展全民健身运动的新形势下，应加强基础知识的学习，拓宽知识面，加强专业知识技能培养，加强实践能力和创新精神的培养。为体育专业学生的培养过程营造一种适宜的学习气氛，去引导学生自主学习，正确地评价自我，建立合理的学习方向，则是当今体育专业培养模式的主要目的。

**1. 进行职业生涯规划教育**

在大学期间，学校全阶段、全方位地安排职业生涯规划等课程让学生正确认识自己的优势和劣势，依据自身性格特征和能力特长，进行职业生涯规划学习，进而寻找适合自身发展需要的职业，制订适合自己的职业生涯规划方案。根据发展目标，培养科学的学习与训练习惯，有计划地在大学期间锻炼，挖掘潜力，克服不足，朝着最适合自己发展的方向努力，不断增强自身的职业竞争力，实现自己的职业目标与理想。

如高校体育专业学生的职业发展规划定位在教育行业如大中小学体育老师，体育行业如体育教练、私人或俱乐部教练等，重视体育才能和所学相关专业的企业（杨秦，2009）。除此之外，一些高水平运动员，因为经常外出比赛，交往面广，拥有社会资源，创业机会相对多。因此，在职业生涯规划中适当地引入创业教育，进行相关的实践活动，对提高学生职业素养也有重要意义。

**2. 设置合理的人生目标，并不断进行修订**

学生对自身体育专业学习中人生目标的意识程度并不清楚，对人生目标的意义认识很淡薄。这就要求教师在适当时机加强这方面的理论指导，尽可能把人生目标阐述具体化，引导学生提高对成就动机的清晰认识，有意识地在人生目标方面进行自我分析和自我激励，使学生在正确的人生目标的世界观中，形成正确的方法论（麻新远，2010）。

定期、定时、定人对学生人生目标作出反馈。教师要帮助学生认识到应将学业成功归因于能力、努力和有效策略。这样他们就会产生较高的学习自我效能感并保持成就动机水平，将失败归为努力不够以及学习策略不当，就会促使学生付出更大的努力，调整学习策略以提高学习成绩。一方面巩固了学生们现有的学习目标；另一方面起到激励体育学习动机的作用，从而形成新目标的体育学习动机的诱因。

体育教学大多是情景教学，师生之间的交往比较密切，教师要善于抓住学生的心理，尊重学生，建立良好的师生关系，形成宽松、快乐、平等、愉快的教学环境，进而降低一些素质较差学生的焦虑水平和情感体验，使他们觉得自己是学习的主人，提高学习兴趣，把注意力集中在学习活动目标的实现上。这种和谐积极的体育学习环境，可以充分发挥学生的内在潜能，激发其正确人生目标的形成，促进其专业能力的提高。

**3. 丰富课堂教学内容和社会实践活动**

作为体育专业教育的主体，我们必须依据学生身心发展特点，制订合理的目标体系，优化教材内容，为学生自我效能感的提高提供相应的客观条件，以实现人生目标。体育项目和教学手段的多样性，为学生的选择提供了发展的空间和机会。要依据学生的身心发展特点，制订分层教学目标体系，确保一定能力水平的学生经过努力能实现。难度过大或过小的教材内容，都不容易激发学生的成就动机；难度适中的内容最能培养学生的成就动机。

课堂教学是提升体育专业学生完善人生目标的重要途径。教师在专业教学过程中，应强化学生的专业意识，将本学科发展的前沿问题以及最新研究成果纳入课堂教学，丰富学生的专业知识，提高学生对专业的兴趣；多方面宣传体育事业的发展前景，积极挖掘学生的体育潜力，打牢从事体育专业的思想基础；同时，尽量组织高水平或知名的专家教授对学生深层次地讲解所学专业，指导学生了解所学专业，明确学习目的，端正学习态度，还应充分发挥专业课对学生道德素质和文化素质养成的潜移默化作用，使学生在学好专业课的同时，养成良好的职业习惯和社会责任感，提高自身的文化素质。

教师应为学生创设一个宽广、活泼、开放的学习环境。由于体育专业学生大多较有个性，教师应注意及时发现和鼓励学生发挥自己的长处，对学生的个性及时给予合理的引导，帮助他们形成自己的特色和优势并发展下去；教师应教给学生创新的思维和方法，培养学生发现问题、提出问题、分析问题和解决问题的能力，帮助学生创造更多的社会实践机会，使学生在实践中更好地理解所学的理论知识，在实践中提高技能，同时，尽可能地用所学的知识为社会服务，使自己在服务中获得成就感，增强社会责任感，更进一步坚定自己的专业思想。

**4. 加强校园文化建设**

营造良好的校园文化氛围对学生人生目标的提高具有积极促进作用。良好的校园文化包括 3 个层面：一是精神层面的校园文化，它是一个学校精神风貌的体现，表现为师生群体的思想、情感、精神、态度、行为风尚等，它在校园文化中起着主导的地位，是激励学生奋发向上的精神力量，可以提升学生的人格、气质、修养等内在品质；二是物质层面的校园文化，校园的容貌、校园的建筑风格、学生住宿、体育场（馆）和体育器材配备等，学校应在基础设施条件上加大投入，为体育专业学生参与学习创造良好的环境；三是校园制度文化，它涵盖了学校规章制度、教学、课外活动、管理等全方位的制度。

良好的校园文化有利于学生保持积极健康的身心状态，有利于规范学生的言行举止，有利于学生文化修养的提高，有利于创新能力的培养，有利于引导大学生发挥自己在思想政治教育活动中的主体作用。学生可以合理、有效地利用高校的资源，如泡图书馆、阅读书籍报刊、做实验、参加丰富多彩的课外活动及各类竞赛，参与各种集体和社团活动，聆听各类讲座，进行社会调查等，更可以和同学、师长广泛交往，互相切磋，相互交流。通过校园文化活动，培养自己多种兴趣爱好，强化专业素质，塑造良好的个性。

体育运动，特别是体育比赛不仅有成败的体验，还将结果展示于众，这样的情景对学生的影响更深刻。因此，在组织教学和竞赛环境时，要设定学生力所能及的目标，使学生体验到成功。但是，成败的经验并非直接对自我效能产生影响，还要受个体归因方式的影响，引导学生进行正确合理的归因，把成功归因到内部可控因素（能力和努力）上，把失败归因于内部不稳定、可控因素(努力)上。

**5. 提升教师队伍的整体实力**

高校教师的言传身教对学生素质的培养起着关键性的作用,因此,教师队伍整体实力的提升就显得尤为重要。作为一名合格的高校教师,首先应具有崇高的理想和高尚的道德品质,同时还应具有良好的职业道德。

教师应该热爱教育事业,具有高度的责任心和使命感;关心爱护学生,诲人不倦,刻苦钻研,严谨治学;为人师表,热心引导学生超越自己,在社会和教学实践中不断地自我学习、自我提高和自我完善,在教书育人的过程中,更好地体现教师人格教育的价值。在具有优良品质的同时,教师良好的专业素质和教学水平是学生知识增长的坚实基础。随着社会变革和科学技术的发展,教学模式和教学内容的不断更新是一种必然趋势,只有不断加强学习,才能提升教师的专业素养。高校要有计划、不间断地加强教师的继续教育和培训,组织教师参加业务培训、教学法培训和教学新技术培训,组织教师开展相互交流和各种实践活动,促进教师教育观念的转变和教育水平的提高。同时教师自身也应树立终身学习的思想,不断提升自己。只有具备高尚的职业道德水平、坚实的理论知识和专业技术能力、优良的教学水平和学术科研水平、良好的身心素质,有爱心、耐心、责任心的教师,才能培养出德才兼备的高素质人才。

综上所述,体育专业学生正确的人生目标的形成,需要多方面的共同努力。在社会主义市场经济的新形势下,不断提升体育专业学生的职业素养,深入进行素质教育,把体育专业学生培养成为既能从事运动训练与体育教学、科研、管理等方面的工作,又能从事指导社会大众进行体育锻炼和运动竞赛的社区体育指导工作的体育人才,将使学生在激烈的市场竞争中占据主动地位。

# 第七章　体育行业职业资格认证

职业资格是对从事某一职业所必备的学识、技术和能力的基本要求。职业资格包括从业资格和执业资格。从业资格是指从事某一专业(职业)学识、技术和能力的起点标准。执业资格是指政府对某些责任较大、社会通用性强、关系公共利益的专业(职业)实行准入控制,是依法独立开业或从事某一特定专业(职业)学识、技术和能力的必备标准。职业资格证书制度是劳动就业制度的一项重要内容,也是一种特殊形式的国家考试制度。主要内容是指按照国家指定的职业技能标准或任职资格条件,通过政府认定的考核鉴定机构,对劳动者的技能水平或职业资格进行客观公正、科学规范的评价和鉴定,对合格者授予相应的国家职业资格证书的政策规定和实施办法。

体育行业职业资格证书是其特有工种职业技能水平的凭证,是国家对劳动者专业(职业)学识、技术、能力的认可,是劳动者求职、任职、独立开业和单位录用的重要凭证,也是境外就业、劳务输出时法律公证的有效证件。各用人单位把取得职业资格证书作为劳动者上岗的必备条件和晋升工资及确定其他待遇的重要依据。

目前,纳入国家职业大典的体育行业特有职业有:“社会体育指导员”“体育场地工”“体育经纪人”以及即将颁布的“游泳救生员”。

## 第一节　国家社会体育指导员

社会体育指导员是实施全民健身计划十分重要的骨干指导队伍,是构建全民健身服务体系中的重要环节。我国目前的社会体育指导员在性质上可以分为两种,即公益型和职业型。公益型社会体育指导员又可以分为两类,即:组织管理类和技能指导类。近年来,我国社会体育指导员队伍快速发展,他们积极服务社会,在大众健身指导过程中发挥了重要的作用。

我国的《社会体育指导员技术等级制度》(以下简称《制度》)是1993年12月颁布的,1994年6月10日开始实施。截至到2011年7月,我国社会体育指导员的人数已达到70万人;2001年8月国家劳动与社会保障部颁布了《社会体育指导员国家职业标准》(以下简称《标准》),标志着我国社会体育指导员的职业化进程迈入了实质性发展阶段。

### 一、公益型社会体育指导员

公益型社会体育指导员指在竞技体育、学校体育、部队体育以外的群众体育活动中从事技能传授、锻炼指导和组织管理工作的人员。其技术等级分为三级社会体育指导员、二级社会体育指导员、一级社会体育指导员、国家级社会体育指导员。他们在推动体育事业的全面发展、增进公民的身心健康、优化大众生活质量、促进社会主义精神文明建设中发挥着重要的作用。

## 二、职业型社会体育指导员

职业型社会体育指导员是指在群众性体育活动中从事运动技能传授、健身指导和组织管理工作的人员。其从事的工作主要包括指导社会体育活动者学习、掌握体育健身的知识、技能和方法;组织人们进行健身、娱乐、康复等活动;协助开展体质测定、监测、评价等活动;承担经营、管理及服务工作。社会体育指导员国家职业标准等级分为社会体育指导师(国家职业资格二级)、高级社会体育指导员(国家职业资格三级)、中级社会体育指导员(国家职业资格四级)、初级社会体育指导员(国家职业资格五级)四个级别。

社会体育指导员暂设 47 个工种,包括:游泳、健美操、滑雪、保龄球、卡丁车、蹦极、攀岩、轮滑、滑冰、射击、射箭、潜水、漂流、滑翔伞、热气球、动力伞、跆拳道、柔道、摔跤、拳击、武术、击剑、马术、帆板、滑水、跳伞、网球、羽毛球、棒球、垒球、高尔夫球、自行车、围棋、象棋、健美、航海模型、足球、篮球、乒乓球、台球、健身教练、散打、空手道、体育舞蹈、国际象棋、拓展、山地户外,下一步将根据市场和群众健身需求逐步调整和增加鉴定项目工种。

## 三、社会体育指导员培训与鉴定

培训初级、中级、高级社会体育指导员的教师应具有社会体育指导师职业资格证书或相关专业讲师以上专业技术职称;培训社会体育指导师的教师应具有副教授以上专业技术职称。理论知识培训在标准教室内进行,操作培训在室外运动场地上进行。初级社会体育指导员要求经职业初级正规培训达到规定标准学时数,通过初级运动技术考核,并取得毕(结)业证书。高级社会体育指导员要求具有体育专业中专以上毕业证书,取得本职业中级职业资格证书后,连续从事本职业工作 5 年以上。社会体育指导师要求具有大专以上学历,取得本职业高级职业资格证书后,连续从事本职业工作 5 年以上,或取得本职业高级职业资格证书后,连续从事本职业工作 3 年以上,经本职业指导师正规培训达到规定标准学时数,并取得毕(结)业证书。社会体育指导员具体培训要求见附件 1。

职业资格考试分为理论知识考试与技能操作考核,其中理论知识考试采用闭卷笔试;技能操作考核内容结构为讲解、示范、组织。理论知识考试与技能操作考核均采用百分制,两项(考试)考核皆达到 60 分以上者为合格。理论知识考试每个标准考场每 30 名考生配备 2 名监考人员;技能操作考核由 3 名以上(含 3 名)考评员组成考评小组,考评员按照标准考评得分表中细则内容的规定,各自分别打分,取考评小组成员的平均分为考核得分(特殊运动项目的鉴定方式按有关文件的规定执行)。理论知识考试为 90 分钟;技能操作考核为 45 分钟。理论知识考试在标准教室进行。技能操作考核场所应具备开展相应运动项目必需的基本器材、设备和场地。社会体育指导员具体考核要求见附件 2。

## 四、社会体育指导员工作要求

《标准》对初级社会体育指导员、中级社会体育指导员、高级社会体育指导员、社会体育指导师的技能要求依次递进,高级别包括低级别的要求。对社会体育指导员的技能要求见附件 3。

社会体育指导员各级别的要求为各个运动项目的共性标准,是所有参加职业资格鉴定的人员均须掌握的内容。各个运动项目的初级社会体育指导员、中级社会体育指导员、高级社会体育指导员还配有相应级别的技术标准,其水平的考核由具有相应审定资格的部门负责。

# 第二节　体育经纪人

## 一、体育经纪人定义

体育经纪人是指在取得合法资格后，从事居间（代表运动员去签订合同）、行纪（受运动员的委托，以运动员的名义与第三方进行交易，并承担规定的法律责任的商业行为）、代理等经纪业务的个人或组织，包括运动员经纪、体育赛事经纪、体育组织经纪以及体育保险经纪、体育旅游经纪等其他体育经纪活动。体育经纪人的业务范围涉及体育比赛和体育表演的组织、策划和推广。

近年来，随着体育职业化和商业化的发展，体育经纪人已逐步成为一个较为固定的职业，吸引了越来越多的人跨入这一行列。经纪人队伍的壮大使得他们之间的竞争也日趋激烈。将更多的"明星"抢到门下，已成为绝大多数体育经纪人的目标。这其中既有靠优质服务取胜者，也有不择手段者。美国职业拳击界已屡现有关经纪人方面的争端。因此，无论是国际还是国家体育组织都越来越重视体育经纪人的法制化和规范化管理，纷纷制订相应法规，如国际足联制订的《运动员经纪人管理条例》、美国《体育经纪人实务指南》等。美国现已形成以有关法律法规为核心的体育经纪人管理监督体制，经纪人在这样一种法制化经营环境和公平合理的经济秩序中，通过规范的经纪活动获取应得的利益。目前，我国体育经纪人职业还未真正走上健康发展的轨道，各种体制性障碍依然存在，规范的体育经纪人制度是保障我国体育经纪人行业健康发展的必要前提。

## 二、中国体育经纪人发展现状

中国体育经纪人的形式最多为广告公司，其次为公关公司，接下来按顺序是文化传播公司、咨询公司。这说明我国体育经纪人行业尚未成熟，极少专业的体育经纪公司，更多的是以兼营体育经纪业务的形式来从事活动。而国外进驻到国内体育界的公司多为专业经纪公司，有资金经验，有专业人员，因此不难理解，目前大多数运动项目管理中心还是愿意与国外的体育经纪人合作。

我国目前的体育经纪人数量不多。体育经纪人多集中在北京、上海、广州等经济较发达、体育市场行情较好的几个大城市。专业体育经纪人少，大部分为兼营体育经纪活动的广告公司和公关公司。公司法人是我国现有体育经纪人的主要组织形式，个体经纪人和合伙经纪人的形式较少。具体从事体育经纪业务的人员素质有待提高，只有少数人持有经纪人资格证书。目前，体育经纪活动的范围有限，大致包括承办体育赛事、代理广告和赞助、法律事务咨询等，很少涉及运动员入会、转会及商业开发等问题。但体育经纪人正在拓展业务，补充实力，有意发展成一流的专业经纪公司和个体经纪人，他们已经向电视转播及节目制作、运动员保险等方面迈步，并等待着机会参与到经纪运动员的业务中去。这批正在实践体育经纪活动的人对事业前途充满信心，承认现阶段实力小、底子薄、经验少等弱点，但同时也很注重自身的培养，广泛吸纳各个领域的专门人才，力争形成有一定规模的专业经纪人或公司。他们认为我国目前经纪活动之所以不繁荣的关键是在管理体制上，尤其是协会。协会是社团性组织，应该时刻站在俱乐部利益的角度来看问题，但它们大都没有摆脱过去的工作方式和思路，仅仅是对上负责，对下则是硬性规定。相继推出的条例也带有极强的保护主义色彩，具有明显的垄断倾向，有碍于项目走入市场的广度和深度，影响了社会的公平竞争。

第一，发展水平低。目前虽然出现了一批以公关、咨询或广告代理为名，开展体育经纪业务的公司，但它们大多既无动作方针，又无市场需求调研，有的甚至只凭与某体育明星或教练的一点私交开展经纪活动，有较大的盲动性。体育经纪活动无论是在组织形式、活动范围、经营方式，还是在管理、操作、运营等方面都还很不成熟。

第二，中国现行的体育体制在某些方面产生不适应，体育市场不成熟，市场体系未健全，体育要素市场没有放开，体育经纪人的活动受到限制。尤其是在体制改革过程中出现了不同程度的行业垄断、项目垄断，造成体育市场的不公平竞争，抑制了体育经纪人发挥作用的积极性及其功能的实效性。同时，现行体制下中国体育界的特殊问题，如产权关系不明晰、体育资产评估无科学标准等也影响到体育经纪人的规范行为。

第三，国家及体育行业在某些文件上已经表示出对发展体育经纪活动的鼓励导向，但缺乏可操作性强的实施办法。事实上，国家有关经纪人的办法刚刚出台并正在试行之中，体育行业内部的特殊规范仍是空白。有意从事体育经纪业务的人员和公司无所适从，影响了体育经纪活动的发展速度。同时，国家工商局、体育总局、各项目管理中心（协会）、俱乐部、省（市）运动队在管理权限上没有清晰的界限。

第四，从业人员素质有待提高。目前，多数公司以体育经纪为兼营业务，具体办事人员更缺乏专门知识。因此，体育经纪活动的从业人员的素质直接影响到整个体育产业的发展。但是，国内无专业的体育经纪人培训机构，体育经纪人想要提高自身素质却无法找到正当、合适的途径。

## 三、体育经纪人的分类

从不同的角度，用不同的标准可以对体育经纪人进行多种分类。比如按照组织形式，体育经纪人就可以划分为个体体育经纪人、合伙体育经纪人或体育经纪人事务所、体育经纪公司和其他经济组织等类型；按职业性质则可分为专职体育经纪人和兼职体育经纪人。下面是两种常见的分类方法。

### 1. 按照体育经纪活动方式划分

可分为居间经纪人、行纪经纪人、代理经纪人。居间经纪人是指在体育商务中以自己的名义为他人提供交易机会或促成他人之间的交易。其活动形式主要是提供信息和牵线搭桥，是传统意义上的体育经纪人。目前，单纯做居间经纪人的很少。行纪经纪人是指经纪人受委托人的委托，以经纪人自己的名义与第三方进行交易，并承担相应的法律责任。代理经纪人是指经纪人受他人委托，以委托人的名义与第三者进行交易，并由委托人承担相应的法律责任。目前，绝大部分体育商业活动的经纪方式都是以行纪和代理方式进行，如大型赛事的商业开发、电视转播权谈判、广告和赞助的运作，等等。

### 2. 按客户性质划分

有运动员（教练员）经纪人、体育赛事经纪人、体育组织经纪人等。运动员（教练员）经纪人是指接受运动员（教练员）委托，专门从事委托人转会、参赛、商务开发和个人生活管理的个人和组织。体育赛事经纪人是指受委托或从主办单位买断全部或部分商业活动开发权，专门从事赛事选择、包装和推广，以谋求最大经济利益的个人和组织。体育组织经纪人是指受体育组织委托或以买断的形式，专门从事该体育组织商务开发和咨询服务的个人或组织。

当然，由于体育经纪活动的不断拓展以及体育经纪活动不断出现综合化和细分化的特点，在实践中，体育经纪人并非严格按照上述分类展开业务活动，在这些种类中还存在交叉情况。

**3. 体育经纪人的工作内容**

体育经纪人的工作内容主要包括：①策划与推广体育赛事；②协助体育组织从事市场开发以及处理日常事务；③代理运动员转会；④代理运动员表演或参赛；⑤代理运动员无形（荣誉，时间分配等）资产的经营；⑥代理运动员的日常事务；⑦代理运动员投资；⑧包装和代理运动队；⑨代理体育行业之外的公司企业介入体育事务等。

## 四、体育经纪人的职业要求

体育经纪人作为体育赛事、体育组织的品牌包装、经营策划、无形资产开发以及运动员的转会、参赛等中介活动的人员，对于运动员和体育组织来讲，都具有非常重要的作用，因此，体育组织会不惜重金聘请体育经纪人来包装自己和其队员；这一职业对体育经纪人自身能力要求也很高，它需要体育经纪人有较强的对外沟通能力，所以如果体育经纪人具有较强的沟通和策划能力，薪水也会很高。体育经纪人收入一般为运动员工资的 4％～6％；商业推广报酬可高达 15％～30％；年薪起步价一般为 10 万元。一般来说，大专（或同等学力）的体育营销、体育专业学生都可依据自身的学历和体育经纪人从业年限，申报助理体育经纪人、体育经纪人、高级体育经纪人职称。体育经纪人必须具备的基本知识包括法律、业务、形象包装、理财和外语等，同时需要讲诚信、有耐心。不但要熟悉各种体育项目的特点和内在规律，熟悉体育组织和运动员，还要熟悉相关的财务、税务、项目策划、赛事推广等各方面的知识，并且要与很多赞助商有良好的关系。

## 五、体育经纪人的职业标准

内容详见附件 4。

# 第三节　国内健身教练职业资格认证

健身教练行业是未来十年最具发展潜力的行业之一。由于该行业项目众多，且认证机构参差不齐，易导致资格认证良莠不分，仅提供国家认可的职业资格项目，供参考。

## 一、国家健身指导员资格认证

根据《国家体育总局关于开展体育行业职业技能鉴定工作的意见》（体人字[2006]589 号文件）和《全民健身条例》的精神，凡从事社会体育指导员相关从业人员，需持有国家职业资格证书方可上岗，否则将不得从业。

由中国健身健美协会制定并认证的健身指导员等级资格证，已纳入国家职业资格鉴定行列，鉴定考试合格者将取得由国家人力资源和社会保障部及国家体育总局人事司统一颁发的国家职业资格证书，该证书是国家体育行业健身教练执业唯一官方认可的权威资格证明，证书可全国通用，长期有效。有关健身指导员技术等级制度详见附件5。

## 二、健身教练国家资格认证

近年来，健身行业突出的问题是，一些健身服务机构缺乏正规体育健身指导服务人员，影响了广大群众的科学健身和服务质量，健身者受伤事件时有发生。为规范大众体育健身服务市场，提高健身场馆从业人员综合素质，统一从业人员资质标准，2007年12月31日国务院办公厅颁发了《国务院办公厅关于清理规范各类职业资格相关活动的通知》国发办[2007]73号文件，为使健身教练行业的执业资格做到制度化、正规化、统一化，全面提高健身教练水平和职业标准，从2008年4月国家开始对健身教练实行资格认证。经过严格的理论和实践考核，对成绩合格者由中华人民共和国劳动和社会保障部及国家体育总局人事司共同颁发《社会体育指导员健身教练》资格证书。该证书是健身教练（私人教练）执业的唯一资格证明，其规定如下：

**1. 初级健身教练（具备以下条件之一）**

(1)经本职业正规专业培训达规定标准学时数，并取得结业证书者。

(2)取得高等院校体育专业专科以上毕业证书。

(3)连续从事本职业工作1年以上，并授课达400小时以上。

**2. 中级健身教练（具备以下条件之一）**

(1)取得本职业初级职业资格证书后，连续从事本职业工作2年以上，经本职业中级正规培训达规定标准学时数，并取得结业证书。

(2)连续从事本职业工作3年以上，并授课达1 500小时以上。

(3)取得高等院校体育专业本科毕业证书。

(4)取得一级以上(含一级)运动员等级证书，经本职业中级正规培训达到规定标准学时数，并取得结业证书

**3. 高级健身教练（具备以下条件之一）**

(1)取得健身教练中级职业资格证书后，连续从事本职业工作3年以上。

(2)从事本行业6年以上，教授课时在3 000小时以上，俱乐部开具证明。

有关社会体育指导员健身教练理论考试内容纲要可详见附件6

## 三、体适能教练认证：国际运动、有氧训练及体适能联合会(FISAF)

FISAF是Federation of International Sports Aerobics and Fitness(国际体适能协会)的简称，是世界上最大的国际健身训练与培训组织。FISAF教育认证作为全球最大的健身教练认证机构，FISAF提供给所参与国家最高水平的国际证书。FISAF支持国际性和各国认可的运动课程和项目。世界上每年有数万热衷于健身的人士参加FISAF开设的课程和认可的运动项目，并获得世界公认的FISAF专业健身执照。FISAF会员国包括中国、澳大利亚、法国、德国、英国、比利时、智利、西班牙、瑞士、意大利、捷克、丹麦、芬兰、韩国、马来西亚、卢森堡、荷兰、新西兰、新加坡等40多个会员国，并形成了共享专家、资源，举办专业活动从而推广健身产业的国际网络组织。认证资格涵盖健身教练、健身教练助理、私人教练、高级私人教练等不同方向，培训内容涉及解剖学、运动生理学、肌力训练、健康评估、柔韧度训练、营养学、团体课程、

运动安全与分析、伤害预防与核心训练、减脂课程、运动处方与原则等。

有关体育行业特有工种职业技能鉴定实施办法可见附件 7。

## 第四节　游泳救生员

游泳救生员是指在对外开放的游泳场所中对游泳者的安全进行有效的观察和防护，并对溺水者进行赴救和在医务人员到来之前进行现场急救的人员。

游泳是深受我国人民喜爱且普及程度非常高的一项体育活动，也是一项危险性比较高的运动，极易发生溺水伤亡事故。近年来，我国游泳溺水伤亡事故呈逐年增加之势。据统计，我国每年 14 岁以下的少年儿童因溺水而死亡者占青少年死亡人数的第一位。这跟游泳场所缺乏安全管理、救生力量不足有着直接的关系。如果游泳救生及时、处置恰当，能为后续的救治打下良好的基础，能有效地保障人民的生命安全，起到“挽救生命、减轻伤残”的关键作用。游泳救生员主要工作内容包括：

(1)对游泳场所的安全进行检查，排除安全隐患；

(2)对游泳者的安全进行有效的观察和防护；

(3)对溺水者进行现场赴救；

(4)对游泳运动中常见的运动损伤进行初步应急处理；

(5)在医务人员到来之前，对溺水者进行现场急救；

(6)现场人工呼吸和心肺复苏。

目前，我国约有游泳场所 5 万个，游泳救生从业人员却只有 2 万人，缺口达数十万人，远远不能满足社会的需要。同时，由于没有统一的从业标准和规范，从业人员的业务素质也得不到提高，从业人员队伍极不稳定。确立游泳救生员这一职业，建立相应的职业培训和职业资格认证制度，对于更好地发挥游泳救生员在游泳运动中的安全保障作用，促进群众性游泳健身运动和我国体育事业的发展都具有十分重要的意义。

有关游泳救生员考核内容与标准可详见附件 8。

### 案例：救生员缺口达三分之二

(2011－06－15　广州日报　钟达文)

炎炎夏日已至，游泳运动和消暑成为了许多东莞市民的选择。然而，却很少有市民注意到，受各种因素的制约，东莞大部分游泳场的救生员都并不足够，这形成了一定的安全隐患。据东莞市体育局统计，根据东莞目前的游泳场数量，东莞一共需要大约 3 000 名合格的救生员，然而，目前可以持有效上岗资格证的救生员却不足千人，缺口达到三分之二。

面对这个难题，东莞市体育局负责人坦承“短期内无法解决”，同时也表示今年将在东莞理工学院与东莞市体校招聘一些学生暑期工，来缓解泳池救生员不足的问题。

**现状：合格救生员东莞还缺 2 000 人**

根据国家质量监督检验检疫总局 2003 年发布的《体育场所开放条件与技术要求》，经营性游泳场所必须配备相应的游泳专业技术人员和合格的游泳救生员。《广东省经营性游泳场所管理办法》也规定:"人工游泳池每 $250m^2$ 水域面积配备一名救生员;天然游泳场所每 2 $500m^2$ 水域面积配备一名救生员。"东莞市体育局相关负责人则认为,如果再考虑到救生员轮班工作的需要,一个 1 $250m^2$ 的标准池则至少需要 6～7 名救生员。

据东莞市体育局最近的一次统计,包括各住宅小区、酒店大大小小的泳池,东莞至少有近 500 个游泳池,这意味着,东莞至少需要 3 000 名救生员。而东莞今年至今为止一共举办了 4 期游泳救生员培训班,共培训了 200 多名合格的救生员。一个救生员的合格证 3 年有效,算上过去两年培训的总数,也不会超过 1 000 人。另外,并非所有持证的救生员都会做这一行,因此,可以估算出缺口至少约为 2 000 人。

记者近日走访还发现,很多小区或者酒店的泳池都并非规整的形状,有的是曲尺形的,有的是半圆形的,有的还设置了各种滑梯、"小岛"、树木等。市体育局相关负责人告诉记者,这些泳池的设置会产生救生员的视觉盲区,实际上就要求泳池雇佣更多的救生员。

**个别市民无任何防范意识**

"缺少救生员当然会有安全隐患,例如去年南城某小区泳池的溺水事故,该泳池按规定应该要有 3 名救生员,但实际上只有两人,而事发当时其中一位更是离开泳池休息去了,导致无法及时发现溺水的小女孩。"救生员不足会有安全隐患,但有救生员而培训不足也不安全。据介绍,体育部门对救生员的培训内容包括对险情的快速判断、水中捞人抱人、上岸后的急救等各种实用技巧。"救生员培训考试的门槛较低,没有任何学历要求,但实际上可以说是'技术工人'。"东莞游泳救生员培训的负责人表示。

与东莞救生员巨大的缺口形成对比的是,不少市民们对此却抱有全不在乎的侥幸心理。"反正都是煮饺子式的消暑而已,不大可能遭遇意外吧。"记者昨日在宏远金丰花园的小区游泳池随机采访了数位游泳的市民,大多数受访者表示不会特别留意泳池的救生员数量,甚至根本不会在意泳池内有没有救生员在场。

**对策:暑期工充实救生员队伍**

市体育局相关负责人坦承,东莞救生员短缺的问题在短期内难以解决。目前,该局只能拿出一些短期的办法来稍微缓解困局。其中一个办法是招募暑期工来充实救生员队伍。据介绍,今年市体育局已组织了东莞理工学院、东莞市体校的 30 多名学生,在游泳旺季进入各公众游泳池工作。而滨江体育公园也很可能会在东莞市游泳队中招收部分运动员来兼职救生员工作,甚至一些游泳水平稍佳的大学生,通过一定的救生培训也可以暂时从事救生员工作。另外,东莞前不久刚刚成立了市游泳行业协会,该协会目前正在联系全市数百个泳场,希望通过行业规范和自律,督促泳场对救生员进行人性化管理,推广"四小时工作制",改善救生员的工作环境。

**困难:救生员今年比往年还难招**

滨江体育公园游泳场主管卢炳权无奈地说,滨江体育公园游泳场开放的 7 个泳池,总共要招 18～20 名救生员,往年这个时候都基本招满了,但今年却特别难招,面试合格的也有十来个,至今只有 6 位来报到了。记者同时向多个楼盘泳池咨询也获悉,今年救生员工资虽有 2 000～2 200 元,但仍然比不上工厂一般技术工人,救生员仍然难招。更让东莞救生员看不到前途的是晋升机会的渺茫。据介绍,东莞目前没有中级救生员所需的海浪救生环境,而一个救生员在岗位做满 3 年才能考取"中级救生员"资格。市体育局负责人说,"目前东莞的救生员处于'打散工'的阶段,他们一旦找到新的工作,几乎都会离开这行的。"

# 参考文献

陈学飞. 美国、德国、法国、日本当代高等教育思想研究[M]. 上海：上海教育出版社，1998.
蔡贞雄. 落实休闲运动的体育教学[J]. 国民体育，1987(3)：27.
陈克宗. 大学体育课程的休闲性[J]. 浙江体育科学，2003(2)：22.
陈鸣，王伯华，陈烽. 论高校体育教育专业的课程设置[J]. 北京体育大学学报，2002，25(3)：392 - 393.
戴健. 上海体育学院"知识、能力、人格"三位一体的人才培养新模式[J]. 上海体育学院学报，2007，17(1)：86 - 90.
董国永，李慧. 试论我国体育教育专业的培养目标与课程设置[J]. 四川体育科学，2006(2)：99 - 101.
董茜. 社会体育专业学生职业能力培养的研究[J]. 甘肃联合大学学报(自然科学版)，2010，24(3)：122 - 124.
窦红. 中、美体育专业人才培养的比较研究[J]. 广州体育学院学报，2007，27(6)：115 - 118.
杜春斌. 提高体育专业学生整体素质的对策及措施[J]. 科技资讯，2006(30)：148.
段成荣. 21 世纪上半叶我国各级学校适龄人口数量变动趋势分析[J]. 人口与经济，2000(4)：38 - 45.
龚德贵，黄阵，钟秉枢，等. 体育院校体育教育专业课程体系改革研究[J]. 中国体育科技，2001，37(7)：26 - 30.
龚德贵，吴步阳，谭小勇，等. 社会转型期我国"高师"体育专业课程设置改革与探索[J]. 体育与科学，2003，24(3)：63 - 66.
龚正伟. 学校体育改革与发展论[M]. 北京：人民体育出版社，2002.
顾小霞. 我国高校体育教育专业发展现状及问题分析[J]. 西安体育学院学报，2011，28(2)：253 - 256.
国家工商行政管理局. 经纪人管理办法[S]. 1995 - 10 - 26.
国家教委，国家体委. 普通高等学校体育专业招生工作暂行规定 [Z]. 体科字[1989]20 号. 1989 - 02 - 24.
国家体委. 社会体育指导员技术等级制度[S]. 1993 - 12 - 04.
国家体育总局. 2007 年中国城市居民参加体育锻炼现状调查公报[R]. 2008 - 12 - 17..
国家体育总局. 关于开展体育行业职业技能鉴定工作的意见[Z]. 体人字[2006]589 号. 2006 - 11 - 15.
国家体育总局. 国家体育总局全国体育人才发展规划(2010—2020)[S]. 2011 - 03 - 01.
国家体育总局. 经营高危险性体育项目许可管理办法[S]. 2013 - 05 - 01.
国家体育总局. 体育行业特有工种职业技能鉴定实施办法(试行)[S]. 2004 - 04 - 01.

国家体育总局科教司,国外体育院校概况[M]. 北京:人民体育出版社,1999.
国家体育总局科教司,国外体育院校概况[M]. 北京:人民体育出版社,1999:1～14
国家体育总局科教司 . 国外体育院校概况[M]. 北京:人民体育出版社:1999:21～29.
国家体育总局科教司 . 国外体育院校概况[M]. 北京:人民体育出版社:1999:77～84.
国务院. 关于印发(2011 - 2015 年)的通知(国发[2011]5 号)[Z]. 2011 - 02 - 15.
国务院. 国家中长期教育改革和发展规划纲要(2010 - 2020 年)[Z]. 2010 - 07 - 29.
国务院. 全民健身条例[S]. 2009 - 10 - 01.
国务院办公厅. 国务院办公厅关于清理规范各类职业资格相关活动的通知(国发办[2007]73 号)[Z]. 2007 - 12 - 31.
韩会君,曾广平. 中美日三国高校体育专业设置和课程设置的比较研究[J]. 广州体育学院学报,1998. 18(3):72 - 78.
胡伟希. 境界与休闲[N]. 中华读书报,2000 - 12.
黄爱峰. 体育教师教育的专业化研究[M]. 武汉:华中师范大学出版社,2007.
黄爱峰. 体育教育专业的发展与改革[M]. 武汉:华中师范大学出版社,2008.
黄汉升,季克异. 大陆、台湾、香港高校本科体育教育专业课程方案比较[J]. 体育学刊,2003,10(6):10 - 13.
黄汉升,季克异. 我国普通高校本科体育教育专业课程设置的调查与分析[J]. 中国体育科技,2003,39(11):1 - 5.
黄汉升,林顺英. 体育院系课程设置:国际比较[J]. 中国体育科技,2002,38(12):5 - 13.
黄汉升. 21 世纪中国高等体育院系课程设置的研究[J]. 福建体育科技,1990(1):43 - 45.
江和平,张海潮. 中国体育产业发展报告(2008—2010)[M]. 北京:社会科学文献出版社,2010.
金季春,钟秉枢,王莉,等. 我国体育院校运动系人才培养的现状问题与改革对策[J]. 北京体育大学学报,1999,22(2):1 - 6.
教育部. 普通高校体育教育专业(本科)课程方案[Z]. 教体艺字[2003]7 号. 2003 - 06 - 19.
兰自力. 台湾运动产业的现状分析与发展启示[J]. 北京体育大学学报,2004,27(1):7 - 10.
李凯. 体育专业大学生进行职业生涯规划的必要性研究[J]. 中国教师,2009(2):185 - 186.
李磊. 浅议民族师范院校大学生交际能力的培养[J]. 管理科学,2009(2):39.
李相如. 体育社会实践教程[M]. 北京:人民体育出版社,2006.
李祥. 学校体育学[M]. 北京:人民体育出版社,1999.
李仪,颜军,潘绍伟. 新世纪高等体育教育专业人才培养模式的研究[J]. 南京体育学院学报,2003,17(2):23 - 27.
梁晓刚. 体育教师的素质与基本功[M]. 北京:人民体育出版社,2002.
林燕平. 新加坡的"教师教育"[J]. 贵州大学学报(社会科学版),2001,19(5):89 - 92.
刘德佩. 对现阶段我国城市群众体育发展趋势的研究[J]. 体育科学,1994,14(3):15 - 19.
刘芳,杜朝辉. 高校体育教育专业人才培养模式的探索与研究[J]. 北京体育大学学报,2006,29(12):1 702 - 1 703.
刘红,赵建强. 21 世纪体育教育专业培养目标及规格要求确定依据的探讨[J]. 河南大学学报(社会版),2003, 43(3):141 - 142.
刘华平. 21 世纪初的中国休闲体育[J]. 北京体育大学学报,2000,23(1):15 - 16 .

刘杰,张红霞.构建体育学类“大平台-宽口径”人才培养模式的探索[J].体育与科学,2006,27(4):81-83.

刘捷,谢维和.栅栏内外:中国高等师范教育百年省思[M].北京:北京师范大学出版社,2002.

刘四.对提高体育教育专业学生语言素质的思考[J].黑龙江科技信息,2010(3):209.

刘兴.我国体育院校术科教师群体素质若干问题的研究田[D].北京:北京体育大学博士学位论文,2002.

龙建新,谭洁.普通高校体育教育专业课程设置改革部分问题探析[J].教学与探讨,2004(10):29.

卢元镇.社会体育学[M].北京:高等教育出版社,2002.

鲁国斌.我国人口结构变化对体育教育专业培养目标的影响[J].荆州师范学院学报,2003,26(2):100-102.

路锦华.运动训练专业学生实践能力培养的研究[J].文体用品与科技,2011(5):47-49.

吕季东.美国运动训练专业本科教学计划的特点与启示[J].上海体育学院学报,2007,1(31):77-78.

麻新远.自我效能感与体育教学成就目标的培养[J].中国成人教育,2010(3):156-158.

马明坤.高校运动训练专业学生能力培养的研究[J].科技信息,2008(20):526.

毛振民.体育教学改革新视野[M].北京:北京体育大学出版社,2003.

孟凡运,王正伦.南京东郊风景区体育休闲、娱乐、旅游产业的开发前景与构想[J].南京体育学院学报,1999(3).

倪会忠,王正伦.体育行业职业资格证书制度之研究[M].北京:北京体育大学出版社,2009.

欧岳山.体育教育专业培养目标设置的溯源与思考[J].体育科技文献通报,2008(10):48-49.

潘懋元.高等教育学[M].福州:福建教育出版社 1995.

彭文革,李晓光,谢铁兔.台湾地区运动与休闲教育兴起的背景及其专业人才培养特点[J].北京体育大学学报,2006,29(8):1 038.

彭贻海,王莉,严精华,等.论体育教育专业培养目标、课程设置及社会需求的相互关系 [J].武汉体育学院学报,2003,37(6):89-93.

齐栋,毛振明,戴毅.试析体育教学过程训练化的倾向[J].中国学校体育,1999(5):57-58.

邱斌.谈社会体育专业学生职业能力的培养[J].教育与职业,2007,35(22):101-102.

曲宗湖,杨文轩.域外学校体育传真[M].北京:人民体育出版社,1999.

曲宗湖.体育教师教育课程改革[M].北京:人民体育出版社,2006.

任海,李元伟,王凯珍,等.高等体育院校“学科”“专业”和课程的概念及其相互关系[J].山东体育学院学报,1998,14(1):1-7.

任海,李元伟,王凯珍,等.国内外高等体育院校课程结构外差异的析因[J].山东体育学院学报,1998,14(3):21-26.

石岩,舒宗礼.适应社会需求的社会体育专业人才培养模式[J].体育学刊,2008,15(7):38-41.

宋彩珍.新课程标准的实施对体育教育专业学生专业素质的要求及培养[J].文史博览,2010(3):84-85.

孙世明,赖勇泉.我国普通高校运动训练专业的办学现状与发展对策研究[J].广州体育学院学报,2005,25(3):114－117.

孙义良.新形势下体育教育专业人才培养模式的构建与创新[J].武汉体育学院学报,2011,45(5):61－65.

唐东阳,陈浩.专业体育院校体育教育专业就业面临的挑战与机遇[J].沈阳体育学院学报,2011,30(2):139－140.

唐宏贵,翟华楠,余斌,等.体育教育专业培养方案实证研究[J].武汉体育学院学报,2011,45(3):68－72.

唐宏贵.发展体育产业促进体育消费[J].湖北体育科技,1997(1):1－3.

体育总局.社会体育指导员发展规划(2011－2015)[Z].体群字[2011]53号.2011－04－07.

王飞,耿廷芹,陈勇芳.对我国本科体育教育专业培养目标的思考[J].山东体育学院学报,2009,25(12):83－85.

王峰,王驰,顾静,等.本科院校体育教育专业课程改革研究现状与建议[J].衡阳师范学院学报,2011,32(3):123－125.

王刚,杨军.高等体育院系人才培养途径的新思考[J].山东体育科技,2004,26(4):68－70.

王健.体育专业课程的发展及改革[M].武汉:华中师范大学出版社,2003.

王丽娜,刘淑娜,葛超,等.我国体育院系运动训练专业毕业生就业与课程设置的优化研究[J].首都体育学院学报,2004, 16(4):71－73.

王胜利,陈玉茜.浅论高等体育教育专业培养目标的重新定位[J].西安体育学院学报,2002,19(3):102－103.

王艳云.体育运动与人际交往[J].五邑大学学报,2002,16(3):74－77.

吴秋凤.当代高等教育学[M].哈尔滨:黑龙江教育出版社,2007.

肖谋运.娱乐体育发展之趋势[J].西安民族学院学报(哲学社会科学版),2000(5).

杨芳.体育教育新领域:体育教育的生命意蕴与审美品格[M].兰州:兰州大学出版社,2007.

杨克新.我国业余体校发展历程及现状的研究分析[J].山东体育科技,2009(2):44－46.

杨启亮.反思与重构:学科教学论改造[J].高等教育研究,2000(5): 65－68.

杨秦.提升高校体育专业学生职业素养的思考[J].科技文汇,2009(7):199.

杨湘,刘春光.高校体育教育专业课程设置的调查分析[J].体育科技,2004,25(3):68－69.

易三平,曹武萍.体育院校毕业生就业状况分析及对策探讨[J].武汉体育学院学报, 2006,40(9): 120－125.

于军.体育教育专业术科必修课教学现状及改革思路田[J].山东体育学院学报,1997,13(3):73－75.

于涛,杨锡明.论休闲体育的文化学背景[J].西安体育学院学报,2000,17(1):13－15.

于涛.余暇体育?还是休闲体育?关于 leisure sport 概念和定义的批判性回顾[J].天津体育学院学报,2000,15(1):32－35.

于振峰,王晨宇,胡法信,等.21世纪初期中国体育教育专业人才的培养模式[J].体育学刊,2006,13(3):67－69.

于振峰,王晨宇.中外体育教育专业人才培养模式比较研究[J].体育文化导论,2004(9):47－48.

袁野,张蕴琨,陶新,等.高校体育专业教育培养目标与中学体育教学适应性[J].体育学刊,

2002，9(1):91－94.
张弛，王永安.高校运动训练专业学生“体教结合”培养模式研究[J].西华师范大学学报，2010(5):66－69.
张春雷.体育专业学生道德素养突出问题及对策[J].职业技术教育，2009，26(2):74－75.
张文普，黄建伟.国外高校体育专业设置及其启示[J].洛阳师范学院学报，2011，30(2):84－87.
张细谦，黄南洁.中日美英普通高校社会体育专业的比较研究[J].广东教育学院学报，2005，25(2):20－24.
张召棋，曹士云，易健华，等.我国家庭体育的现状与发展趋势——22省区市9291户家庭体育抽样调查报告[J].体育科学，1993，13(5):11－13.
赵康.专业、专业属性及判断成熟专业的六条标准，一个社会学角度的分析[J].社会学研究，2000(5):31.
郑巧玲.浅谈体育专业学生素质的培养[J].宜春学院学报(自然科学)，2003，25(4):123－124.
中共中央 国务院关于加强青少年体育增强青少年体质的意见[Z].中发[2007]7号.国务院公报.2007－05－07.
中国健美协会.健身指导员技术等级制度[S].1998－04－01.
中华人民共和国劳动和社会保障部制定.社会体育指导员(国家职业标准)[M].北京:人们体育出版社，2001.
周登离.我国优秀体育教师成长规律的阶段与促进因素的研究田[J].体育科学，1994，14(6):10－15.
周西宽.体育基本理论[M].北京:人民体育出版社，2006.
朱大修，何渝玲，王俊奇.试论“休闲体育”的特点、概念及发展前景[J].上饶师范学院学报，1997，17(6):90－92.
朱峰.21世纪体育教师[M].沈阳:东北大学出版社，2009.
朱洪晨.北京市海淀区城市居民体育消费现状研究[D].北京:北京体育大学硕士论文，1998.
左新荣，何也明，姚欣.体育教育专业教学计划改革中“多能一专”的理性思考[J].上海体育学院学报，2004，28(1):82－85.
[法]罗歇·苏.我知道什么休闲[M].姜依群译.北京:商务印书馆，1996.
Gene Bammel，Lei Lane Burrus－Bamm.休闲与人类行为[M].涂淑芳译.台北:桂冠图书，1996.

# 附件 1　社会体育指导员具体培训要求

## 附件 1-1　初级社会体育指导员理论知识集中培训教学内容纲要、要求及时数

| 序号 | 教学内容纲要 | 教学要求 | | | | 学时数 |
|---|---|---|---|---|---|---|
| | | 了解 | 掌握 | 应用 | 综合 | |
| 1 | 第一章 体育概述<br>第一节 体育概述 | | | | | 2 |
| | 一、体育的概念与功能 | | √ | | | |
| | 二、我国体育的目的与任务 | | √ | | | |
| | 三、现代社会与体育 | | √ | | | |
| 2 | 第二章 社会体育指导员概述<br>第一节 社会体育概述 | | | | | 2 |
| | 一、社会体育的基本含义 | | | | | |
| | 二、社会体育的主要特点 | | √ | | | |
| | 第二节 社会体育指导员概述 | | | | | |
| | 一、社会体育指导员的概念 | | √ | | | |
| | 二、社会体育指导员的地位和作用 | | √ | | | |
| 3 | 第三章 社会体育指导员从业须知<br>第一节 社会体育指导员的法律要求 | | | | | 2 |
| | 一、社会体育指导员制度的法律法规 | | √ | | | |
| | 二、《职业标准》对社会体育指导员的要求 | | √ | | | |
| | 三、《职业标准》规定的职业守则 | | √ | | | |
| | 第二节 社会体育指导员的职业道德要求 | | | | | |
| | 一、道德与职业道德概述 | √ | | | | |
| | 二、体育道德与社会体育指导员职业道德 | | √ | | | |
| | 三、社会体育指导员职业道德原则与规范 | | | √ | | |
| 4 | 第四章 人体运动科学基础知识<br>第一节 人体组成概述 | | | | | 4 |
| | 一、细胞与细胞间质 | | √ | | | |
| | 二、组织 | | √ | | | |
| | 三、器官与系统 | | √ | | | |
| | 第二节 人体主要系统的组成与功能 | | | | | |
| | 一、运动系统 | | √ | | | |
| | 二、神经系统 | | √ | | | |
| | 三、循环系统 | | √ | | | |
| | 四、呼吸系统 | | √ | | | |
| | 五、泌尿系统 | | √ | | | |
| | 六、感官系统 | | √ | | | |
| | 七、内分泌系统 | | √ | | | |

**续附件 1-1**

| 序号 | 教学内容纲要 | 教学要求 | | | | 学时数 |
|---|---|---|---|---|---|---|
| | | 了解 | 掌握 | 应用 | 综合 | |
| 4 | 第三节 人体的物质代谢和能量代谢 | | | | | |
| | 一、物质代谢 | | √ | | | |
| | 二、能量代谢 | | √ | | | |
| | 三、人体运动时的能量供应 | | √ | | | |
| 5 | 第五章 身体锻炼的心理学知识 | | | | | 2 |
| | 第一节 心理健康概述 | | | | | |
| | 一、心理健康简述 | √ | | | | |
| | 二、压力与心理健康 | | √ | | | |
| | 三、挫折与心理健康 | | √ | | | |
| | 第二节 身体锻炼的心理学意义 | | | | | |
| | 一、身体锻炼与心理健康的关系 | √ | | | | |
| | 二、身体锻炼产生心理效益的机制 | √ | | | | |
| | 三、参加身体锻炼的动机 | | √ | | | |
| | 四、获得身体锻炼较大心理效益的方法 | | | √ | | |
| | 五、影响坚持锻炼的因素 | | √ | | | |
| 6 | 第六章 练习指导过程 | | | | | 2 |
| | 第一节 场地器材的准备 | | | | | |
| | 一、准备的意义 | √ | | | | |
| | 二、准备的内容和要求 | | | √ | | |
| | 第二节 常规讲解与示范的方法 | | | | | |
| | 一、讲解法 | | | √ | | |
| | 二、示范法 | | | √ | | |
| | 三、讲解法与示范法相结合 | | | √ | | |
| | 四、预防与纠正错误法 | | | √ | | |
| | 第三节 保护与帮助 | | | | | |
| | 一、保护与帮助的作用 | | √ | | | |
| | 二、保护与帮助的种类 | | √ | | | |
| | 三、保护与帮助的运用 | | | √ | | |
| | 四、对保护、帮助者的要求 | | | √ | | |
| 7 | 第七章 常用身体练习方法 | | | | | 2 |
| | 第一节重复练习法 | | | | | |
| | 一、重复练习法的概念与特点 | | √ | | | |
| | 二、重复练习法的作用 | | √ | | | |
| | 三、重复练习法的分类、结构、特点及运用要求 | | | √ | | |
| | 第二节 持续练习法 | | | | | |
| | 一、持续练习法的概念 | | √ | | | |
| | 二、持续练习法的主要特点 | | √ | | | |
| | 三、持续练习法的运用要求 | | | √ | | |

续附件 1－1

| 序号 | 教学内容纲要 | 教学要求 | | | | 学时数 |
|---|---|---|---|---|---|---|
| | | 了解 | 掌握 | 应用 | 综合 | |
| 7 | 第三节 变化练习法 | | | | | |
| | 一、变换练习法的概念 | | √ | | | |
| | 二、变换练习法的特点与作用 | | √ | | | |
| | 三、变换练习法的运用要求 | | | √ | | |
| | 四、变换练习法示例 | | | √ | | |
| | 第四节 间歇练习法 | | | | | |
| | 一、间歇练习法的概念 | | √ | | | |
| | 二、间歇练习法的特点 | | √ | | | |
| | 三、间歇练习法的运用要求 | | | √ | | |
| | 四、间歇练习法的示例 | | | √ | | |
| 8 | 第八章 常用体育健身器械 | | | | | 2 |
| | 第一节 体育健身器材概述 | | | | | |
| | 一、体育健身器械及健身器械锻炼的作用与意义 | | √ | | | |
| | 二、健身器械练习的特点 | | √ | | | |
| | 三、体育健身器械的分类 | | √ | | | |
| | 第二节 常用体育健身器械的功能及用法 | | | | | |
| | 一、哑铃系列 | | | √ | | |
| | 二、壶铃系列 | | | √ | | |
| | 三、杠铃系列 | | | √ | | |
| | 四、拉力器系列 | | | √ | | |
| | 五、力量练习架 | | | √ | | |
| | 六、专项力量练习系列 | | | √ | | |
| | 七、综合健身器械 | | | √ | | |
| | 第三节 “全民健身路径”介绍 | | | | | |
| | 一、“全民健身路径”的建设与发展 | √ | | | | |
| | 二、“全民健身路径”的构成与分类 | | √ | | | |
| | 三、“全民健身路径”的科学锻炼原则与要求 | | √ | | | |
| | 第四节 健身器械的练习方法 | | | | | |
| | 一、健身器械的练习原则与要求 | | √ | | | |
| | 二、健身器械的练习计划与练习方法 | √ | | | | |
| 9 | 第九章 体育活动的医务监督 | | | | | 2 |
| | 第一节 医务监督在健身锻炼中的作用 | | | | | |
| | 一、体育锻炼实践中的生理和病理问题 | √ | | | | |
| | 二、对锻炼者的身体机能状况进行评定 | | | √ | | |
| | 三、运动性疾病的防治 | | | √ | | |
| | 四、疾病后健身锻炼安排 | | | √ | | |
| | 五、体育卫生 | | | √ | | |

**续附件 1-1**

| 序号 | 教学内容纲要 | 教学要求 | | | | 学时数 |
|---|---|---|---|---|---|---|
| | | 了解 | 掌握 | 应用 | 综合 | |
| 9 | 第二节 体育活动的禁忌症 | | | | | |
| | 一、引起发热的各种急性病症 | | √ | | | |
| | 二、各种内脏疾病的急性阶段 | | √ | | | |
| | 三、有出血倾向的各种疾病 | | √ | | | |
| | 四、恶性肿瘤发生转移后 | | √ | | | |
| | 五、慢性疾病 | | √ | | | |
| | 六、其他 | | √ | | | |
| | 第三节 体育活动医务监督的主要内容 | | | | | |
| | 一、体育活动中的医务监督 | | √ | | | |
| | 二、比赛期间的医务监督 | | | √ | | |
| | 三、消除疲劳的方法 | | | √ | | |
| | 四、体育活动减体重的医务监督 | | | √ | | |
| 10 | 第十章 其他相关知识 | | | | | 4 |
| | 第一节 咨询知识 | | | | | |
| | 一、当地风土人情 | √ | | | | |
| | 二、礼仪礼节 | | √ | | | |
| | 三、文明用语 | | √ | | | |
| | 第二节 英语知识 | | | | | |
| | 一、基本口语 | | √ | | | |
| | 二、基本会话 | | | √ | | |
| | 第三节 法律法规知识 | | | | | |
| | 一、《体育法》 | | √ | | | |
| | 二、《劳动法》 | | √ | | | |

注：国家体育总局职业技能鉴定指导中心，2006 年 4 月。

**附件 1-2　中级社会体育指导员理论知识集中培训教学内容纲要、要求及时数**

| 序号 | 教学内容纲要 | 教学要求 | | | | 学时数 |
|---|---|---|---|---|---|---|
| | | 了解 | 掌握 | 应用 | 综合 | |
| 1 | 第一章 我国社会体育的改革与发展 | | | | | 2 |
| | 第一节 我国的社会体育 | | | | | |
| | 一、我国社会体育的基本含义 | √ | | | | |
| | 二、社会体育的主要特点 | | √ | | | |
| | 三、我国社会体育的地位与作用 | | √ | | | |
| | 四、我国社会体育的现状与发展趋势 | √ | | | | |
| | 第二节 全民健身计划纲要 | | | | | |
| | 一、实施《全民健身计划纲要》的意义 | √ | | | | |
| | 二、《全民健身计划纲要》的基本精神和主要特点 | | √ | | | |
| | 三、《全民健身计划纲要》的实施 | | | √ | | |
| | 第三节 我国社会体育的奋斗目标 | | | | | |
| | 一、我国社会体育的基本方针和基本任务 | | √ | | | |
| | 二、我国社会体育的奋斗目标 | | √ | | | |
| 2 | 第二章 社会体育法规制度 | | | | | 4 |
| | 第一节 体育法制与社会体育法规制度 | | | | | |
| | 一、体育法规的含义与意义 | | √ | | | |
| | 二、我国的体育法制建设 | | | √ | | |
| | 三、我国的社会体育法制建设 | √ | | | | |
| | 四、依法开展和保护社会体育指导工作 | √ | | | | |
| | 第二节 我国现行社会体育法规制度的主要内容 | | | | | |
| | 一、社会体育组织制度 | | √ | | | |
| | 二、体育锻炼标准制度 | | √ | | | |
| | 三、国民体质测定与监测制度 | √ | | | | |
| | 四、城乡体育工作制度 | √ | | | | |
| | 五、社会体育活动与竞赛制度 | √ | | | | |
| | 六、社会体育物质保障制度 | √ | | | | |
| | 七、社会体育市场管理制度 | √ | | | | |
| | 第三节 社会体育工作的有关法规知识 | | | | | |
| | 一、订立和履行社会体育的有关合同 | | | √ | | |
| | 二、建立各类社会体育组织 | | √ | | | |
| | 三、社会体育经营活动的管理 | √ | | | | |
| | 四、保护体育消费者的合法权益 | | √ | | | |
| | 五、社会体育法律纠纷的解决 | | √ | | | |
| 3 | 第三章 身体练习方法 | | | | | 4 |
| | 第一节 身体练习方法的作用、特点及分类 | | | | | |
| | 一、身体练习方法及其作用 | | √ | | | |
| | 二、选择身体练习方法的主要依据 | | | √ | | |
| | 三、身体练习方法的分类 | √ | | | | |

续附件 1－2

| 序号 | 教学内容纲要 | 教学要求 | | | | 学时 |
|---|---|---|---|---|---|---|
| | | 了解 | 掌握 | 应用 | 综合 | |
| 3 | 第二节 身体练习法 | | | | | |
| | 一、循环练习法 | | | √ | | |
| | 二、比赛练习法 | | | √ | | |
| | 三、游戏练习法 | | | √ | | |
| 4 | 第四章 练习指导过程 | | | | | 2 |
| | 第一节 场地器材的合理利用 | | | | | |
| | 一、场地器材的意义、发展 | √ | | | | |
| | 二、场地器材的空间及布置使用 | | | √ | | |
| | 第二节 特殊的讲解与示范方法 | | | | | |
| | 一、讲解法与示范法的一般要求 | | √ | | | |
| | 二、重点内容和环节的讲解与示范 | | √ | | | |
| | 第三节 练习效果的评价 | | | | | |
| | 一、技术练习质量评价 | | | √ | | |
| | 二、练习数量评价 | | | √ | | |
| | 三、身体素质评价 | | | √ | | |
| | 四、兴趣、态度评价 | √ | | | | |
| 5 | 第五章 常用健身项目和手段 | | | | | 4 |
| | 第一节 发展基本活动能力的健身手段 | | | | | |
| | 一、人的基本活动能力的内涵及其作用 | | √ | | | |
| | 二、发展各项基本活动能力的具体手段 | | | √ | | |
| | 三、发展基本活动能力的要求 | | √ | | | |
| | 第二节 球类运动项目 | | | | | |
| | 一、三大球运动项目 | √ | | | | |
| | 二、常见的小球运动项目 | | | √ | | |
| | 第三节 体操和舞蹈类运动项目 | | | | | |
| | 一、体操类运动项目 | √ | | | | |
| | 二、舞蹈类项目 | √ | | | | |
| 6 | 第六章 运动中常见损伤的防护与救治 | | | | | 6 |
| | 第一节 运动中常见损伤的类型与原因 | | | | | |
| | 一、运动损伤的类型 | √ | | | | |
| | 二、运动损伤的原因 | | √ | | | |
| | 三、运动损伤的预防 | | √ | | | |
| | 第二节 运动损伤的处理方法 | | | | | |
| | 一、急性骨组织损伤的处理方法 | √ | | | | |
| | 二、关节脱位及其处理方法 | √ | | | | |
| | 三、开放性软组织损伤的处理方法 | | √ | | | |
| | 四、急性闭合性软组织损伤及处理方法 | | | √ | | |

续附件 1－2

| 序号 | 教学内容纲要 | 教学要求 | | | | 学时 |
|---|---|---|---|---|---|---|
| | | 了解 | 掌握 | 应用 | 综合 | |
| 6 | 第三节 运动中常见损伤的处理与急救 | | | | | |
| | 一、开放性软组织损伤 | | | √ | | |
| | 二、闭合性软组织损伤 | | | √ | | |
| | 三、紧急救护知识 | | | √ | | |
| 7 | 第七章 社会体育管理的原则、职能与方法 | | | | | 4 |
| | 第一节 社会体育管理的概念、特点、与原则 | | | | | |
| | 一、社会体育管理的概念及特点 | | √ | | | |
| | 二、社会体育管理的原则 | | √ | | | |
| | 第二节 社会体育管理的基本职能 | | | | | |
| | 一、计划职能 | | √ | | | |
| | 二、组织职能 | | √ | | | |
| | 三、控制职能 | | √ | | | |
| | 四、协调职能 | | √ | | | |
| | 第三节 社会体育管理的内容与方法 | | | | | |
| | 一、社会体育管理的内容 | √ | | | | |
| | 二、社会体育管理的方法 | | | √ | | |
| 8 | 第八章 其他相关知识 | | | | | 4 |
| | 第一节 英语知识 | | | | | |
| | 一、基本口语 | | √ | | | |
| | 二、基本会话 | | | √ | | |
| | 第二节 法律法规 | | | | | |
| | 一、《消费者权益保护法》 | | √ | | | |
| | 二、卫生和环境保护法规 | √ | | | | |

注：国家体育总局职业技能鉴定指导中心，2006 年 4 月。

**附件 1－3 高级社会体育指导员理论知识集中培训教学内容纲要、要求及时数**

| 序号 | 教学内容纲要 | 教学要求 | | | | 学时 |
|---|---|---|---|---|---|---|
| | | 了解 | 掌握 | 应用 | 综合 | |
| 1 | 第一章 基层业余训练以及群众性体育活动与比赛 | | | | | 8 |
| | 第一节 基层业余训练概述 | | | | | |
| | 一、基层业余训练的目的 | √ | | | | |
| | 二、基层运动队训练的特点 | | √ | | | |
| | 三、基层运动队的分类 | √ | | | | |
| | 第二节 基层业余训练计划的制订 | | | | | |
| | 一、业余训练计划的基本内容 | | √ | | | |
| | 二、短期训练计划的制订与安排 | | | | √ | |
| | 第三节 群众性体育活动与比赛的工作特点 | | | | | |
| | 一、群众性体育活动及比赛的意义、特点和类型 | √ | | | | |
| | 二、群众性体育比赛的基本类型 | √ | | | | |
| | 三、赛前准备与临场指挥 | | √ | | | |
| | 第四节 群众性体育活动与比赛的组织发动与实施 | | | | | |
| | 一、群众性体育活动与比赛准备工作的内容 | | | √ | | |
| | 二、基层群众体育常用的比赛方法与特点 | | | | √ | |
| | 第五节 群众性体育活动与比赛的计划与安排 | | | | | |
| | 一、计划的分类 | | √ | | | |
| | 二、计划的实施 | | | √ | | |
| | 三、经费的保证 | √ | | | | |
| 2 | 第二章 民间与传统体育的健身手段 | | | | | 6 |
| | 第一节 传统体育的健身手段 | | | | | |
| | 一、太极拳 | | | √ | | |
| | 二、气功、导引养生术 | | √ | | | |
| | 第二节 民俗体育的健身方法 | | | | | |
| | 一、民俗体育概述 | √ | | | | |
| | 二、常见民俗体育活动内容简介 | √ | | | | |
| | 第三节 自然力的健身手段 | | | | | |
| | 一、概述 | √ | | | | |
| | 二、空气浴 | | | √ | | |
| | 三、冷水浴 | √ | | | | |
| | 四、海水浴 | √ | | | | |
| | 五、日光浴 | | | √ | | |
| | 六、森林浴 | √ | | | | |
| | 第四节 体育游戏 | | | | | |
| | 一、体育游戏的产生与发展 | √ | | | | |
| | 二、体育游戏的特点 | | √ | | | |
| | 三、体育游戏的作用 | | √ | | | |
| | 四、体育游戏的分类及其典型练习 | | | | √ | |

续附件 1-3

| 序号 | 教学内容纲要 | 教学要求：了解 | 掌握 | 应用 | 综合 | 学时 |
|---|---|---|---|---|---|---|
| 3 | 第三章 休闲体育与家庭体育 | | | | | 2 |
| | 第一节 休闲体育 | | | | | |
| | 一、休闲体育的意义与相关因素 | √ | | | | |
| | 二、休闲体育的特点与作用 | | √ | | | |
| | 三、休闲体育的分类 | √ | | | | |
| | 四、休闲体育开展的原则与要求 | | √ | | | |
| | 五、野外活动方案与知识 | | | √ | | |
| | 第二节 家庭体育 | | | | | |
| | 一、家庭体育的特点与作用 | √ | | | | |
| | 二、开展家庭体育的内容与条件 | | √ | | | |
| 4 | 第四章 运动、营养与体重控制 | | | | | 4 |
| | 第一节 身体成分的推测与评价 | | | | | |
| | 一、身体密度与身体脂肪的回归方程预测 | | | √ | | |
| | 二、测定体脂含量的其他方法及其身体成分指标 | √ | | | | |
| | 三、身体成分预测方程的应用 | | √ | | | |
| | 四、身体成分的评价标准 | | | √ | | |
| | 第二节 肥胖与体育锻炼 | | | | | |
| | 一、肥胖概述与机理 | √ | | | | |
| | 二、肥胖者的营养 | | √ | | | |
| | 三、肥胖者的体育锻炼 | | | | √ | |
| | 四、体育锻炼中应注意的问题 | | √ | | | |
| | 第三节 运动与肌肉体积增加 | | | | | |
| | 一、增加肌肉体积的体育锻炼 | | | √ | | |
| | 二、增加肌肉体积的营养 | √ | | | | |
| 5 | 第五章 不同人群的体育健身 | | | | | 4 |
| | 第一节 不同年龄人群的体育健身 | | | | | |
| | 一、儿童期的体育健身 | √ | | | | |
| | 二、青少年期的体育健身 | √ | | | | |
| | 三、青壮年期的体育健身 | | √ | | | |
| | 四、中年期的体育健身 | | √ | | | |
| | 五、老年期的体育健身 | | √ | | | |
| | 第二节 女子体育健身 | | | | | |
| | 一、女子解剖生理特点 | √ | | | | |
| | 二、女子一般的体育健身原则与方法 | | √ | | | |
| | 三、女子特殊时期的体育健身 | √ | | | | |

**续附件 1-3**

| 序号 | 教学内容纲要 | 教学要求 | | | | 学时 |
|---|---|---|---|---|---|---|
| | | 了解 | 掌握 | 应用 | 综合 | |
| 5 | 第三节 不同职业人群的体育健身 | | | | | |
| | 一、脑力劳动者的体育健身 | √ | | | | |
| | 二、体力劳动者的体育健身 | √ | | | | |
| 6 | 第六章 体育社会指导员最新相关精神、文件规定 | √ | | | | 2 |
| 7 | 第七章 社会体育调查研究的基本方法 | | | | | 8 |
| | 第一节 访问调查法与问卷调查法 | | | | | |
| | 一、访问调查法 | | | | √ | |
| | 二、问卷调查法 | | | | √ | |
| | 第二节 调查报告的写作方法 | | | | | |
| | 一、调查报告的特点 | | √ | | | |
| | 二、调查报告的类型 | √ | | | | |
| | 三、调查报告的基本格式 | | | | √ | |
| | 第三节 简易统计方法 | | | | | |
| | 一、体育统计的意义 | √ | | | | |
| | 二、统计的几个基本概念 | | | √ | | |
| | 三、体育统计的几种基本方法和途径 | | | √ | | |
| 8 | 第八章 其他相关知识 | | | | | 2 |
| | 第一节 英语知识 | | | | | |
| | 一、基本口语 | | | √ | | |
| | 二、基本会话 | | | √ | | |

注:国家体育总局职业技能鉴定指导中心,2006 年 4 月。

**附件 1－4　社会体育指导师理论知识集中培训教学内容纲要、要求及时数**

| 序号 | 教学内容纲要 | 教学要求：了解 | 掌握 | 应用 | 综合 | 学时数 |
|---|---|---|---|---|---|---|
| 1 | 第一章 社会体育的基本形态 | | | | | 4 |
| | 第一节 城市社区体育 | | | | | |
| | 一、中国城市社区体育兴起的社会背景 | √ | | | | |
| | 二、城市社区体育的概念和构成要素 | | √ | | | |
| | 三、城市社区体育的特点 | | √ | | | |
| | 四、城市社区体育的组织管理体制 | √ | | | | |
| | 五、我国城市社区体育活动点情况介绍 | √ | | | | |
| | 第二节 职工体育 | | | | | |
| | 一、职工体育的概念 | | √ | | | |
| | 二、现阶段职工体育的特点 | | √ | | | |
| | 三、职工体育的基本结构和基本内容 | | √ | | | |
| | 四、职工体育的组织管理体制 | √ | | | | |
| | 五、当前我国职工体育面临的困境与改革 | √ | | | | |
| | 第三节 农村体育 | | | | | |
| | 一、农村体育的概念 | | √ | | | |
| | 二、农村体育的特点 | | √ | | | |
| | 三、农村体育的主要组织管理形式 | √ | | | | |
| | 四、全国体育先进县的建设及其经验 | √ | | | | |
| | 五、现阶段我国农村体育的任务和工作重点 | √ | | | | |
| 2 | 第二章 体质的综合评价 | | | | | 6 |
| | 第一节 体质的测量 | | | | | |
| | 一、体质的含义 | | √ | | | |
| | 二、理想体质的含义 | √ | | | | |
| | 三、影响体质的主要因素 | | √ | | | |
| | 四、体质测量指标 | √ | | | | |
| | 第二节 体质的综合评价 | | | | | |
| | 一、体质综合评价的目的和意义 | √ | | | | |
| | 二、体质综合评价的方法 | | √ | | | |
| | 三、体质综合评价中的“权重” | √ | | | | |
| | 四、体质综合评价标准的制订步骤 | | √ | | | |
| | 第三节 国民体质监测系统 | | | | | |
| | 一、国民体质监测系统建立的意义 | | √ | | | |
| | 二、国民体质监测系统的建立 | | √ | | | |
| | 三、中国国民体质监测网络结构 | √ | | | | |
| | 四、近年中国国民体质监测结果摘要 | √ | | | | |

**续附件 1－4**

| 序号 | 教学内容纲要 | 教学要求 了解 | 教学要求 掌握 | 教学要求 应用 | 教学要求 综合 | 学时数 |
|---|---|---|---|---|---|---|
| 3 | 第三章 运动处方 | | | | | 4 |
| | 第一节 运动处方概述 | | | | | |
| | 一、运动处方的概念 | | √ | | | |
| | 二、运动处方的分类 | √ | | | | |
| | 三、运动处方的作用及特点 | √ | | | | |
| | 第二节 制订运动处方的程序及处方的内容 | | | | | |
| | 一、制订运动处方的程序 | √ | | | | |
| | 二、运动处方的制订 | | √ | | | |
| | 三、制订运动处方的艺术 | | | | √ | |
| 4 | 第四章 康复体育 | | | | | 4 |
| | 第一节 康复体育概述 | | | | | |
| | 一、康复体育的概念 | | √ | | | |
| | 二、康复体育的特点 | | √ | | | |
| | 三、康复体育的适应症及禁忌症 | √ | | | | |
| | 四、康复体育的手段 | | | √ | | |
| | 第二节 心血管系统的康复锻炼 | | | | | |
| | 一、心血管系统康复锻炼的应用范围 | √ | | | | |
| | 二、心血管系统的康复锻炼 | | √ | | | |
| | 第三节 运动器官的康复锻炼 | | | | | |
| | 一、运动器官康复的应用范围 | √ | | | | |
| | 二、运动器官系统的功能评定 | | √ | | | |
| | 三、运动器官的康复锻炼 | | | √ | | |
| | 第四节 神经系统的康复锻炼 | | | | | |
| | 一、神经系统的功能评定 | | √ | | | |
| | 二、神经系统伤病的康复锻炼 | | | | √ | |
| | 第五节 呼吸系统的康复锻炼 | | | | | |
| | 一、呼吸功能的评定 | | √ | | | |
| | 二、呼吸系统的康复锻炼 | | | | √ | |
| 5 | 第五章 中外体育健身方法及其发展趋势 | | | | | 4 |
| | 第一节 中外体育健身方法的种类及其特点 | | | | | |
| | 一、中国体育健身方法的种类及其特点 | √ | | | | |
| | 二、国外体育健身方法的种类与特点 | √ | | | | |
| | 第二节 中外体育健身方法的发展趋势 | | | | | |
| | 一、中外融合，在相互借鉴与吸收中发展 | √ | | | | |
| | 二、在继承传统健身方法基础上不断创新与发展 | √ | | | | |
| | 三、回归自然、方法多样是各国健身方法发展的主旋律 | √ | | | | |
| | 四、利用现代化科技手段创造多样化的健身方法 | | √ | | | |
| | 五、满足人们身心的多种需要 | | √ | | | |

续附件 1－4

| 序号 | 教学内容纲要 | 教学要求 | | | | 学时数 |
|---|---|---|---|---|---|---|
| | | 了解 | 掌握 | 应用 | 综合 | |
| 6 | 第六章 社会体育产业的经营与开发 | | | | | 4 |
| | 第一节 体育产业的经营与开发 | | | | | |
| | 一、体育产业的概念 | √ | | | | |
| | 二、我国体育产业的构成 | | | √ | | |
| | 三、体育产业的经营与开发 | | √ | | | |
| | 第二节 社会体育产业的经营与开发 | | | | | |
| | 一、社会体育产业的概念 | √ | | | | |
| | 二、社会体育产业经营与开发的特点 | | √ | | | |
| | 三、社会体育产业的经营与开发活动及过程 | | | | √ | |
| | 四、社会体育产业经营与开发的要求 | √ | | | | |
| | 五、社会体育产业经营与开发的决策 | | | | √ | |
| | 第三节 经营与开发活动中基本的工商税务管理知识 | | | | | |
| | 一、现代企业制度 | √ | | | | |
| | 二、企业法人的登记、变更、注销 | √ | | | | |
| | 三、有关税率知识 | √ | | | | |
| | 四、经济合同 | √ | | | | |
| | 第四节 市场调查 | | | | | |
| | 一、市场调查的意义 | √ | | | | |
| | 二、市场调查的内容 | | √ | | | |
| | 三、市场调查的类型和步骤 | | √ | | | |
| | 四、市场调查的方法与技术 | | | √ | | |
| 7 | 第七章 社会体育工作规划 | | | | | 4 |
| | 第一节 制定社会体育工作规划的意义 | | | | | |
| | 一、社会体育工作规划的基本含义 | | √ | | | |
| | 二、制定社会体育工作规划的意义 | √ | | | | |
| | 第二节 社会体育工作规划的要素 | | | | | |
| | 一、指导思想 | √ | | | | |
| | 二、目标 | √ | | | | |
| | 三、任务 | √ | | | | |
| | 四、措施保证 | √ | | | | |
| | 第三节 制定社会体育工作规划的依据 | | | | | |
| | 一、上级有关同类规划的内容与要求 | √ | | | | |
| | 二、当地社会体育工作的具体条件 | √ | | | | |
| | 三、制约当地社会体育发展的基本因素 | √ | | | | |
| | 四、制定社会体育工作规划的程序 | | √ | | | |

**续附件 1－4**

| 序号 | 教学内容纲要 | 教学要求：了解 | 掌握 | 应用 | 综合 | 学时数 |
|---|---|---|---|---|---|---|
| 8 | 第八章 社会体育指导员的培训与考核 | | | | | 2 |
| | 第一节 社会体育指导员的培训 | | | | | |
| | 一、社会体育指导员培训的目的与任务 | √ | | | | |
| | 二、《职业资格证书》制度的特征与培训原则 | √ | | | | |
| | 三、社会体育指导员培训的类型与方法 | √ | | | | |
| | 四、社会体育指导员培训的目标与内容 | √ | | | | |
| | 第二节 社会体育指导员的考核 | | | | | |
| | 一、《社会体育指导员职业资格证书》的等级体系与申报条件 | | √ | | | |
| | 二、不同等级社会体育指导员职业资格考核的方法与内容 | | √ | | | |
| 9 | 第九章 社会体育科学研究的基本方法 | | | | | 6 |
| | 第一节 社会体育科学研究的常用方法 | | | | | |
| | 一、文献法 | | √ | | | |
| | 二、观察法 | √ | | | | |
| | 三、访谈法 | √ | | | | |
| | 四、问卷调查法 | | √ | | | |
| | 第二节 统计分析的基本方法 | | | | | |
| | 一、体育统计的意义 | √ | | | | |
| | 二、描述性统计分析 | √ | | | | |
| | 三、推断性统计分析 | √ | | | | |
| | 四、计算机统计分析 | √ | | | | |
| | 五、体育统计的几个基本概念 | | √ | | | |
| | 六、体育统计的几种基本方法和用途 | √ | | | | |
| | 第三节 社会体育科研论文的撰写方法 | | | | | |
| | 一、社会体育研究成果的表现形式 | √ | | | | |
| | 二、撰写社会体育研究报告和论文的步骤 | | √ | | | |
| | 三、社会体育调查报告的撰写方法 | √ | | | | |
| | 四、社会体育实验研究报告撰写方法 | √ | | | | |
| | 五、学术论文撰写方法 | √ | | | | |
| | 六、撰写研究报告和论文的基本要求 | | √ | | | |
| 10 | 第十章 其他相关知识 | | | | | 2 |
| | 第一节 英语知识 | | | | | |
| | 一、专业口语 | | | √ | | |
| | 二、专业会话 | | | √ | | |

注：国家体育总局职业技能鉴定指导中心，2006 年 4 月。

**附件 1-5　初级社会体育指导员理论知识自学的具体内容纲要及要求**

| 序号 | 教学内容纲要 | 自学要求 | | | |
|---|---|---|---|---|---|
| | | 了解 | 掌握 | 应用 | 综合 |
| 1 | 第一章 身体素质的生理学基础及锻炼 | | | | |
| | 第一节 身体素质概述 | | | | |
| | 一、身体素质定义 | | √ | | |
| | 二、身体素质的分类 | | √ | | |
| | 第二节 力量素质 | | | | |
| | 一、决定力量素质大小的生理学基础 | | √ | | |
| | 二、发展力量素质的原则 | | √ | | |
| | 三、发展力量的主要方法 | | | √ | |
| | 第三节 耐力素质 | | | | |
| | 一、有氧耐力的生理学基础 | | √ | | |
| | 二、无氧耐力的生理学基础 | | √ | | |
| | 三、耐力素质训练的主要方法 | | | √ | |
| | 第四节 速度、灵敏与柔韧素质 | | | | |
| | 一、速度素质 | | | √ | |
| | 二、柔韧素质 | | | √ | |
| | 三、灵敏素质 | | | √ | |
| 2 | 第二章 人体的测量与评价 | | | | |
| | 第一节 体格的测量与评价 | | | | |
| | 一、人体体格的主要测量点 | | √ | | |
| | 二、主要体格测量指标的测量 | | | √ | |
| | 三、主要体格测量指标的评价 | | | √ | |
| | 第二节 身体机能的测量与评价 | | | | |
| | 一、心血管机能的测量与评价 | | | √ | |
| | 二、呼吸机能的测量与评价 | | | √ | |
| | 第三节 身体素质的测量与评价 | | | | |
| | 一、力量素质的测量与评价 | | | √ | |
| | 二、速度素质的测量与评价 | | | √ | |
| | 三、耐力素质的测量与评价 | | | √ | |

注：国家体育总局职业技能鉴定指导中心，2006 年 4 月。

### 附件 1－6　中级社会体育指导员理论知识自学的具体内容纲要及要求

| 序号 | 教学内容纲要 | 自学要求：了解 | 掌握 | 应用 | 综合 |
|---|---|---|---|---|---|
| 1 | 第一章 运动性疲劳与身体机能恢复 | | | | |
| | 第一节 运动性疲劳的概念与分类 | | | | |
| | 一、运动性疲劳的概念 | √ | | | |
| | 二、运动性疲劳的分类 | | √ | | |
| | 第二节 运动性疲劳产生的原因 | | √ | | |
| | 第三节 运动性疲劳的诊断 | | | | |
| | 一、生理指标测定法 | | | √ | |
| | 二、主观感觉法 | | | √ | |
| | 三、一般观察法 | | | √ | |
| 2 | 第四节 运动性疲劳的消除 | | | | |
| | 一、运动后休息 | | √ | | |
| | 二、合理的营养 | | √ | | |
| | 三、物理手段 | √ | | | |
| | 四、中医手段 | √ | | | |

### 附件 1－7　高级社会体育指导员理论知识自学的具体内容纲要及要求

| 序号 | 教学内容纲要 | 自学要求：了解 | 掌握 | 应用 | 综合 |
|---|---|---|---|---|---|
| 1 | 第一章 残疾人的健身锻炼 | | | | |
| | 第一节 残疾人的体育概况 | | | | |
| | 一、残疾人的界定、分类及心理特点 | | √ | | |
| | 二、残疾人体育的产生与发展 | √ | | | |
| | 第二节 残疾人健身锻炼指导 | | | | |
| | 一、残疾人健身锻炼的益处 | √ | | | |
| | 二、残疾人健身锻炼方法与目标的确定 | | | √ | |

注：国家体育总局职业技能鉴定指导中心，2006 年 4 月。

# 附件 2 社会体育指导员具体考核要求

**附件 2－1 初级社会体育指导员考核要求**

| | | | | |
|---|---|---|---|---|
| 理论知识 | 项目 | | 比重(%) | |
| | 基本要求 | 职业道德 | 20 | |
| | | 基础知识 | 40 | |
| | 相关知识 | 咨询 | 5 | |
| | | 专项理论 | 10 | |
| | | 基本技术动作 | 10 | |
| | | 技术指导基本方法 | 10 | |
| | | 健身指导 | 5 | |
| | 合计 | | 100 | |
| 技能操作 | 职业功能 | 工作内容 | 比重(%) | 小计(%) |
| | 咨询 | 接待 | 5 | 20 |
| | | 介绍与解答 | 15 | |
| | 技术指导 | 准备场地与器材 | 3 | 45 |
| | | 讲解 | 10 | |
| | | 常规示范 | 7 | |
| | | 组织练习 | 10 | |
| | | 观察指导 | 10 | |
| | | 保护帮助 | 5 | |
| | 健身指导 | 指导提高身体素质 | 35 | 35 |
| | 合计 | | 100 | 100 |

**附件 2－2 中级社会体育指导员考核要求**

| | | | |
|---|---|---|---|
| 理论知识 | 项目 | | 比重(%) |
| | 基本要求 | 职业道德 | 20 |
| | | 基础知识 | 40 |
| | 相关知识 | 咨询 | 5 |
| | | 专项理论 | 10 |
| | | 基本技术动作 | 10 |
| | | 技术指导基本方法 | 10 |
| | | 健身指导 | 10 |
| | | 组织管理 | 5 |
| | 合计 | | 100 |

续附件 2－2

| | 职业功能 | 工作内容 | 比重(%) | 小计(%) |
|---|---|---|---|---|
| 技能操作 | 咨询 | 接待 | 5 | 15 |
| | | 介绍与解答 | 10 | |
| | 技术指导 | 准备场地与器材 | 5 | 30 |
| | | 讲解 | 5 | |
| | | 重点比较示范 | 5 | |
| | | 组织练习 | 10 | |
| | | 观察指导 | 5 | |
| | | 保护帮助 | 5 | 20 |
| | | 调整练习方法 | 5 | |
| | | 效果评价 | 10 | |
| | 健身指导 | 指导不同年龄人群健身 | 25 | 35 |
| | | 指导女性特殊时期的健身 | 10 | |
| | 合 计 | | 100 | 100 |

## 附件 2－3 高级社会体育指导员考核要求

| | 项 目 | | 比重(%) | |
|---|---|---|---|---|
| 理论知识 | 基本要求 | 职业道德 | 5 | |
| | | 基础知识 | 35 | |
| | 相关知识 | 咨询 | 5 | |
| | | 专项理论 | 10 | |
| | | 基本技术动作 | 5 | |
| | | 技术指导基本方法 | 10 | |
| | | 健身指导 | 15 | |
| | | 组织管理 | 10 | |
| | | 培训 | 5 | |
| | 合 计 | | 100 | |
| 技能操作 | 职业功能 | 工作内容 | 比重(%) | 小计(%) |
| | 咨询 | 介绍与解答 | — | — |
| | | 讲解 | 5 | |
| | 技术指导 | 特殊示范 | 5 | 40 |
| | | 组织练习 | 10 | |
| | | 观察指导 | 5 | |
| | | 保护帮助 | 5 | |
| | | 调整练习方法 | 5 | |
| | | 效果评价 | 5 | |
| | 健身指导 | 指导从事不同职业者健身 | 15 | 35 |
| | | 指导残障人健身 | 10 | |
| | | 指导控制体重 | 10 | |
| | 组织管理 | 组织管理 | 15 | 15 |
| | 培训 | 指导工作 | 10 | 10 |
| | 合 计 | | 100 | 100 |

**附件 2－4　社会体育指导师考核要求**

<table>
<tr><td rowspan="9">理论知识</td><td colspan="2">项　目</td><td colspan="2">比重(%)</td></tr>
<tr><td rowspan="2">基本要求</td><td>职业道德</td><td colspan="2">—</td></tr>
<tr><td>基础知识</td><td colspan="2">20</td></tr>
<tr><td rowspan="5">相关知识</td><td>组织、讲解、评价</td><td colspan="2">15</td></tr>
<tr><td>健身指导</td><td colspan="2">30</td></tr>
<tr><td>经营管理</td><td colspan="2">15</td></tr>
<tr><td>培训</td><td colspan="2">15</td></tr>
<tr><td>科研</td><td colspan="2">5</td></tr>
<tr><td colspan="2">合　计</td><td colspan="2">100</td></tr>
<tr><td rowspan="9">技能操作</td><td>职业功能</td><td>工作内容</td><td>比重(%)</td><td>小计(%)</td></tr>
<tr><td rowspan="3">技术指导</td><td>讲解</td><td>5</td><td rowspan="3">15</td></tr>
<tr><td>组织练习</td><td>5</td></tr>
<tr><td>效果评价</td><td>5</td></tr>
<tr><td>健身指导</td><td>指导康复锻炼</td><td>40</td><td>40</td></tr>
<tr><td>经营、管理</td><td>经营管理</td><td>10</td><td>10</td></tr>
<tr><td>培训</td><td>指导工作</td><td>30</td><td>30</td></tr>
<tr><td>科研</td><td>从事科研活动</td><td>5</td><td>5</td></tr>
<tr><td colspan="2">合　计</td><td>100</td><td>100</td></tr>
</table>

# 附件 3 对社会体育指导员的技能要求

## 附件 3－1 对初级社会体育指导员的技能要求

| 职业功能 | 工作内容 | 技能要求 | 相关知识 |
|---|---|---|---|
| 一、咨询 | (一)接待 | 1. 能够做到主动、热情地接待宾客；<br>2. 能够做到形象得体、举止适度、尊重工作对象；<br>3. 能够正确运用文明用语及礼仪礼节 | 1. 当地风土人情；<br>2. 礼仪、礼节、宗教知识；<br>3. 文明用语 |
| | (二)介绍与解答 | 1. 能够完整地介绍服务项目及收费标准；<br>2. 能够根据服务对象的需求推荐服务项目；<br>3. 能够指导练习者做好运动前的准备工作 | 1. 服务项目及价格；<br>2. 技术指导的作用；<br>3. 健身活动的作用；<br>4. 服务程序 |
| 二、技术指导 | (一)准备场地与器材 | 1. 能够画出正规比赛场地；<br>2. 能够根据练习内容、目的、器材和气候情况，合理使用运动场地；<br>3. 能够根据练习者的要求、练习内容选择练习器材的种类与规格；<br>4. 能够根据对象选择器材；<br>5. 能够判断器材的质量 | 1. 体育竞赛规则以及对场地、器材的要求；<br>2. 教学、训练注意事项；<br>3. 教学、训练基本方法；<br>4. 器材的规格、性能；<br>5. 练习方法与技术动作基础知识；<br>6. 教学、训练图示知识；<br>7. 运动器材使用知识 |
| | (二)讲解 | 1. 能够完整地描述完成动作的过程；<br>2. 能够正确比较不同动作之间的差异；<br>3. 能够做到讲解准确、清楚、简明扼要 | 1. 技术动作要领；<br>2. 讲解基本方法与注意事项；<br>3. 专项运动理论与实践知识 |
| | (三)常规示范 | 1. 能够正确运用多种方法进行示范；<br>2. 能够正确选择示范时机；<br>3. 能够正确选择示范位置 | 1. 技术动作要领；<br>2. 讲解、示范的方法；<br>3. 专项运动教学理论与实践知识；<br>4. 动作技术的常见错误 |
| | (四)组织练习 | 1. 能够根据练习者的人数、年龄、性别合理分组；<br>2. 能够根据练习的内容与方法合理分组；<br>3. 能够充分利用场地与器材，并合理分组；<br>4. 能够正确指导练习者进行练习前的热身活动；<br>5. 能够合理安排各个项目的练习时间；<br>6. 能够正确指导练习者进行练习后的整理活动 | 1. 组织练习的基本方法；<br>2. 体质的评价；<br>3. 运动负荷控制的知识；<br>4. 专项教学训练理论知识；<br>5. 专项技术动作常见错误；<br>6. 教学训练实践知识 |
| | (五)观察指导 | 1. 能够正确选择观察位置；<br>2. 能够解决集体练习中多数人出现的相同问题；<br>3. 能够根据练习目的选用 2 种以上(包括 2 种)的指导方法 | 1. 组织练习的基本方法；<br>2. 专项教学训练理论；<br>3. 常见专项技术动作错误；<br>4. 辅助练习方法 |
| | (六)保护帮助 | 1. 能够正确使用保护与帮助辅导器材；<br>2. 能够正确运用基本的保护与帮助方法 | 1. 教学辅助器材知识；<br>2. 专项技术动作要领；<br>3. 保护、帮助方法知识；<br>4. 运动心理学知识；<br>5. 专项运动理论与实践 |

续附件 3－1

| 职业功能 | 工作内容 | 技能要求 | 相关知识 |
|---|---|---|---|
| 三、健身指导 | 指导提高身体素质 | 1. 能够掌握测量与评价体质状况的常规方法；<br>2. 能够指导体育活动者提高身体素质；<br>3. 能够指导体育活动者提高速度素质；<br>4. 能够指导体育活动者提高耐力素质；<br>5. 能够指导体育活动者提高灵敏素质；<br>6. 能够指导体育活动者改善身体柔韧性；<br>7. 能够指导体育活动者正确使用健身器械；<br>8. 能够为体育活动者的健身练习提供保护和帮助 | 1. 形态、机能、素质的测量与评价知识；<br>2. 身体素质的生理基础知识；<br>3. 常规体能训练方法；<br>4. 常用健身器械的原理、使用方法和安全须知；<br>5. 健身锻炼中的医务监督知识 |

**附件 3－2　对中级社会体育指导员的技能要求**

| 职业功能 | 工作内容 | 技能要求 | 相关知识 |
|---|---|---|---|
| 一、咨询 | (一)接待 | 1. 能够做到尊重各民族的风俗习惯；<br>2. 能够进行简单的英语会话 | 1. 各民族风俗习惯；<br>2. 英语日常会话 |
| | (二)介绍与解答 | 1. 能够准确介绍技术指导的作用及原理；<br>2. 能够通过观察、询问方式确定工作对象是否有运动禁忌症 | 1. 技术指导的作用、原理；<br>2. 健身活动的作用、原理；<br>3. 运动适应症和禁忌症 |
| 二、技术指导 | (一)准备场地与器材 | 1. 能够根据特殊的练习内容与目的制作辅助练习器材；<br>2. 能够为特殊练习者(老年人、孕妇等)选择适宜的运动器材 | 1. 器材的功能和器材的维修方法；<br>2. 竞赛规则对器材的规定；<br>3. 特殊人群的生理、心理特点 |
| | (二)讲解 | 1. 能够正确分析技术动作主要环节的特征；<br>2. 能够正确分析各技术动作主要环节的作用；<br>3. 能够正确讲解完成各个环节练习时的注意事项 | 1. 分析专项技术动作的基本方法；<br>2. 技术动作的生物力学原理；<br>3. 技术动作的解剖学分析；<br>4. 运动技能形成的生理学知识；<br>5. 专项运动实践知识 |
| | (三)重点比较示范 | 1. 能够用多种方法进行分解示范与重点环节示范；<br>2. 能够进行正确与错误动作的比较示范；<br>3. 能够正确演示技术动作各个环节易犯错误的特征 | 1. 技术动作要领；<br>2. 专项理论知识；<br>3. 示范方法知识；<br>4. 专项运动实践知识；<br>5. 技术动作常见错误 |
| | (四)组织练习 | 1. 能够按照重复练习法、间歇练习法、持续练习法、循环练习法的具体要求进行合理分组；<br>2. 能够区别对待并正确指导不同水平练习者进行热身准备与整理活动；<br>3. 能够合理调节练习内容 | 1. 训练学基本方法；<br>2. 教学、训练基本原则；<br>3. 专项教学、训练知识；<br>4. 运动机能评价知识；<br>5. 准备活动与整理活动的方法 |
| | (五)观察指导 | 1. 能够及时发现练习中不同类型的问题，并进行纠正；<br>2. 能够有针对性地及时采用 3 种以上(含 3 种)的指导方法指导练习 | 1. 教学训练辅助方法基础；<br>2. 动作技术易犯的错误；<br>3. 专项教学、训练理论；<br>4. 教学训练基本原则 |

**续附件 3－2**

| 职业功能 | 工作内容 | 技能要求 | 相关知识 |
|---|---|---|---|
| 二、技术指导 | (六)保护帮助 | 1.能够综合使用辅助器材进行正确的保护与帮助；<br>2.能够正确运用多种保护与帮助方法；<br>3.能够为孕妇、老年人等特殊练习者设计辅助方法，并提供有效的保护和帮助 | 1.专项练习方法；<br>2.辅助教学训练方法；<br>3.特殊人群的运动保健知识；<br>4.保护和帮助的心理学特点 |
| | (七)调整练习 | 1.能够合理调整练习负荷；<br>2.能够通过改变练习方法调动练习者的积极性；<br>3.能够有效地提高练习者的动作质量 | 1.运动负荷知识；<br>2.专项练习方法；<br>3.疲劳的产生与恢复；<br>4.运动技能的形成知识 |
| | (八)效果评价 | 1.能够准确判断练习者取得的明显进步与存在的不足；<br>2.能够指出不同练习者取得的练习效果和变化差异 | 1.练习效果的评价方法；<br>2.运动实践知识；<br>3.基本技术动作 |
| 三、健身指导 | (一)指导不同年龄人群的健身活动 | 1.能够掌握常用健身手段；<br>2.能够根据不同年龄体育活动者的情况，制订健身方案；<br>3.能够正确评价体育活动者身体练习的效果；<br>4.能够掌握控制体重的常用方法；<br>5.能够掌握疲劳的常规诊断方法；<br>6.能够掌握多种疲劳的消除方法；<br>7.能够掌握常见运动创伤的防护和救治方法 | 1.不同年龄人群的生理和心理特点；<br>2.常见健身手段<br>(1)身体基本运动：走、跑、游泳、自行车等；<br>(2)球类运动：网球、乒乓球、羽毛球、门球等；<br>(3)体操、舞蹈运动：广播体操、健美操、健身舞；<br>(4)自然力运动：日光浴、空气浴、水浴；<br>(5)民间大众健身：放风筝、太极柔力球、毽球等；<br>3.制订健身方案知识；<br>4.疲劳产生的原理、部位及消除知识；<br>5.常见运动创伤的种类及其防护与救治方法 |
| | (二)指导女性特殊时期的健身活动 | 1.能够根据女性的实际需求，选择健身方法；<br>2.能够指导女性生理特殊时期的健身活动 | 1.女性生理和心理特点；<br>2.怀孕妇女的生理特点；<br>3.女性的保健知识 |
| 四、组织管理 | 体育活动的组织管理 | 1.能够保证室内体育活动器具摆放整齐、有序、安全；<br>2.能够掌握体育活动的组织程序；<br>3.能够组织和设计小型体育比赛或体育娱乐活动；<br>4.能够选择和组织适宜的休闲体育活动；<br>5.能够制订野外休闲体育活动方案；<br>6.能够有效地预防、处理野外活动中的突发事件 | 1.体育器具的使用规定；<br>2.体育活动的组织管理知识；<br>3.体育竞赛知识；<br>4.体育游戏知识；<br>5.休闲体育的种类、特点和作用；<br>6.野外活动的安全知识；<br>7.制订野外活动方案的知识 |

**附件 3－3 对高级社会体育指导员的技能要求**

| 职业功能 | 工作内容 | 技能要求 | 相关知识 |
| --- | --- | --- | --- |
| 一、咨询 | 介绍与解答 | 1.能够向指导对象介绍普及性较强的运动项目的特点；<br>2.能够向工作对象介绍常用健身方法的特点及作用；<br>3.能够用简单的英语接待外宾 | 1.运动项目的分类；<br>2.普及程度较高的运动项目的特点；<br>3.常用健身方法的特点及作用；<br>4.英语日常用语 |
| 二、技术指导 | (一)讲解 | 1.能够正确分析技术动作；<br>2.能够正确讲述各种练习的注意事项；<br>3.能够正确讲解常用练习方法；<br>4.能够正确应用启发式教学方法 | 1.技术动作的分析方法；<br>2.专项运动的技术方法；<br>3.专项技术的教学训练知识；<br>4.专项运动的作用、特点与原理；<br>5.讲解示范知识 |
| | (二)特殊示范 | 1.能够示范动作环节调整的细节变化；<br>2.能够正确示范动作运用时的多种合理变化 | 1.技术动作示范的方法与要领；<br>2.专项运动的理论与实践；<br>3.示范方法与注意事项 |
| | (三)组织练习 | 1.能够根据练习者的实际情况和练习场地、器材、内容、目的进行设计分组；<br>2.能够正确选择练习内容与方法，合理安排练习过程 | 1.教学训练原则；<br>2.专项教学、训练理论；<br>3.专项教学、训练实践 |
| | (四)观察指导 | 1.能够及时分析练习中出现的各种问题，并采用 5 种以上(含 5 种)有效的辅助练习方法；<br>2.能够针对练习中出现的特殊问题，及时采用 3 种以上(含 3 种)有效的特殊辅助练习方法；<br>3.能够为残障人及慢性病患者等特殊练习者选择适宜的练习方法，并能够纠正练习时出现的错误 | 1.教学、训练方法理论与实践；<br>2.专项训练理论与实践；<br>3.特殊人群的身心特点及健身方法；<br>4.教学训练辅助方法；<br>5.技术动作分析知识 |
| | (五)保护帮助 | 1.能够准确判断增加或减少保护与帮助的时机；<br>2.能够通过保护与帮助提高练习者完成动作的质量与练习兴趣；<br>3.能够根据练习者的要求设计专门的保护与帮助方法；<br>4.能够制作简易、实用的保护与帮助器材；<br>5.能够正确、及时地处理和救治练习中出现的意外伤害；<br>6.能够为残障人及慢性病患者等特殊练习者提供有效的保护与帮助 | 1.教学、训练评价理论与实践；<br>2.专项教学、训练实践；<br>3.辅助教学、训练方法；<br>4.教学、训练原则与注意事项；<br>5.体育器材的生物力学知识；<br>6.常见运动损伤的防护和救治知识；<br>7.运动心理学知识 |
| | (六)调整练习方法 | 1.能够正确控制练习负荷；<br>2.能够通过改变练习方法提高练习者的动作质量，增加动作的实用性；<br>3.能够通过改变练习方法与练习者进行有效的交流 | 1.涉及教学训练诊断的解剖、生理、运动医学知识；<br>2.运动训练方法知识；<br>3.教学、训练的原理、原则；<br>4.运动负荷控制原理；<br>5.疲劳的产生与消除；<br>6.运动技能的形成 |

**续附件 3－3**

| 职业功能 | 工作内容 | 技能要求 | 相关知识 |
|---|---|---|---|
| 二、技术指导 | (七)效果评价 | 1. 能够指出练习者存在的特殊问题;<br>2. 能够向练习者提出提高练习效果的有效方法;<br>3. 能够正确运用评价方法 | 1. 练习效果的评价原则;<br>2. 练习效果评价基本方法;<br>3. 专项教学训练实践 |
| 三、健身指导 | (一)指导从事不同职业者的健身活动 | 1. 能够根据脑力劳动者的生理、心理特点和实际需求选择健身方法;<br>2. 能够根据体力劳动者的生理、心理特点和实际需求选择健身方法;<br>3. 能够根据从事不同职业者的要求和具体情况制订健身方案 | 1. 不同职业的工作特点;<br>2. 脑力劳动者的生理和心理特点;<br>3. 体力劳动者的生理和心理特点;<br>4. 常用健身方法 |
| | (二)指导特殊人群的健身活动 | 1. 能够制订残障人健身方案;<br>2. 能够为残障人选择适宜的健身方法;<br>3. 能够通过适宜的身体练习,提高残障人的健康水平;<br>4. 能够掌握矫正身体缺陷和克服功能障碍的正确健身方法 | 1. 残障人的生理特点和心理特点;<br>2. 常规残障人健身方法;<br>3. 矫正体育知识;<br>4. 残障人健身方案制订知识 |

**附件 3－4 对社会体育指导师的技能要求**

| 职业功能 | 工作内容 | 技能要求 | 相关知识 |
|---|---|---|---|
| 一、咨询 | 接待与咨询 | 1. 能够熟练地应用英语与工作对象进行交流;<br>2. 能够介绍国内外的主要健身方法 | 1. 专业英语;<br>2. 中外健身方法及健身趋势 |
| 二、技术指导 | (一)讲解 | 1. 能够正确讲解特殊练习方法的作用与原理;<br>2. 能够讲解新创练习方法的特点与原理 | 1. 教学训练方法与原理;<br>2. 运动负荷、身体素质知识;<br>3. 运动生理相关知识 |
| | (二)组织学习 | 能够根据练习目的编排新的练习方法 | 1. 教学训练方法与原理;<br>2. 科学训练基础 |
| | (三)效果评价 | 1. 正确采集、运用评价指标;<br>2. 能够客观地评价他人与自己的指导活动 | 1. 练习效果的评价方法;<br>2. 教学训练理论与方法;<br>3. 教学训练实践知识 |
| 三、健身指导 | 指导康复锻炼 | 1. 能够掌握康复锻炼的适应症;<br>2. 能够掌握常用的中国传统健身方法;<br>3. 能够掌握常规的康复锻炼方案;<br>4. 能够根据诊断制订康复锻炼方案:<br>(1)心血管系统疾病的康复锻炼;<br>(2)呼吸系统疾病的康复锻炼;<br>(3)消化系统疾病的康复锻炼;<br>(4)神经系统疾病的康复锻炼;<br>(5)运动系统疾病的兼得锻炼;<br>5. 能够正确评价康复锻炼的效果 | 1. 康复锻炼的适应症;<br>2. 中国传统健身方法;<br>3. 气功按摩、太极拳(剑)、导引养生术等;<br>4. 医务监督知识;<br>5. 常规康复锻炼方法;<br>6. 运动处方的原理和制订过程;<br>7. 身体机能的测定和评价知识 |

**续附件 3－4**

| 职业功能 | 工作内容 | 技能要求 | 相关知识 |
|---|---|---|---|
| 四、经营管理 | (一)组织管理 | 1. 能够独立策划体育活动；<br>2. 能够制订本单位的发展规划；<br>3. 能够独立完成培训、教学指导工作 | 1. 决策学知识；<br>2. 管理学知识；<br>3. 体育活动与比赛的组织；<br>4. 影响社会体育指导员工作的因素 |
| | (二)经营活动 | 1. 能够进行市场调查分析和预测；<br>2. 能够进行体育产业的经营和开发 | 1. 市场调查方法；<br>2. 体育营销学知识 |
| 五、培训 | 指导工作 | 1. 能够指导初级、中级、高级社会体育指导员开展工作；<br>2. 能够讲授健身的专业知识和传授动作技术 | 社会体育指导员专业知识 |
| 六、科研 | 从事科研活动 | 1. 能够掌握体育科学研究的基本方法；<br>2. 能够撰写科研论文 | 1. 科学研究的基本方法；<br>2. 科研论文的撰写方法 |

# 附件4 体育经纪人国家职业标准

## 1. 职业概况

### 1.1 职业名称

体育经纪人。

### 1.2 职业定义

在体育市场中对运动员、活动、组织等进行中介服务的人员。

### 1.3 职业等级

本职业共设三个等级，分别为：三级体育经纪人（国家职业资格三级），二级体育经纪人（国家职业资格二级），一级体育经纪人（国家职业资格一级）。

### 1.4 职业环境

室内、外。

### 1.5 职业能力特征

具备一定的识别、策划、沟通、整合、执行的能力。

### 1.6 基本文化程度

高中以上（或同等学力）。

### 1.7 培训要求

1.7.1 培训期限

全日制职业学校教育，根据其培养目标和教学计划确定。晋级培训期限：三级体育经纪人不少于160标准学时；二级体育经纪人不少于120标准学时；一级体育经纪人不少于80标准学时。

1.7.2 培训教师

培训三级体育经纪人的教师应具有本职业二级及以上职业资格证书或体育学、经济学、管理学、法学等相关专业中级及以上专业技术职务任职资格；培训二级体育经纪人的教师应具有本职业一级职业资格证书或体育学、经济学、管理学、法学等相关专业高级专业技术职务任职资格；培训一级体育经纪人的教师应具有本职业一级职业资格证书3年以上或体育学、经济学、管理学、法学等相关专业高级专业技术职务任职资格。

1.7.3 培训场地设备

具有满足培训需要的标准教室。

### 1.8 鉴定要求

1.8.1 适用对象

从事或准备从事本职业的人员。

1.8.2 申报条件

——国家职业资格三级（具备以下条件之一者）

（1）连续从事本职业工作6年以上。

（2）具有大学体育类各专业专科及以上学历证书。

（3）具有相关专业大学专科及以上学历证书。

(4)具有其他专业大学专科及以上学历证书,连续从事本职业工作1年以上。

(5)具有其他专业大学专科及以上学历证书,经本职业国家职业资格三级正规培训达规定标准学时数,并取得结业证书。

——国家职业资格二级(具备以下条件之一者)

(1)连续从事本职业工作13年以上。

(2)取得本职业三级职业资格证书后,连续从事本职业工作5年以上。

(3)取得本职业三级职业资格证书后,连续从事本职业工作4年以上,经本职业国家职业资格二级正规培训达规定标准学时数,并取得结业证书。

(4)取得相关专业大学本科及以上学历证书后,连续从事本职业工作5年以上。

(5)具有相关专业大学本科及以上学历,取得本职业国家职业资格三级证书后,连续从事本职业工作4年以上。

(6)具有相关专业大学本科及以上学历,取得本职业国家职业资格三级证书后,连续从事本职业工作3年以上,经本职业国家职业资格二级正规培训达规定标准学时数,并取得结业证书。

(7)取得研究生学历或硕士以上学位证书后,连续从事本职业工作2年以上。

——国家职业资格一级(具备以下条件之一者)

(1)连续从事本职业工作19年以上。

(2)取得本职业国家职业资格二级证书后,连续从事本职业工作4年以上。

(3)取得本职业国家职业资格二级证书后,连续从事本职业工作3年以上,经本职业国家职业资格一级正规培训达规定标准学时数,并取得结业证书。

(4)取得相关专业大学本科及以上学历证书后,连续从事本职业工作13年以上。

(5)具有研究生学历或硕士以上学位证书,连续从事本职业工作10年以上。

1.8.3　鉴定方式

分为理论知识考试和专业能力考核。理论知识考试和专业能力考核采用闭卷或上机考试的方式。理论知识考试和专业能力考核均实行百分制,成绩皆达60分及以上者为合格。二级、一级体育经纪人还须进行综合评审。

1.8.4　考评人员与考生配比

理论知识考试和专业能力考核考评人员与考生配比为1∶20,每个标准教室不少于2名考评人员。综合评审委员不少于3人。

1.8.5　鉴定时间

理论知识考试时间不少于90分钟,专业能力考核时间不少于90分钟。综合评审时间不少于20分钟。

1.8.6　鉴定场所设备

理论知识考试和专业能力考核在标准教室进行。

## 2　基本要求

### 2.1　职业道德

2.1.1　职业道德基本知识

2.1.2　职业守则

(1)诚信交易,高效服务。

(2)保守秘密,公平公正。

(3)信守合同,严格履约。

(4)依法经纪,规范经营。

**2.2　基础知识**

2.2.1　体育产业与体育市场知识

(1)体育产业的概念、分类与作用。

(2)体育产业的形成与发展。

(3)体育市场的概念、分类与要素。

(4)体育市场的供给与需求。

2.2.2　体育经纪人活动基本知识

(1)体育经纪人的产生与发展。

(2)体育经纪人的分类与作用。

(3)体育经纪人的权利与义务。

(4)体育经纪人的工作内容。

(5)体育经纪人的工作程序。

(6)体育经纪人的管理制度。

2.2.3　运动项目知识

(1)现代运动项目的特点与分类。

(2)现代奥运会的项目设置。

(3)现代运动项目的管理机构与制度。

2.2.4　体育管理知识

(1)运动员管理。

(2)体育赛事管理。

(3)体育组织管理。

2.2.5　体育市场营销知识

(1)体育市场营销的概念与作用。

(2)体育目标市场的营销策略。

(3)体育市场的营销组合策略。

2.2.6　体育赞助知识

(1)体育赞助的概念、分类与作用。

(2)体育赞助原则与特点。

(3)体育赞助的工作流程。

2.2.7　体育无形资产知识

(1)体育无形资产的概念与特点。

(2)体育无形资产的分类与内容。

(3)体育无形资产的开发。

2.2.8　信息技术基础知识

(1)计算机基础知识。

(2)计算机网络基础知识。

(3)电子商务基础知识。

2.2.9　法律法规知识

(1)《中华人民共和国劳动法》相关知识。

(2)《中华人民共和国合同法》相关知识。

(3)民事基础法律法规相关知识。

(4)知识产权法相关知识。

(5)税法相关知识。

(6)《中华人民共和国反不正当竞争法》相关知识。

(7)《中华人民共和国广告法》相关知识。

(8)《中华人民共和国公司法》相关知识。

(9)《中华人民共和国保险法》相关知识。

(10)《中华人民共和国体育法》相关知识。

(11)《经纪人管理办法》相关知识。

**3. 工作要求**

本标准对三级体育经纪人、二级体育经纪人、一级体育经纪人的技能要求依次递进，高级别涵盖低级别的要求。

**3.1　三级体育经纪人**

| 职业功能 | 工作内容 | 能力要求 | 相关知识 |
|---|---|---|---|
| 一、体育经纪业务调研 | (一)信息收集 | 1. 能够通过文案调查方法收集体育经纪信息；<br>2. 能够通过实地调查方法收集体育经纪信息 | 1. 文献资料筛选法；<br>2. 信息检索方法；<br>3. 访问法；<br>4. 现场观察法；<br>5. 问卷设计方法 |
| | (二)信息整理 | 1. 能够对体育经纪信息进行分类与汇总；<br>2. 能够对体育经纪信息进行数据处理 | 1. 资料归纳整理；<br>2. 信息数据处理方法 |
| | (三)信息分析 | 1. 能够对体育经纪信息进行描述统计分析；<br>2. 能够对体育经纪信息整理结果进行文字说明 | 1. 常用描述统计分析方法；<br>2. 信息分析报告的内容 |
| 二、体育经纪业务权利获取 | (一)业务接洽 | 1. 能够寻找目标委托人和第三方；<br>2. 能够与目标委托人和第三方进行联络 | 1. 目标顾客的范围；<br>2. 联络的方式与方法 |
| | (二)业务谈判 | 能够通过常规谈判方式与目标委托人和第三方进行商谈 | 1. 谈判原则；<br>2. 谈判要素；<br>3. 谈判程序 |
| | (三)合同签订 | 能够起草合作意向书 | 合作意向书的内容、形式与签订方法 |

续上表

| 职业功能 | 工作内容 | 能力要求 | 相关知识 |
|---|---|---|---|
| 三、体育经纪业务谋划 | (一)方案构想 | 1. 能够分析目标委托人和第三方业务活动的要求；<br>2. 能够判定目标委托人和第三方业务活动的目标 | 1. 与目标委托人和第三方业务活动有关的知识；<br>2. 体育经纪业务活动计划的内容、目标、制订依据与制订程序 |
| | (二)文案撰写 | 能够设计体育经纪业务活动的框架 | 1. 商务文案要素与类型；<br>2. 商务策划文案框架设计内容与方法 |
| 四、体育经纪业务实施 | (一)公关协调 | 1. 能够选择公关对象；<br>2. 能够运用常用公关手段开展公关活动 | 1. 公关客体的类型；<br>2. 公关专题活动的内容、形式 |
| | (二)市场推广 | 1. 能够分析体育经纪项目的市场价值；<br>2. 能够根据体育经纪项目特点进行形象设计；<br>3. 能够利用媒介对体育经纪项目进行宣传 | 1. 体育经纪业务市场价值的基本要素；<br>2. 形象设计方法；<br>3. 媒介类型、特点 |
| | (三)活动监控 | 1. 能够检查体育经纪业务实施过程按计划执行的情况；<br>2. 能够识别体育经纪业务活动的偏差 | 1. 项目监控的内容；<br>2. 项目计划的实施情况 |
| 五、体育经纪业务总结 | (一)资料归档 | 1. 能够识读体育经纪业务相关记录和文件；<br>2. 能够整理、归类体育经纪业务资料 | 1. 体育经纪业务的记录和文档相关知识；<br>2. 体育经纪业务资料整理与归类方法 |
| | (二)客户管理 | 1. 能够对客户进行细分；<br>2. 能够建立客户关系数据库；<br>3. 能够对客户进行回访 | 1. 客户类型；<br>2. 客户关系管理相关知识；<br>3. 客户回访方法 |

## 3.2　二级体育经纪人

| 职业功能 | 工作内容 | 能力要求 | 相关知识 |
|---|---|---|---|
| 一、体育经纪业务调研 | (一)信息收集 | 1. 能够制订体育经纪信息收集的方案；<br>2. 能够建立体育经纪信息收集的网络 | 1. 信息收集的方案设计；<br>2. 信息收集的渠道 |
| | (二)信息整理 | 能够对体育经纪信息进行筛选与辨别 | 逻辑分析方法 |
| | (三)信息分析 | 1. 能够对体育经纪信息整理结果进行定量分析；<br>2. 能够撰写体育经纪信息分析报告 | 1. 信息定量分析方法；<br>2. 信息分析报告的撰写技巧与注意事项 |
| 二、体育经纪业务权利获取 | (一)业务接洽 | 能够选择目标委托人和第三方 | 目标委托人和第三方的资信与履约能力相关知识 |
| | (二)业务谈判 | 能够利用策略及技巧与目标委托人和第三方进行磋商 | 1. 谈判策略；<br>2. 谈判技巧；<br>3. 谈判心理 |
| | (三)合同签订 | 能够起草书面合同 | 1. 经纪合同文本格式；<br>2. 经纪合同签订程序 |

续上表

| 职业功能 | 工作内容 | 能力要求 | 相关知识 |
|---|---|---|---|
| 三、体育经纪业务谋划 | (一)方案构想 | 能够估算体育经纪项目运行的成本与收益 | 项目成本和收益核算方法 |
| | (二)文案撰写 | 1. 能够撰写体育经纪项目建议书和论证方案；<br>2. 能够撰写体育经纪项目策划书 | 1. 建议书和论证方案的内容、格式；<br>2. 商业策划书内容、格式 |
| 四、体育经纪业务实施 | (一)公关协调 | 1. 能够策划公关活动；<br>2. 能够制订公关危机处理方案 | 1. 公关策划原则、内容与程序；<br>2. 公关危机类型及处理流程 |
| | (二)市场推广 | 1. 能够分析体育经纪项目的潜在市场价值；<br>2. 能够制订体育经纪项目市场推广策略 | 1. 市场价值识别方法；<br>2. 促销方式、手段 |
| | (三)活动监控 | 1. 能够监控体育经纪业务实施的过程；<br>2. 能够根据体育经纪活动实施情况调整工作方案 | 项目监控的形式和方法 |
| 五、体育经纪业务总结 | (一)业务评价 | 1. 能够对体育经纪业务的过程进行描述性分析；<br>2. 能够对体育经纪业务的结果进行评价 | 1. 分析报告的内容；<br>2. 项目评价的内容与方法 |
| | (二)客户管理 | 1. 能够对客户诉求进行分析与反馈；<br>2. 能够建立客户关系信息管理系统 | 1. 客户需求的内容；<br>2. 客户关系信息管理系统 |
| 六、指导与培训 | (一)业务指导 | 能够指导三级体育经纪人的业务活动 | 1. 业务指导的目的与原则；<br>2. 指导三级体育经纪人业务的要点、方式与注意事项 |
| | (二)业务培训 | 1. 能够制订培训大纲；<br>2. 能够培训三级体育经纪人；<br>3. 能够编写培训教案 | 1. 制订培训计划的原则；<br>2. 培训计划编制方法；<br>3. 培训教案的编写方法 |

## 3.3　一级体育经纪人

| 职业功能 | 工作内容 | 能力要求 | 相关知识 |
|---|---|---|---|
| 一、体育经纪业务调研 | (一)信息收集 | 能够审定体育经纪信息收集方案 | 信息收集方案评估的内容与方法 |
| | (二)信息整理 | 能够评估体育经纪信息的价值 | 信息价值评估的内容与方法 |
| | (三)信息分析 | 能够评估体育经纪信息的分析结果 | 信息分析结果评估的内容与方法 |
| 二、体育经纪业务权利获取 | (一)业务谈判 | 1. 能够控制体育经纪业务谈判进程；<br>2. 能够评估体育经纪业务谈判结果 | 1. 商务谈判进程控制方法；<br>2. 商务谈判效果评估方法 |
| | (二)合同签订 | 能够预测、评估体育经纪业务合同的风险 | 1. 合同风险预测方法；<br>2. 合同风险评估内容与方法 |

续上表

| 职业功能 | 工作内容 | 能力要求 | 相关知识 |
| --- | --- | --- | --- |
| 三、体育经纪业务谋划 | (一)方案构想 | 能够综合分析体育经纪项目的实施环境 | 1.项目实施环境的内容；<br>2.环境分析方法 |
| | (二)文案撰写 | 能够评估体育经纪业务策划方案 | 1.商务文案评估的内容；<br>2.商务文案评估的流程 |
| 四、体育经纪业务实施 | (一)公关协调 | 1.能够控制公关活动实施过程；<br>2.能够评估公关活动实施效果 | 1.公关活动控制方法；<br>2.公关活动效果评估方法 |
| | (二)市场推广 | 能够评估体育经纪项目市场推广的效果 | 1.体育经纪业务市场推广效果的影响因素；<br>2.体育经纪业务市场推广效果的评估方法 |
| | (三)活动监控 | 能够评估、规避和处理体育经纪业务活动的风险 | 1.风险评估的内容与方法；<br>2.风险规避与处理的方法 |
| 五、体育经纪业务总结 | (一)业务评价 | 1.能够对体育经纪业务进行效益评价；<br>2.能够对体育经纪业务进行持续性评价 | 1.效益评价方法；<br>2.持续性评价内容 |
| | (二)客户管理 | 能够评价客户关系 | 客户关系评价方法 |

## 4. 比重表

### 4.1　理论知识

| 项　　目 | | 三级体育经纪人(%) | 二级体育经纪人(%) | 一级体育经纪人(%) |
| --- | --- | --- | --- | --- |
| 基本要求 | 职业道德 | 5 | 5 | 5 |
| | 基础知识 | 45 | 40 | 40 |
| 相关知识 | 体育经纪业务调研 | 8 | 6 | 7 |
| | 体育经纪业务权利获取 | 10 | 10 | 9 |
| | 体育经纪业务谋划 | 7 | 7 | 10 |
| | 体育经纪业务实施 | 18 | 16 | 17 |
| | 体育经纪业务总结 | 7 | 10 | 12 |
| | 指导与培训 | — | 6 | — |
| 合　　计 | | 100 | 100 | 100 |

### 4.2　专业能力

| 项　　目 | | 三级体育经纪人(%) | 二级体育经纪人(%) | 一级体育经纪人(%) |
| --- | --- | --- | --- | --- |
| 能力要求 | 体育经纪业务调研 | 24 | 22 | 19 |
| | 体育经纪业务权利获取 | 16 | 10 | 20 |
| | 体育经纪业务谋划 | 12 | 12 | 14 |
| | 体育经纪业务实施 | 28 | 28 | 27 |
| | 体育经纪业务总结 | 20 | 18 | 20 |
| | 指导与培训 | — | 10 | — |
| 合　　计 | | 100 | 100 | 100 |

# 附件5 健身指导员技术等级制度

第一条 为发展我国健身健美事业,加强健身指导员队伍的建设与管理,对群众性健身健美活动进行科学的指导,根据《中华人民共和国体育法》《国家体育总局关于运动项目管理中心工作规范化有关问题的通知》中的有关规定,制订本制度。

第二条 健身指导员是指在体育健身健美行业中从事教学活动、锻炼指导、技能传授、业务咨询、组织管理等工作的人员。凡符合条件,履行职责者,均可根据本制度的规定,申请并获得相应的健身指导员技术等级。

第三条 健身指导员技术等级称号分为:三级健身指导员、二级健身指导员、一级健身指导员、国家级健身指导员。

第四条 申请技术等级称号或晋升上一等级称号者均应参加相应级别的业务培训,考核合格并具备下列条件。

(一)三级健身指导员必须具备:

1.高中或中专以上文化程度;

2.身体健康,有一定的健身健美理论基础和实践经验;

3.获得国家体育总局健美项目“三级运动员”称号(或符合该称号的申报条件);

4.获国家体育总局其他运动项目“二级运动员”或以下称号。

(二)二级健身指导员必须具备:

1.从事三级健身指导员工作满一年以上;

2.体育专业本、专科在读二年级以上(含二年级)学生;

3.非体育专科以上毕业生;

4.获国家体育总局健美项目“二级运动员”称号(或符合该称号的申报条件);

5.获国家体育总局其他运动项目“一级运动员”称号。

(三)一级健身指导员必须具备:

1.从事二级健身指导员工作满一年以上;

2.高等院校体育类专业本科应届毕业生;

3.体育类专科毕业满一年,且有一年以上健身俱乐部工作经历;

4.获国家体育总局健美项目“一级运动员”称号(或符合该称号的申报条件);

5.获国家体育总局其他运动项目“运动健将”称号。

(四)国家级健身指导员必须具备:

1.从事一级健身指导员工作满一年以上;

2.高等院校健身健美、社会体育及运动康复类专业本科毕业满一年,且有一年以上健身俱乐部工作经历;

3.获国家体育总局健美项目“运动健将”称号(或符合该称号的申报条件);

4.获国家体育总局其他运动项目“国际健将”称号。

第五条 申请健身指导员技术等级称号应向中国健美协会或其委托的组织提交下列材料:

(一)健身指导员技术等级申请表(参加培训时填写)。

(二)健身指导员技术等级证书副本原件和复印件。

(三)本人身份证、学历证明、获得国家体育总局健美(或其他项目)运动员技术等级证书或符合申报相应技术等级的比赛成绩原件和复印件。

(四)健身机构工作证明(打印并加盖健身机构公章)。

第六条 受理申请的组织在审查申请人提交的材料完全具备后,应按照申报的级别收取相应的培训费用,并按要求组织培训。经考核,成绩合格者,授予中国健美协会统一制作的健身指导员技术等级证书。

第七条 各级健身指导员应依照下列规定从事健身指导工作:

(一)从事普及和宣传健身健美运动的指导工作。

(二)在不违反国家有关规定的情况下从事专项技能传授、锻炼指导等有偿服务。

第八条 国家级健身指导员和尚未成立健美协会的地区及行业系统的各级健身指导员均可在中国健美协会注册。

第九条 一级、二级、三级健身指导员应到省、自治区、直辖市、新疆生产建设兵团、行业体协的健美协会进行注册。已经注册的健身指导员跨地区迁移时,迁入地区的管理部门应承认其技术等级称号。健身指导员注册应提交以下材料:

(一)健身指导员技术等级登记表。

(二)健身指导员技术等级注册证书原件。

(三)本人身份证原件。

第十条 注册有效期为两年,注册时间为有效期满前 6 个月。逾期不注册的证书无效。取得证书之日视为首次注册的日期。

第十一条 各级健身指导员注册费用为 20 元人民币。

第十二条 健身指导员的培训,采用中国健美协会审定的统一教材。教学工作由中国健美协会培训委员会负责。

第十三条 健身指导员违反本制度第七条的有关规定,给健身健美事业的发展造成不良影响者,由所在单位、有关体育组织或健美协会予以批评教育,责令改过。情节严重、影响恶劣的,由其所在单位、体育组织或健美协会报请中国健美协会撤销其技术等级称号,并收回证书。触犯刑律的由司法部门依法追究其刑事责任。

第十四条 本制度自颁布之日起施行。原国家体育总局社会体育指导中心印发的《健身指导员技术等级(暂行)制度》(社体字[2003]78 号),自行废止。

# 附件6　《社会体育指导员健身教练》理论考试内容纲要

| | | |
|---|---|---|
| 一、健身教练职业介绍 | 健身教练概述 | 健身教练的概念与职责 |
| | | 健身教练的职业模式 |
| | | 建立健身教练证书制度的意义 |
| | 健身教练的必备素质与职业规范 | 健身教练的必备素质 |
| | | 健身教练的职业规范 |
| 二、人体运动基础 | 运动系统、心血管系统与呼吸系统 | 解剖学基本术语、骨骼系统、肌肉系统 |
| | | 心血管系统、呼吸系统 |
| 三、健康与运动的合理营养 | 营养素 | 蛋白质、碳水化合物、脂类、矿物质、 |
| | | 维生素、水、膳食纤维 |
| | 食物的营养价值 | 谷类、蔬菜水果类、肉鱼虾蛋类、豆类 |
| | | 奶类及其制品、油脂类 |
| | 合理营养与膳食 | 平衡膳食、健康的饮食习惯 |
| 四、健康体适能概论 | 健康 | 健康的概念、影响健康的因素 |
| | 健康体适能 | 体适能的概念和分类、健康体适能要素 |
| 五、运动技术 | 抗阻训练技术 | 抗阻训练的动作分析、抗阻训练的基本技术 |
| | | 抗阻训练的预备动作阶段和基本动作阶段 |
| | | 身体主要部位肌肉抗阻训练动作技术图示 |
| | | 抗阻训练的保护 |
| | 伸展练习技术 | 伸展练习的分类 |
| | | 伸展练习动作分析与技术要点 |
| | | 身体主要部位肌肉伸展练习动作技术图示 |
| | 有氧运动技术 | 有氧运动器械练习技术 |
| | | 其他有氧运动练习技术 |
| 六、运动计划 | 运动计划的概述 | 运动计划的概念 |
| | | 运动计划的基本要素 |
| | | 制订运动计划的程序和原则 |
| | | 运动计划的实施 |
| | 健康体适能评估 | 健康状况的调查评估、健康体适能的测试评估 |
| | 抗阻训练计划 | 训练原则、抗阻训练计划的制订依据与内容 |
| | 伸展练习计划 | 训练原则、伸展练习计划的制订依据与内容 |
| | 有氧运动计划 | 训练原则、有氧运动计划的制订依据与内容 |
| 七、运动损伤的预防与处理★★ | 运动损伤概述 | 运动损伤的分类、运动损伤的原因 |
| | | 运动损伤的预防原则 |
| | 运动损伤的急救 | 急救的意义、原则和注意事项 |
| | | 运动损伤的急救方法 |
| | 运动损伤一般处理方法 | 冷热方法、按摩方法、中药方法 |
| | | 保持支持带的应用、软组织损伤的处理 |
| | | 闭合性软组织损伤 |
| | 常见运动损伤的处理 | 肌肉拉伤、肩袖损伤、腰部扭伤、腰部劳损 |
| | | 腰椎间盘突出症、髌骨劳损 |
| | | 踝关节外侧韧带损伤 |
| 八、体重控制 ★★ | 体重与身体成分 | 体重、身体成分 |
| | 能量平衡与体重控制 | 能量、能量平衡、体重控制 |
| | 减肥 | 肥胖的原因、肥胖的危害、减肥的方法 |
| | 增重 | 过瘦的原因、过瘦的危害、增重的方法 |

**续附件 6**

| | | |
|---|---|---|
| 九、特殊人群的健身运动★★ | 心脑血管疾病患者的健身运动 | 高血压、冠心病、中风 |
| | 糖尿病患者的健身运动 | 病理病因及症状、运动的益处、运动处方 |
| | | 危急处理 |
| | 骨质疏松症的健身运动 | 病理病因及症状、运动的益处、运动处方 |
| | 哮喘病患者的健身运动 | 病理病因及症状、运动的益处、运动处方 |
| | | 危急处理 |
| | 女性的健身运动 | 生理周期时的健身运动、更年期的健身运动 |
| | | 孕期产后恢复期的健身运动 |
| | 儿童少年的健身运动 | 生理特点、运动的益处、运动处方 |
| | 老年人的健身运动 | 生理特点、运动的益处、运动处方 |
| 十、课程销售与客户服务 | 课程销售 | 课程销售概述、客户的目标和动机 |
| | | 销售的沟通技巧、销售的步骤 |
| | | 人的性格特征及交流方式 |
| | 客户服务 | 客户服务的概念与特点、客户服务质量 |
| | | 客户服务的法则与方法 |

注：纲要中“★★”标记为高级以上健身教练学习内容。

# 附件7　体育行业特有工种职业技能鉴定实施办法（试行）

第一条　为适应社会主义市场经济发展需要，开展体育行业特有工种职业技能鉴定工作，提高体育行业从业人员素质，繁荣和发展社会主义体育事业，根据《劳动法》和《职业技能鉴定规定》(劳部发[2004]134号)，制订本办法。

第二条　本办法所称职业技能鉴定是指对劳动者进行技能等级的考核和资格的考评。

第三条　国家体育总局人事司负责综合管理和指导体育行业特有工种职业技能鉴定工作。

其主要职责是：

（一）统筹规划体育行业职业技能鉴定工作（包括职业技能鉴定站的布局等），并制订有关政策、规定和办法。

（二）对体育行业职业技能鉴定工作进行管理并监督检查。

（三）负责组建和管理国家体育总局职业技能鉴定指导中心。

（四）审核体育行业特有工种职业技能鉴定站，报经劳动和社会保障部批准后，颁发全国统一的《职业技能鉴定许可证》和标牌。

（五）负责体育行业特有工种职业技能鉴定考评员的综合管理和资格审核，报经劳动和社会保障部核准后，颁发考评员资格证卡。

（六）负责审核体育行业特有工种职业技能鉴定试题库，报劳动和社会保障部批准后实施。

（七）负责体育行业特有工种《职业资格证书》的核发和管理工作。

（八）负责对体育行业特有工种职业技能鉴定站的检查、评估工作。

第四条　各省、自治区、直辖市和计划单列市体育局负责管理本辖区内体育行业职业技能鉴定工作。其主要职责是：

（一）对本辖区体育行业特有工种职业技能鉴定工作实施鉴定检查。

（二）负责向国家体育总局申报本辖区需要建立的体育行业特有工种职业技能鉴定站并实施管理。

（三）负责本辖区内体育行业特有工种职业技能鉴定考评员的推荐工作。

（四）承担国家体育总局安排或委托的体育行业特有工种职业技能鉴定有关工作。

第五条　国家体育总局职业技能鉴定指导中心负责体育行业特有工种职业技能鉴定的日常管理工作。其主要职责是：

（一）组织实施体育行业特有工种职业技能鉴定工作。

（二）负责制订体育行业特有工种职业技能鉴定站建站条件和资格审查工作。

（三）参与制订体育行业特有职业技能标准，组织编写培训大纲和教材，并组建相应的试题库。

（四）制订体育行业特有工种职业技能鉴定考评员的资格要求，并负责组织资格培训和考核。

（五）指导体育行业特有工种职业技能鉴定站开展工作。

（六）开展职业技能鉴定及有关问题的研究与咨询服务。

（七）参与组织推动体育行业职业技能竞赛活动。

（八）承担劳动和社会保障部委托的有关职业技能鉴定工作。

（九）负责对体育行业特有工种职业技能鉴定工作中各种无形资产的开发、利用及保护。

第六条　职业技能鉴定站是承担体育行业特有工种职业技能鉴定工作的执行机构，其设立应具备以下条件：

（一）具有熟悉所鉴定的工种（职业）业务知识和组织实施能力的领导干部。

（二）具有与所鉴定的工种（职业）及其等级、类别相适应的考核场地和设备设施。

（三）具有与所鉴定的工种（职业）及其等级、类别相适应并符合国家标准的检测仪器。

（四）有合理数量的专（兼）职组织管理人员和鉴定考评人员。

（五）有完善的管理制度和办法。

第七条　体育行业特有工种职业技能鉴定站的设立，由国家体育总局人事司统一规划、合理布局。由具备建站条件的单位提出申请，填写劳动和社会保障部统一印制的《行业特有工种职业技能鉴定站审批登记表》，国家体育总局职业技能鉴定指导中心对其进行条件审查，由国家体育总局人事司提出审核意见，报经劳动和社会保障部批准后，授予统一的《职业技能鉴定许可证》和特有工种职业技能鉴定站标牌。

第八条　体育行业特有工种职业技能鉴定站实行站长负责制。鉴定站应有健全的财务制度和专职的财务管理人员。

第九条　体育行业特有工种职业技能鉴定站必须遵守如下工作规则：

（一）贯彻执行国家和国家体育总局制订的有关职业技能鉴定的规定、实施办法，并采取切实有力的措施保证鉴定质量。

（二）认真执行国家职业标准，特有工种职业技能鉴定必须从体育行业特有工种鉴定题库中提取试题，不得自行编制试题。

（三）受理一切符合申报条件、规定手续人员的职业技能鉴定，并严格执行考评员对其亲属的职业技能鉴定回避制度。

（四）享有独立进行职业技能鉴定的权利，有权拒绝任何组织或个人更改鉴定结果的非正当要求。

（五）实行定期鉴定制度。具体日期、鉴定工种、等级、类别、报名条件以及收费标准等事项，应在鉴定前一个月发出通知。单位有特殊要求的，也可专门组织进行。

（六）申报职业技能鉴定的单位和个人，可向鉴定站提出申请，由鉴定站审核后签发准考证，按规定的时间、方式进行考核鉴定。

（七）单位和个人申报职业技能鉴定，均应按照规定交纳职业技能鉴定费用。职业技能鉴定费用主要用于组织职业技能鉴定场地、命题、考务、阅卷、考评、检测及原材料、能源、设备消耗等费用。鉴定收费标准不得高于所在地区财政、物价、劳动保障部门规定的标准。

（八）自觉接受国家体育总局职业技能鉴定指导中心的业务指导，同时接受体育和劳动保障行政部门的监督检查。

第十条　职业技能鉴定考评人员应具有必备的考核理论知识和较高的职业道德水平。考评员必须具备中级专业技术职务以上的资格；高级考评员必须具备体育行业特有工种最高职业等级、高级专业技术职务的资格。

第十一条　国家体育总局职业技能鉴定指导中心统一组织考评人员的资格培训和考核。对考核合格者，由国家体育总局人事司审核，报经劳动和社会保障部批准后，颁发考评员资格证卡。考评员资格证卡有效期为三年。

第十二条　职业技能鉴定站必须从取得考评员资格证卡的人员中聘任相应工种（职业）、等级或类别的考评员或高级考评员，并应采取不定期轮换、调整考评人员的方式组成专业考评小组。

第十三条　考评人员应严格遵守考评员工作守则和执行考场规则。对职业技能鉴定站的工作人员和考评人员在鉴定工作中弄虚作假、徇私舞弊的，视情节轻重，由所在单位按照人事管理权限给予行政处分，并停止其在职业技能鉴定站的工作和吊销考评员资格证卡。

第十四条　职业技能鉴定的对象包括：从事或准备从事体育行业特有工种（职业）的人员。

第十五条　职业技能鉴定的申报条件，按照《国家职业标准》的要求执行。

第十六条　实行职业资格证书制度。对鉴定合格者，由国家体育总局人事司发给劳动和社会保障部统一印制的《职业资格证书》。《职业资格证书》是劳动者职业技能水平的凭证，是求职、任职、独立开业、单位录用的主要依据，也是劳动者境外就业、劳务输出进行技能水平公证的有效证件。

第十七条　实行职业技能鉴定站评估制度。评估的主要内容包括：执行鉴定计划和鉴定标准、鉴定站工作人员的业务水平、设备及检测手段、鉴定收费、鉴定档案、原始资料、鉴定站工作制度及社会对鉴定站工作的反映等情况。评估工作由国家体育总局人事司统一组织进行，每三年评估一次。对评估优秀的鉴定站予以表彰；对评估不合格的鉴定站将限期整改，整改不合格的报经劳动和社会保障部批准予以撤销。

第十八条　本办法未尽事宜，按《职业技能鉴定规定》执行。

第十九条　本办法由国家体育总局人事司负责解释。

第二十条　本办法自 2004 年 4 月 1 日起施行。

# 附件 8 游泳救生员考核内容与标准

## 一、申报条件

初级(具备以下条件之一者)

(1)具有 200m 不间歇连续游(不限时)的游泳技能,经本职业初级正规培训达规定标准学时数,并取得结业证书。

(2)获得国家三级及以上运动员等级(游泳)证书,经本职业初级正规培训达规定标准学时数,并取得结业证书。

(3)取得中等以上体育专科学校游泳专业方向毕业证书(含职业高中游泳专业方向)。

中级(具备以下条件之一者)

(1)取得初级游泳救生员等级证书后,连续从事本职业工作至少 3 年以上(含 3 年)且无安全责任事故,经本职业中级正规培训达规定标准学时数,并取得结业证书。

(2)获得国家二级及以上运动员等级(游泳)证书,取得初级游泳救生员证书,连续从事本职业工作 2 年以上(含 2 年)且无安全责任事故,经本职业中级正规培训达规定标准学时数,并取得结业证书。

(3)取得高等院校体育专业游泳专业方向本科及以上毕业证书,取得初级游泳救生员证书,连续从事本职业工作 2 年以上(含 2 年)且无安全责任事故。

高级(具备以下条件之一者)

(1)取得中级游泳救生员等级证书后,连续从事本职业工作 5 年以上(含 5 年)且无安全责任事故,经本职业高级正规培训达规定标准学时数,并取得结业证书。

(2)取得中级游泳救生员等级证书后,连续从事本职业工作 8 年以上(含 8 年)且无安全责任事故。

## 二、考试方法及要求

游泳救生员职业技能鉴定包括理论知识考试和技能操作考核。理论考试试卷由职鉴指导中心从国家题库统一抽题,采用闭卷笔试的方式进行。技能操作考核采用现场实际操作或模拟操作的方式进行,由考评员组成考核小组按照考核标准完成考核任务。理论知识考试和技能操作考核均实行百分制,成绩皆达到 60 分及以上者为合格,获得相应等级的游泳救生员国家职业资格证书。

| | 初　级 | 中　级 | 高　级 |
|---|---|---|---|
| 理论部分 | 1. 救生的宗旨、指导思想和意义；<br>2. 救生员的基本素质；<br>3. 救生员工作守则和职责；<br>4. 溺水事故的原因及预防；<br>5. 观察与判断；<br>6. 赴救技术；<br>7. 急救技术(现场急救) | 1. 复习初级救生员的理论内容；<br>2. 救生专门游泳技术；<br>3. 赴救技术(着装赴救技术、冰上赴救技术)；<br>4. 急救技术(脊柱受伤的急救)；<br>5. 游泳场所的安全管理 | 1. 复习初、中级的理论内容；<br>2. 救生员培训的组织、计划和教法；<br>3. 急救技术(溺水后的生理变化)；<br>4. 海浪救生基本方法；<br>5. 水上救生竞赛与裁判法 |
| 实践部分 | 1. 200m 游(不限时)；<br>2. 25m 速度游(男 20 秒，女 22 秒)；<br>3. 潜泳 20m(蹬边出发)；<br>4. 安全预防；<br>5. 现场赴救考核(入水、接近、拖带、上岸)；<br>6. 解脱技术(头发被抓、单手抓单手、双手抓单手、双手抓双手、腰部被抱等解脱法)；<br>7. 检查及心肺复苏；<br>8. 运动损伤急救 | 1. 200m 计时游(男 3 分 50 秒、女 4 分 30 秒)；<br>2. 25m 速度游(男 18 秒、女 20 秒)；<br>3. 水中徒手踩水 20 秒；<br>4. 解脱技术(头发被抓、单手抓单手、双手抓单手、双手抓双手、腰部被抱等解脱法)；<br>5. 肩背运送；<br>6. 颈托的使用；<br>7. 检查及心肺复苏；<br>8. 培训与管理 | 1. 脊柱板使用；<br>2. 检查及心肺复苏；<br>3. 培训：救生技术的教学、讲解、示范；<br>4. 管理：制订管理方案 |

注：国家体育总局职业技能鉴定指导中心制，2009 年 2 月。